16	3	2	13
5	10	11	8
9	6	7	12
4	15	14	1

Michèle Petit

A ARTE DE LER
OU COMO RESISTIR À ADVERSIDADE

Tradução
Arthur Bueno e Camila Boldrini

editora 34

EDITORA 34

Editora 34 Ltda.
Rua Hungria, 592 Jardim Europa CEP 01455-000
São Paulo - SP Brasil Tel/Fax (11) 3811-6777 www.editora34.com.br

Copyright © Editora 34 Ltda. (edição brasileira), 2009
L'Art de lire ou comment résister à l'adversité © Éditions Belin, 2008

A FOTOCÓPIA DE QUALQUER FOLHA DESTE LIVRO É ILEGAL E CONFIGURA UMA
APROPRIAÇÃO INDEVIDA DOS DIREITOS INTELECTUAIS E PATRIMONIAIS DO AUTOR.

Título original:
L'Art de lire ou comment résister à l'adversité

Imagem da capa:
A partir de gravura do Grupo Xiloceasa, São Paulo

Capa, projeto gráfico e editoração eletrônica:
Bracher & Malta Produção Gráfica

Preparação:
Maurício Baptista Vieira

Revisão:
Alberto Martins, Fabrício Corsaletti, Mell Brites

1ª Edição - 2009, 2ª Edição - 2010 (3ª Reimpressão - 2021)

CIP - Brasil. Catalogação-na-Fonte
(Sindicato Nacional dos Editores de Livros, RJ, Brasil)

P228a
Petit, Michèle
    A arte de ler ou como resistir à adversidade /
Michèle Petit; tradução de Arthur Bueno e Camila
Boldrini — São Paulo: Editora 34, 2010 (2ª Edição).
304 p.

Tradução de: L'Art de lire

ISBN 978-85-7326-439-5

    1. Leitura - Jovens. 2. Educação -
Acesso à leitura. I. Bueno, Arthur. II. Boldrini,
Camila. III. Título.

CDD - 372.4

A ARTE DE LER
ou como resistir à adversidade

Agradecimentos 13

INTRODUÇÃO 15
Anos de guerra, "anos-biblioteca" 18
Qual o poder da leitura nestes tempos difíceis? 20
Incríveis experiências literárias compartilhadas 24
Confrontar pesquisas-ações 29

1. TUDO COMEÇA POR UMA RECEPÇÃO 35
Um mecanismo aparentemente muito simples 37
Espaços não submetidos ao rendimento escolar 44
Uma disponibilidade essencial 47
Em busca de novos impulsos 50
As intersubjetividades na origem do pensamento 52
Sonhar o mundo ao lado da criança 55
A oralidade na origem do gosto pela leitura 58
Reencontrar um mundo interior de sensações,
   um ritmo 61

2. SALTAR PARA O OUTRO LADO 65
Uma oferta de espaço 67
"Olhares de pedra" 69
Soltar-se 75
O contrário do cotidiano visível 80
Uma experiência originária decisiva 83
Recompor uma praia 86
A literatura, parte integrante da arte de habitar 93
Curar o olhar 100

3. A SIMBOLIZAÇÃO E A NARRATIVA:
    PODERES E LIMITES 103
"Sobre isso não falávamos..." 105
Ler indiretamente as páginas dolorosas da vida 111

Em busca dos prazeres da expressão.................. 115
Ter domínio sobre a ausência por meio do jogo,
   depois pela linguagem................................. 118
A narrativa, uma necessidade antropológica........... 122
"Remendar a tristeza" com histórias........................ 124
O mediador em posição sensível.............................. 128
Narrativas e poderes.. 133

4. Outras sociabilidades.................................. 139

A "comunidade" preexistente................................. 143
O desenvolvimento de clubes de leitura................. 149
Ler junto, no Aragão rural...................................... 151
Para além da amizade,
   um aprendizado da democracia................... 156
Nos bairros marginalizados de Bogotá.................... 158
Uma formação da sensibilidade............................... 164
Um projeto político... 168

5. Quais leituras?... 173

Do lado dos leitores: não poupar esforços.............. 176
Dos romances policiais a Balzac,
   um mesmo poder reparador?....................... 179
A escolha dos mediadores,
   entre paixão e observação............................. 186
A renovação do interesse pelos mitos e pelos contos..... 190
Detentos ou *cartoneros*, cativados pela poesia......... 196
Os soldados feridos e as histórias em quadrinhos... 199
Leituras a longo prazo... 201
A força da metáfora... 202
Uma arte discreta e essencial................................... 208

6. Ler, escrever, desenhar, dançar.................. 211

"Você muda uma letrinha..."................................... 215
Adolescentes que escrevem como respiram............. 221
Nascimento do texto, nascimento do sujeito........... 225
Uma poética do cotidiano
   misturando múltiplas artes........................... 230

Um corpo cultural, alternativa ao corpo guerreiro......... 236
Religar o corpo e a linguagem verbal............................... 240

7. Leitura e exílio 247
Encontrar a felicidade... ou a desilusão......................... 249
Tecer a epopeia familiar... 251
Dar lugar a uma pluralidade de vozes, de culturas......... 255
Entrelaçar possibilidades, entre história e rupturas........ 258
O livro, morada "natural" dos exilados 262

8. A escola e a biblioteca
na linha de frente.. 267
Desfazer a ambivalência
da relação com a escrita na escola?............................ 269
As bibliotecas, no cerne da transmissão cultural............ 273
Uma cultura-revolta, e não um *show*.......................... 277

Conclusão 281
Um desvio vital... 282
O direito à literatura... 286
Três vozes... 290

Bibliografia selecionada...................................... 293

A ARTE DE LER
OU COMO RESISTIR À ADVERSIDADE

Aos mediadores de livros e histórias,
a quem devo estas páginas.

AGRADECIMENTOS

Esta obra é resultado inteira ou quase inteiramente das conversas que me proporcionaram os mediadores culturais, assim como dos textos e documentos que eles me apresentaram. A eles, meus agradecimentos mais calorosos. Nem todos encontrarão seu nome nestas páginas (seriam necessários vários volumes), mas cada um me ensinou alguma coisa e me ajudou a reformular as questões.

Minha gratidão se dirige também às pessoas, instituições e associações que, convidando a me exprimir publicamente, me propiciaram um grande número de trocas, em diferentes países. Ofereceram-me a ocasião de formalizar minha reflexão em exposições das quais este livro retoma, sob uma forma modificada, alguns trechos.[1]

---

[1] Penso, em particular, nos seguintes artigos ou conferências:

"Les territoires invisibles et vitaux de la lecture", *in* Martine Berger e Fréderic Pousin (org.), *Territoires du quotidien*, Strates/CNRS, 2008;

"Lire dans des espaces en crise", *in* Marlène Lebrun (org.), *La littérature et l'école: enjeux, résistances, perspectives*, Aix-en-Provence, Presses Universitaires de Provence, 2007, pp. 25-45;

"La littérature comme médiation: quelques expériences dans des régions en guerre", *in Médiations, médiateurs, médias*, Atas do Colóquio do Salão do Livro e da Imprensa para a Juventude, CPLJ, 2007;

"Au Brésil, le groupe *A Cor da Letra*", *ACCES Actualités*, 29/2/2007, pp. 1-4;

"J'ai même rencontré des lecteurs heureux!", *Lecture Jeune*, Paris, 116, dez. 2005, pp. 4-17;

Citarei apenas o nome de dois amigos, pois, sem eles, não teria conhecido a maior parte do que se seguiu: Daniel Goldin, que editou e difundiu minhas pesquisas no conjunto do mundo hispanófono e a quem devo tudo de feliz e apaixonante que lá vivi em dez anos; Gustavo Bombini, coordenador do Plano Nacional de Leitura argentino (2003-2008), que se ofereceu de pronto, com entusiasmo, a cooperar com o meu trabalho e me permitiu encontros surpreendentes.

Aqueles e aquelas aos quais agradeço deram prova da mais bela das qualidades: a hospitalidade.

"La lecture, c'est mon pays", *Lecture Jeune*, Paris, 106, jun. 2003, pp. 13-6;

"Lire et relier les cultures à la bibliothèque", *Créole*, Universidade de Genebra, 10, 2004, pp. 4-12;

"Une experience littéraire partagée au village: 'Lire ensemble' à Ballobar (Espagne)", Jornadas de estudos franco-helênicos "Numérisation, lien social, lectures", Universidade de Creta, Rethymnon (Grécia), jun. 2004.

INTRODUÇÃO

> "Eles tiveram que forjar para si uma arte de viver em tempos de catástrofe para nascer uma segunda vez e em seguida lutar, com o rosto descoberto, contra o instinto de morte que está ativo em nossa história."
>
> Albert Camus[1]

A ideia de que a leitura pode contribuir para o bem-estar é sem dúvida tão antiga quanto a crença de que pode ser perigosa ou nefasta. Seus poderes reparadores, em particular, foram notados ao longo dos séculos. "O estudo foi para mim o remédio soberano contra os desgostos da vida, não tendo existido jamais uma dor que uma hora de leitura não afastasse de mim", escreveu Montesquieu. Mais perto de nós, no século XX, pensemos no papel que a leitura ou a recordação de textos lidos desempenharam para tantos deportados nos campos de concentração nazistas, ou para os que resistiram ao degredo stalinista. Primo Levi recitava Dante a seu amigo Pikolo, em Auschwitz, e os companheiros de Robert Antelme se lembravam dos poemas que transcreviam em pedaços de cartão, encontrados no depósito da fábrica.[2] Brodsky, condenado a trabalhos forçados em um lugar próximo ao círcu-

---

[1] Discurso do dia 10 de dezembro de 1957. Disponível no site da Fundação Nobel.

[2] Primo Levi, *Si c'est un homme*, Paris, Julliard, 1987 [ed. brasileira: *É isto um homem?*, Rio de Janeiro, Rocco, 1998]; Robert Antelme, *L'Espèce humaine*, Paris, Gallimard, 1978, pp. 202-3. Pensemos também em Charlotte Delbo ou Jorge Semprun.

lo polar, lia Auden, de onde tirava forças para sobreviver e enfrentar os carcereiros.[3] E a biblioteca que Chalámov encontrou depois de ter deixado o campo de Kolimá lhe pôs de pé: "A extraordinária biblioteca de Karaïev — não havia um único livro que não merecesse ser lido — me ressuscitou, me rearmou para a vida o quanto era possível".[4]

Nas prisões dos militares argentinos e uruguaios, vários homens e mulheres redescobrirão essa importância vital dos livros ou da recordação de textos lidos. Assim como fará Jean-Paul Kauffmann, prisioneiro durante três anos no Líbano: quando não tinha mais nada para ler, recordava os poemas ou romances "de antes", empenhando-se em recuperar "a impregnação":

> "Essa ginástica da memória não se ocupava de maneira alguma da história. Reconstituir a intriga de *O vermelho e o negro*, *Eugénie Grandet* ou *Madame Bovary* não era o objetivo que eu perseguia. Recriar a lembrança de uma leitura, reconhecer em mim os rastros que perduraram, recuperar a impregnação, eis a meta que estabeleci. Dar um significado àquilo que eu lia era secundário. Procurava embeber-me do texto, não a sua interpretação. [...] Eu jamais tinha devorado [um texto] com tamanha intensidade. Esquecia a cela. Enfiado no fundo da minha leitura, produzindo em mim mesmo um outro texto. Fruição estranha, equivalia a uma reconquista provisória da liberdade. [...] Encarcerado e sob a luz de uma vela, conheci a adesão absoluta ao texto, a

---

[3] Joseph Brodsky, "To please a shadow", *in Less than one*, Nova York, Farrar Straus Giroux, 1986 [ed. brasileira: *Menos que um*, São Paulo, Companhia das Letras, 1994].

[4] Varlam Chalámov, *Mes bibliothèques*, Paris, Interférences, 1993, pp. 49-50 [ed. brasileira: "Minhas bibliotecas", *in A paixão pelos livros*, Rio de Janeiro, Casa da Palavra, 2004].

fusão integral com os símbolos que o compunham — a questão do sentido, repito, era secundária".[5]

Para além dessas situações extremas, a contribuição da leitura para a reconstrução de uma pessoa após uma desilusão amorosa, um luto, uma doença etc. — toda perda que afeta a representação de si mesmo e do sentido da vida — é uma experiência corrente, e numerosos escritores a testemunharam, como Sergio Pitol em uma entrevista que encontro na noite em que escrevo estas linhas: tendo perdido seu pai, quando era bebê, e logo depois sua mãe, com cinco anos de idade, ele fica gravemente doente; embora não pudesse mais ir à escola, a casa onde sua avó o acolheu era repleta de livros: "Minha avó lia sem parar. E eu apanhava tudo o que me caía nas mãos. [...] Com doze anos, descobri *Guerra e paz* e não fiquei mais doente. Continuo acreditando que Tolstói me salvou".[6]

De maneira semelhante, Marc Soriano contou um dia como *Pinóquio* o ajudara, quando criança, a sobreviver à morte de seu pai e à grave anorexia que em seguida ameaçou sua vida. Ele teria "devorado, mastigado, ingerido, regurgitado *Pinóquio*", no qual teria encontrado "ao mesmo tempo o seu crime e a salutar revolta que lhe deu força para lutar contra o massacrante sentimento de culpa que a morte bastante real de seu pai ameaçava tornar irreversível e fatal".[7] Avaliamos aí o quanto uma obra, às vezes, nutre literalmente a vida. Em troca, Soriano dedicou a sua a estudar contos.

Tomo emprestado um último exemplo de Laure Adler, que, ao se referir à morte de seu filho, declarou: "Se eu não

---

[5] Jean-Paul Kauffmann, *La Maison du retour*, Paris, Nil Éditions, 2007, pp. 115-6.

[6] Encontro com Sergio Pitol, *Le Monde*, 2/11/2007.

[7] Citado por Rémy Puyuelo, *in Héros de l'enfance, figures de la survie*, Paris, ESF, 1998, p. 66.

me matei, foi porque me deparei sem querer com *Uma barragem contra o Pacífico*, de Marguerite Duras",[8] encontrado em uma casa alugada para uma temporada de verão:

> "[...] sempre tive o sentimento de que ele de fato me esperava. Naquele verão eu tinha acabado de passar por uma dessas provações pessoais às quais nunca imaginamos subsistir. Posso garantir que um livro, substituindo o meu tempo pelo seu, o caos da minha vida pela ordem da narrativa, me ajudou a retomar o fôlego e a vislumbrar o amanhã. A determinação selvagem e a inteligência do amor manifestadas pela jovem de *Uma barragem* foram para isso, sem dúvida, influentes".[9]

Anos de guerra, "anos-biblioteca"

Não é apenas no momento de desarranjos internos que os livros servem de auxílio, mas também quando acontecem crises que afetam simultaneamente um grande número de pessoas. "Nos anos 1930, nos Estados Unidos, a crise, segundo várias análises, levou milhares de norte-americanos para as bibliotecas", escreve Martine Poulain:[10]

> "Às vezes, os desempregados buscavam na leitura uma oportunidade de se distanciar do real e de sua pró-

---

[8] Entrevista incluída na revista *Elle*, 3/9/2001.

[9] Laure Adler, *Marguerite Duras*, Paris, Gallimard, 1998, p. 11. L. Adler declarou também em uma entrevista: "A leitura desse romance suspendeu o tempo, levou-me para outro lugar. Esse personagem que consegue transformar sua solidão em liberdade me permitiu vislumbrar o dia seguinte".

[10] Martine Poulain, "Les sociologies de la lecture", *in Le Grand Atlas Universalis des littératures*, Paris, Universalis, 1990, p. 276.

pria situação, esperando que ela lhes levasse para 'fora do mundo'. Às vezes, esperavam o contrário, que lhes mantivesse 'dentro do mundo'. A leitura de jornais e periódicos era então a mais apreciada, seja porque a leitura de 'notícias' sancionava essa necessidade de se sentir parte de uma comunidade, seja porque a consulta das ofertas de emprego assinalava mais diretamente uma busca de reintegração".[11]

Em muitos lugares, a Segunda Guerra Mundial suscitou igualmente um forte aumento das práticas da leitura, fato testemunhado por muitas pessoas, como Thais Nasvetnikova, na Rússia, quando recorda o inverno de 1941: "Lembro que todo mundo lia... muito... eu nunca vi isso... esgotamos a biblioteca destinada às crianças e aos adolescentes. Então nos permitiram ler os livros dos grandes".[12] Ou Le Clézio, que se encontrava em Nice: "Não podíamos sair, era demasiadamente perigoso. Os caminhos e os campos estavam minados. [...] Assim era impossível vadiar. Não tínhamos muitos amigos, vivíamos confinados. Era preciso ocupar aquele vazio, e os livros estavam lá para isso".[13] Ou Marina Colasanti, que fala da sua infância na Itália:

"Mas em pleno nomadismo, uma normalidade estável foi criada pelos meus pais, para mim e para meu irmão.
Essa normalidade foi a leitura. [...]
Quando penso nesses anos, eu os vejo forrados de livros. São meus anos-biblioteca. [...]

---

[11] Martine Poulain, "Les publics des bibliothèques", *in Lire en France aujourd'hui*, Paris, Éditions du Cercle de la Librairie, 1993, p. 235.

[12] Citado por Svetlana Alexievitch, *in Derniers témoins*, Paris, Presses de la Renaissance, 2005, p. 28.

[13] Entrevista incluída na revista *Télérama*, 13/12/2000, p. 66.

Olhava pela janela da nossa sala, via o símbolo do *fascio* aposto à fachada do Duomo, e lia. Comíamos couve-flor sete dias na semana, um ovo passou a custar uma lira, dizia-se que o pão era feito de serragem, e eu lia. Deixamos a cidade, buscamos refúgio na montanha. Agora, acordando de manhã, todas as manhãs, as colunas de fumaça no horizonte nos diziam que Milão estava debaixo de bombardeios, e eu, ah! eu continuava lendo".[14]

Mais recentemente, no dia seguinte ao 11 de setembro de 2001, em um tempo em que o audiovisual já era onipresente, uma multidão acorria às livrarias nova-iorquinas, enquanto a frequência em todos os outros comércios diminuía: "o público se volta para a leitura para compreender a crise", relata o *Le Monde* de 22 de setembro de 2001. Após o primeiro impacto, as pessoas "vieram procurar os livros para superar a dificuldade", comentou a diretora de uma grande livraria.[15] Na França, os livreiros também constataram um movimento semelhante.[16]

Qual o poder da leitura nestes tempos difíceis?

Hoje, é possível dizer que o mundo inteiro é um "espaço em crise". Uma crise se estabelece de fato quando transformações de caráter brutal — mesmo se preparadas há tempos —, ou ainda uma violência permanente e generalizada, tornam extensamente inoperantes os modos de regulamentação, sociais e psíquicos, que até então estavam sendo prati-

---

[14] *Fragatas para terras distantes*, Rio de Janeiro, Record, 2004.
[15] *Libération*, 27/9/2001.
[16] *Télérama*, 10/10/2001.

cados. Ora, a aceleração das transformações, o crescimento das desigualdades, das disparidades, a extensão das migrações alteraram ou fizeram desaparecer os parâmetros nos quais a vida se desenvolvia, vulnerabilizando homens, mulheres e crianças, de maneira obviamente bastante distinta, de acordo com os recursos materiais, culturais, afetivos de que dispõem e segundo o lugar onde vivem.

Para boa parte deles, no entanto, tais crises se manifestam em transtornos semelhantes. Vividas como rupturas, ainda mais quando são acompanhadas da separação dos próximos, da perda da casa ou das paisagens familiares, as crises os confinam em um tempo imediato — sem projeto, sem futuro —, em um espaço sem linha de fuga. Despertam feridas antigas, reativam o medo do abandono, abalam o sentimento de continuidade de si e a autoestima. Provocam, às vezes, uma perda total de sentido, mas podem igualmente estimular a criatividade e a inventividade, contribuindo para que outros equilíbrios sejam forjados, pois em nosso psiquismo, como disse René Kaës, uma "crise libera, ao mesmo tempo, forças de morte e forças de regeneração".[17] "O desastre ou a crise são também, e sobretudo, oportunidades", escrevem Chamoiseau e Glissant, após a passagem de um ciclone. "Quando tudo desmorona ou se vê transformado, são também os rigores ou as impossibilidades que se veem transformados. São os improváveis que, de repente, se veem esculpidos por novas luzes".[18]

A leitura pode garantir essas forças de vida? O que esperar dela — sem vãs ilusões — em lugares onde a crise é particularmente intensa, seja em contextos de guerra ou de repetidas violências, de deslocamentos de populações mais ou menos forçados, ou de vertiginosas recessões econômicas?

---

[17] René Kaës *et al.*, *Crise, rupture et dépassement*, Paris, Dunod, 2004, p. 22.

[18] *Le Monde*, 26/8/2007, p. 14.

Em tais contextos, crianças, adolescentes e adultos poderiam redescobrir o papel dessa atividade na reconstrução de si mesmos e, além disso, a contribuição única da literatura e da arte para a atividade psíquica. Para a vida, em suma. A hipótese parecerá paradoxal em uma época de mutações tecnológicas na qual é a eventual diminuição da prática da leitura o que preocupa. Parecerá mais audaciosa, até mesmo incoerente, visto que o gosto pela leitura e a sua prática são, em grande medida, socialmente construídos. Pensemos nos exemplos dados anteriormente: trata-se de homens e mulheres que provavelmente desde a mais tenra idade mergulharam nos livros, ou que ao menos foram introduzidos precocemente nos usos da cultura escrita. A avó de Sergio Pitol lia sem parar, e, se Marina e seu irmão viveram "anos-biblioteca", foi graças a seus pais. A leitura é uma arte que se transmite, mais do que se ensina, é o que demonstram vários estudos.[19] Estes revelam que a transmissão no seio da família permanece a mais frequente. Na maioria das vezes, tornamo-nos leitores porque vimos nossa mãe ou nosso pai mergulhado nos livros quando éramos pequenos, porque os ouvimos ler histórias ou porque as obras que tínhamos em casa eram tema de conversa. Nesse sentido, será a experiência de Jean-Paul Kauffmann, Marc Soriano ou Marina Colasanti aplicável a categorias sociais mais distanciadas da escrita, que são as mais afetadas pelas transformações atuais?

Os trabalhos que desenvolvi anteriormente, nos espaços rurais ou nos bairros populares da periferia urbana,[20] leva-

---

[19] Ver particularmente Hélène Michaudon, "La lecture, une affaire de familles", *INSEE*, 777, mai. 2001; François de Singly, *Les Jeunes et la lecture*, Ministério da Educação Nacional e da Cultura, Dossiês Educações e Formações, 24/1/1993; Eric Schön, "La Fabrication du lecteur", *in* Martine Chaudron e François de Singly, *Identité, lecture, écriture*, Paris, BPI/Centre Georges Pompidou, 1993.

[20] Cf. Raymonde Ladefroux, Michèle Petit, Claude-Michèle Gar-

ram-me a pensar que, sob certas condições, a experiência da leitura poderia ser aplicável em tais contextos, assim como era possível estendê-la para as gerações mais novas, em geral apresentadas como mais resistentes à cultura escrita que aquelas que as antecederam. Essas pesquisas me ensinaram, na verdade, que essa experiência não diferia de acordo com a condição social ou com a geração. Em particular, o que meus colegas e eu encontramos durante nossas enquetes atentava amplamente, de maneira espontânea e detalhada, para a importância dessa atividade na construção ou reconstrução de si mesmo, ainda nos casos em que a leitura fosse realizada esporadicamente.[21] Mas, tais processos se davam por meio de apropriações singulares, às vezes até mesmo desviando-se dos textos lidos. Com um senso de descoberta desconcertante, cada um "farejava" o que estava secretamente vinculado com as suas próprias questões, o que lhe permitia escrever sua própria história nas entrelinhas: estávamos nas "artes de fazer" que estudara Michel de Certeau.[22]

Nossos interlocutores se referiam a alguma coisa mais abrangente do que as acepções acadêmicas da palavra "leitura": aludiam a textos que tinham descoberto em meio a um *tête à tête* solitário e silencioso, mas também, algumas vezes, a leituras em voz alta e compartilhadas; a livros relidos obstinadamente, e a outros que haviam somente folheado, apropriando-se de uma frase ou de um fragmento; aos momentos

---

dien, *Lecteurs en campagnes*, BPI/Centre Georges Pompidou, 1993; Michèle Petit, Chantal Balley, Raymonde Ladefroux, com a colaboração de Isabelle Rossignol, *De la Bibliotèque au droit de cité*, Paris, BPI/Centre Georges Pompidou, 1997.

[21] Cf. Michèle Petit, *Éloge de la lecture: la construction de soi*, Paris, Belin, 2002.

[22] Michel de Certeau, "Lire: un braconnage", *in L'Invention du quotidien, 1/Arts de faire*, Paris, 10/18, 1980 [ed. brasileira: *A invenção do cotidiano, 1/Artes de fazer*, Rio de Janeiro, Vozes, 1994].

de devaneio que se seguiram à relação de convívio com a escrita; às lembranças heterogêneas que ali encontravam, às transformações pelas quais passavam. Mais do que a decodificação dos textos, mais do que a exegese erudita, o essencial da leitura era, ao que parecia, esse trabalho de pensar, de devaneio. Esses momentos em que se levantam os olhos do livro[23] e onde se esboça uma poética discreta, onde surgem associações inesperadas.

De todo modo, o que distinguia um meio social de outro eram os obstáculos. Para alguns, tudo era dado de nascença, ou quase; para outros, o distanciamento geográfico se somava às dificuldades econômicas e às interdições culturais. Se chegaram a ler, foi sempre graças a mediações específicas, ao acompanhamento afetuoso e discreto de um mediador com gosto pelos livros, que fez com que a apropriação deles fosse almejada.

Incríveis experiências literárias compartilhadas

Nos anos que se seguiram a essas pesquisas, as contingências do destino profissional — ou melhor, as manobras do desejo que me reconduziam para onde anteriormente eu havia vivido por tanto tempo — fizeram com que eu viajasse com frequência pela América Latina. Desde 1998, todo ano eu fazia várias estadias, encontrando um grande número de mediadores culturais e conversando com eles.[24] Dessa forma,

---

[23] Há cerca de vinte anos, Yves Bonnefoy, em "Lever les yeux de son livre", introduzia a ideia de que "a interrupção, durante a leitura de um texto, pode ter um valor essencial e quase fundador na relação do leitor com a obra". Cf. *Nouvelle Revue de Psychanalyse*, 37, 1988, p. 13.

[24] Eu tive a surpresa renovada de constatar que os meus trabalhos haviam sido rapidamente apropriados, quando eu mesma me perguntava

eu descobri incríveis experiências literárias compartilhadas, organizadas por diversos profissionais (professores, bibliotecários, psicólogos, artistas, escritores, editores, livreiros, trabalhadores sociais ou humanitários...) com crianças ou adultos expostos a um isolamento social mais ou menos acentuado, somado a adversidades múltiplas.

De fato, programas em que a leitura ocupa um lugar fundamental estão atualmente sendo realizados em diferentes regiões do mundo que são cenário de guerras ou de violências, crises econômicas intensas, êxodos de populações ou catástrofes naturais. Na maior parte das vezes, essas experiências têm uma circulação ruim e acabam ignoradas ou subestimadas, não só na Europa (onde a presunção etnocêntrica nos proíbe de considerar que ganharíamos se nos informássemos a respeito do que é empreendido no exterior), mas também a alguns poucos quilômetros dos lugares onde são realizadas. E, no entanto, elas são ricas em ensinamentos.

Mantidas por organizações internacionais, por instituições públicas, associações ou fundações privadas, tais experiências apresentam a particularidade de se voltar para aqueles que estão mais distantes dos livros: crianças, adolescentes, mulheres ou homens, em geral pouco escolarizados, oriundos de ambientes pobres, marginalizados, cujas culturas são dominadas. Vários provêm de sociedades onde é a tradição oral, muito mais do que a escrita, que há muito fornece as balizas, os recursos que tornam possível a associação entre a experiência particular e as representações culturais compartilhadas. Mitos, contos, lendas, provérbios, cantos, refrões permitiam-lhes, em certa medida, simbolizar emoções intensas ou acontecimentos inesperados, representar conflitos, dar for-

---

se seriam capazes de atravessar o Atlântico. Eles diziam ter encontrado uma realização do que eles mesmos haviam observado em um contexto completamente diferente e uma legitimação do que faziam.

ma a paisagens interiores, inserindo-se ao mesmo tempo em uma continuidade, uma transmissão. Construir um sentido. Ao menos, esse era o caso das sociedades que mantiveram uma mitologia viva, reformulada ou enriquecida ao sabor dos encontros. Entretanto, hoje em dia, em muitos lugares, a tradição oral se encontra desarticulada, as balizas simbólicas desorganizadas, com todos os riscos que comporta uma tal alteração da "rede" da cultura. Em tais contextos, a introdução de propostas nas quais a escrita é central pode servir de reparo a essa tradição, talvez reativá-la, ou, ao contrário, ameaça o que dela subsiste?

Além disso, a análise desses programas e a sua confrontação permitem precisar os mecanismos exigidos para sua implantação, delimitar o papel dos mediadores, a sua margem de manobra e as parcerias que o "sucesso" de tais empreendimentos pressupõe. Fornecem também pistas para se identificar os processos que se põem em prática e esclarecer os benefícios que podem ser esperados da leitura em tais contextos, assim como os limites, os impasses e a eventual parcela de risco que essas iniciativas implicam.

Ora, se o recurso a essa prática em tempos de crise tem sido ressaltado com frequência, a natureza dos processos visando à reconstrução de si mesmo raramente é trazida à tona. Tampouco em instituições como hospitais ou prisões, onde serviços públicos e associações empenham-se em facilitar o acesso aos livros. Uma parte dos que colaboram com esses projetos tem consciência da complexidade dos processos, mas outra enfatiza apenas o papel de "distração" da leitura e, no caso do universo penitenciário, somente os aspectos funcionais que podem contribuir para uma futura reinserção profissional. Basta pensar nos apontamentos de Jean-Paul Kauffmann ou de Marc Soriano, citados anteriormente, para desconfiar de que uma grande parte das vivências é ignorada.

Em contrapartida, existe uma literatura científica no campo da psicanálise. Nas mediações culturais que são inspiradas por ela, a leitura de contos, mitos e, com menos frequência, de livros ilustrados, romances, peças de teatro etc. é por vezes utilizada especialmente com crianças ou adolescentes com dificuldades escolares, com psicóticos ou autistas, na psicologia clínica intercultural ou em terapias de família.[25] Entretanto, tanto essas observações quanto a conceitualização que as acompanha permanecem pouco conhecidas fora dos círculos especializados.

Uma parte dos profissionais que realizam programas centrados na leitura em espaços em crise fala em "biblioterapia", que foi desenvolvida e teorizada na América do Norte, na Europa do Norte ou na Rússia.[26] As definições dadas são múltiplas: em geral designa a utilização de materiais de leitura selecionados como suplemento terapêutico à cura medicinal ou psiquiátrica, mas recebe às vezes acepções mais amplas, até o ponto de cobrir um conjunto de mediações culturais seguidas de discussões em grupo, em contextos que ultrapassam o âmbito hospitalar.

Analisar as experiências relatadas nas obras publicadas sob essa designação, particularmente no mundo anglo-americano, seria rico em aprendizado, mas seria um trabalho distinto daquele em que me engajei neste livro. Nos contextos onde trabalhei, o conceito de biblioterapia é raramente em-

---

[25] No caso dos contos, uma explicação da questão foi feita por Stefano Monzani: "Pratiques du conte: revue de la littérature", *La Psychiatrie de l'enfant*, 2005/2, 482, pp. 593-634 (distribuição eletrônica Cairn).

[26] Faremos referência particularmente ao livro de Rhea Joyce Rub, *Using Bibliotherapy: a Guide to Theory and Practice* (Londres, Mansell, 1978), e à obra coletiva que ela coordenou: *Bibliotherapy Sourcebook* (Londres, Mansell, e Phoenix, Oryx Presse, 1978). Joël Dor sintetizou a questão no *Bulletin des Bibliothèques de France* (t. 24, n°s 4 e 5, 1979). No *BBF*, é possível ler também o artigo de Françoise Alptuna (t. 39, n° 4, 1994, possível de ser consultado na internet). Em uma interpretação diferente da biblioterapia praticada nos países anglo-saxões, ver Marc-Alain Ouaknin, *Bibliotérapie: lire, c'est guérir* (Paris, Le Seuil, 1994).

pregado, mesmo entre os que trabalham no meio hospitalar.[27] Não é unicamente uma questão de hábito cultural: nas atividades que reivindicam pertencer a essa disciplina, como o seu nome indica, espera-se antes de mais nada um resultado terapêutico; ora, a maior parte dos mediadores de livros que encontrei considera o seu trabalho algo muito mais vasto do que o tratamento, julgam-no algo da ordem cultural, educativa e, por certos aspectos, política.

Para os que vivem na América Latina, muitas das "crises" são consequência de uma exploração econômica selvagem, de processos de segregação prolongados, de uma dominação social feroz, ou de uma territorialização da pobreza. Quando uma pessoa ou uma população foi gravemente atacada em sua existência, em seu corpo, sua dignidade, ou espoliada em seus direitos essenciais, a "reparação" deveria ser jurídica ou política. Para eles parece fundamental que cada um disponha de uma atividade que lhe permita assegurar, de maneira digna, a sua subsistência e a dos seus próximos; e que tenha voz no capítulo do futuro comum. Nenhum daqueles cujo trabalho acompanhei o encara como um bálsamo ou assistência, menos ainda como contenção: ver-se reduzidos a conduzir e disciplinar zonas marginalizadas seria para eles insuportável.

Trata-se muitas vezes de pessoas engajadas em lutas sociais e para quem o acesso à cultura, ao conhecimento, à informação constitui um direito excessivamente desprezado. Assim como a apropriação da literatura. Ela lhes parece desejável por vários motivos, como veremos: porque quando aí

---

[27] É o que diz, por exemplo, Claudie Guérin, coordenadora das bibliotecas de l'Assistance Publique-Hopitaux de Paris: "É importante reafirmar que tudo o que fazemos em matéria de atividades culturais em torno do livro e da escrita não é biblioterapia. Os médicos e os bibliotecários estão de acordo [...] não é uma ferramenta terapêutica suplementar" (COBB, Actes de la Journée Santé Mentale e Bibliotèques, Plérin, 16/11/2006. http://www.britalis.org/ABV/Integration/Pages/framesetPortail.asp).

se penetra, torna-se mais hábil no uso da língua; conquista-se uma inteligência mais sutil, mais crítica; e também torna-se mais capaz de explorar a experiência humana, atribuindo-lhe sentido e valor poéticos.

Confrontar pesquisas-ações

É em grande parte na análise de experiências latino-americanas que me basearei para, neste livro, buscar elementos capazes de responder às questões levantadas. Assim, no decorrer dos últimos anos, realizei trocas com aqueles que conduzem uma quinzena desses programas e são considerados por seus colegas como particularmente talentosos: trata-se de "boas práticas", como se diz hoje em dia. De maneira mais pontual, coletei dados sobre um grande número de outras experiências.

Dois países em particular nutriram a minha reflexão: a Argentina e a Colômbia. O primeiro sofreu nestes últimos anos uma crise econômica de uma gravidade extrema, desembocando em um desastre social sem precedentes e uma multiplicação das patologias ligadas ao estresse, à depressão, ao pânico. Em certo sentido, o desenvolvimento de novas formas de solidariedade permitiu que os danos fossem contidos, como também o fez o dinamismo artístico, a multiplicação das iniciativas culturais. Como dizia Silvia Bleichmar, psicanalista, "nessa resistência, a cultura ocupa com frequência um lugar central: cultura do trabalho em primeiro lugar, da valorização do conhecimento, da educação... Mas o que é fundamental é a resistência a serem reduzidos a meros seres biológicos. [...] A resistência da cultura é o direito ao pensamento".[28]

---

[28] Entrevista realizada por Elisa Boland, *La Mancha*, Buenos Aires,

Em um país que conheceu recentemente uma ditadura que inibiu o acesso aos livros, estes se mantêm cobiçados, mesmo no momento da telenovela e dos *reality shows*. A qualidade e a vitalidade da produção literária argentina tampouco são infundadas. Se as práticas de leitura, de modo significativo relacionadas aos níveis de estudo, permanecem menos importantes do que na França, as manifestações em torno do livro acolhem um número elevado de visitantes.[29] Para além das categorias sociais "letradas", muitas pessoas têm um conhecimento da importância vital da literatura, oral ou escrita. Um velho chiste diz que os mexicanos descendem dos astecas, os peruanos dos incas e os argentinos do barco. Mais do que do barco, os argentinos descendem do conto, e não é de se admirar que entre eles tenham nascido um Borges, um Cortázar, um Bioy Casares.

Da Colômbia, a mídia francesa só mostra a guerra, os sequestros, os narcotraficantes, a delinquência. Porém, os profissionais do livro que lá estiveram sabem que existem bibliotecas entre as mais belas do mundo e também entre as mais visitadas. Ali se encontram, por exemplo, salas de música como eu jamais vi na Europa, com pianos disponíveis para os que queiram praticar.[30] Na capital, os frequentadores

---

17/11/2003. Juan Carlos Stagnaro, psiquiatra, declara que, para ele, "a cultura preenche uma função de proteção, assume o papel das figuras parentais. A situação se torna dramática se a cultura falhar em seu papel protetor". Encontro "Sofrimento e saúde mental à prova na política: Argentina 2001-2" organizado pela AFAPSAM e o centro Henri Ey, Paris, 15/5/2003.

[29] Em Buenos Aires, a Feira do Livro recebe mais de um milhão de visitantes, dos quais muitos provêm das camadas populares, enquanto o Salão do Livro de Paris recebe cerca de 160 mil. Essa popularidade das feiras do livro é comum em muitos países da América Latina. Profissionais franceses que vão para lá voltam, com frequência, revigorados...

[30] Penso aqui na biblioteca Luis Angel Arango de Bogotá (http://www.lablaa.org). Na capital, três belas bibliotecas completaram recente-

de bibliotecas podem pedir livros por telefone, que serão levados até as suas casas por um entregador: nas ruas, mais do que assassinos com capacetes, como no filme de Schroeder, *La Vierge des tueurs*, os motoboys transportam às vezes belas histórias, narrativas eruditas ou histórias em quadrinhos.

Talvez esses contextos demasiadamente expostos permitam explicitar o que permanece invisível ou tácito em outros lugares. Oferecem a oportunidade de ter um olhar distanciado da nossa realidade imediata, de encontrar diferenças para nos questionar, ou semelhanças, ecos de nossas próprias experiências.

Tudo muda, claro, de um lado a outro do Atlântico: a história dos povos, a amplitude da pobreza, o nível de escolarização, as representações da escrita, do livro, o comprometimento do serviço público, a intensidade das crises atuais etc. De qualquer forma, nas duas margens do oceano, observações e comentários parecidos emergem de tempos em tempos. E contrastando com tais experiências latino-americanas, serão invocadas, algumas vezes, iniciativas levadas a cabo em outras regiões do mundo, como França ou Espanha, Camboja, Irã ou Canadá.

Do mesmo modo que nas minhas pesquisas anteriores, foi pela experiência dos leitores que me interessei. Alguns deles me relataram as suas no decorrer de uma entrevista, de uma conversa, ou por um testemunho escrito. Mas, em geral, tive que captá-las observando os que estimulam ou animam esses programas. É difícil, sem dúvida, ser juiz ou tomar partido. Porém, vários desses profissionais colocam em prática verdadeiras pesquisas-ações e criam instrumentos para poderem manter um pouco a distância e registrar, com o apoio de

---

mente a rede já existente (www.biblored.org.co/). Sobre as bibliotecas desse país, ver *Émotion, rire, conviction: quatre ans de coopération franco-colombienne en bibliothèques* (edição bilíngue do Ministério da Cultura Colombiano e da Embaixada da França na Colômbia, 2006).

relatórios e diários, o transcorrer das sessões, ou as anedotas, pequenas frases através das quais os participantes deixam entrever indícios do que foi despertado. Com frequência, mediadores que não mantêm nenhuma relação entre si, que exercem trabalhos distintos e não fazem referência às mesmas correntes teóricas, tecem comentários semelhantes em Buenos Aires, Teerã ou Cidade do México: não tenho razão, com base nisso, para duvidar do rigor de suas observações...

Este texto se pretende também uma homenagem aos mediadores culturais dos países do Sul, dos quais não se fala nunca e que trabalham muito, pois estão convencidos de que os recursos culturais, de linguagem, narrativos e poéticos são tão vitais quanto a água. Foram eles que possibilitaram este livro. Que foi também alimentado por alguns encontros realizados na França e na Espanha, assim como pela leitura de escritores e de psicanalistas que estudam a formação do pensamento e da linguagem nos primeiros anos da vida.

Pela confrontação desses materiais, pistas serão levantadas — que estão longe de esgotar o tema —, para tentar esclarecer a contribuição da leitura em contextos críticos. Tudo começa, como veremos, com situações gratificantes de intersubjetividade, encontros personalizados, uma recepção, uma hospitalidade. A partir daí, as leituras abrem para um novo horizonte e tempos de devaneio que permitem a construção de um mundo interior, um espaço psíquico, além de sustentar um processo de autonomização, a construção de uma posição do sujeito. Mas o que a leitura também torna possível é uma narrativa: ler permite iniciar uma atividade de narração e que se estabeleçam vínculos entre os fragmentos de uma história, entre os que participam de um grupo e, às vezes, entre universos culturais. Ainda mais quando essa leitura não provoca um decalque da experiência, mas uma metáfora.

Esses são elementos que, juntamente com outros, distinguirei para efeito de análise, mas que, na realidade, estão entrelaçados, formando uma única e mesma experiência testemunhada tanto pelas meninas quanto pelos meninos,[31] provenientes de diferentes meios sociais e culturais, tendo praticado a leitura individualmente ou travado leituras compartilhadas. Uma mesma experiência que pressupõe invariavelmente dispositivos específicos para que os textos lidos sejam objeto de uma verdadeira apropriação e não sejam entendidos como algo que se impõe e sobre o que é preciso prestar contas.

Para além dos "espaços em crise", as páginas que seguem tratam de todos nós. Se me interessei por essas temáticas foi provavelmente porque fucei muito nos livros para enfrentar as angústias que tive que atravessar.[32] Mas em algum momento da vida, cada um de nós é um "espaço em crise". Os seres humanos têm, diga-se, uma predisposição originária, antropológica, à crise: nascendo prematuros, nós somos marcados por uma fragilidade cujos vestígios permanecem ao longo da vida. Porém, saídas nos são oferecidas para que não sejamos atingidos pelos componentes destrutivos daquilo com que somos confrontados.

Proust dizia que as ideias eram "sucedâneos das aflições": "no momento em que as aflições se transformam em ideias, perdem uma parte de sua ação nociva sobre nosso coração, e mesmo, no primeiro instante, a própria transformação subitamente libera alegria".[33] Os livros lidos ajudam

---

[31] Tratarei aqui, então, do mais geral, mesmo que em muitos países as distâncias entre meninas e meninos tenham se sobreposto a outras clivagens no âmbito da leitura.

[32] Cf. Michèle Petit, *Une enfance au pays des livres*, Paris, Didier-Jeunesse, 2007. Um trabalho "científico" é em grande parte uma autobiografia disfarçada...

[33] Marcel Proust, *Le Temps retrouvé*, in *À la recherche du temps perdu*, Paris, Gallimard, 1999, p. 2.293 [ed. brasileira: *O tempo redescoberto*, in *Em busca do tempo perdido*, São Paulo, Globo, 2001]. É o que

algumas vezes a manter a dor ou o medo à distância, transformar a agonia em ideia e a reencontrar a alegria: nesses contextos difíceis, encontrei leitores felizes. Viviam em um ambiente pouco habituado à felicidade. Seus olhares eram às vezes bastante sofridos. E, no entanto, souberam fazer uso de textos ou fragmentos de textos, ou ainda de imagens, para desviar sensivelmente o curso de suas vidas e pensar as suas relações com o mundo. Longe de ser um catálogo do sofrimento humano, este livro pretende ser um questionamento sobre algumas das maneiras que permitem uma expansão das possibilidades, uma saída dos caminhos pré-moldados, um respiro.

Ouaknin diz da *catharsis* (que a cena literária possibilitaria assim como a cena teatral): ela é a "alquimia subjetiva que consiste em transformar em prazer a dor inerente a essas emoções que são a pena ou o medo" (*Bibliotérapie: lire, c'est guérir, op. cit.*, p. 20).

1.
TUDO COMEÇA POR UMA RECEPÇÃO

> "Aquilo que é meu, eu sempre consigo de outras mãos."
>
> Antonio Porchia

No momento em que esboço este capítulo, alguns rostos ressurgem. Muitos são jovens — mulheres, em grande parte, mas também meninos. São bastante sorridentes, embora tenham vivido episódios difíceis em decorrência da violência ou da ditadura que seus países conheceram. Basta ouvi-los um pouco para que contem espontaneamente histórias. E contam bem. Quando penso neles, vejo-os sempre em movimento. Alguns seguem viagem mesmo com jumentos carregados de livros, tal como Luis Soriano, com *Alfa* e *Beto*, no norte da Colômbia.[1] Ou levam livros ilustrados em barcos e navegam até as ilhas ao sul do Chile, enquanto outros atravessam o Paraná ou a Amazônia, como os jovens do grupo Vaga Lume.[2] "Os livros adoram a errância", diz a iraniana Noush-Afarin Ansari, e os "que ficam na biblioteca são livros tristes".[3]

---

[1] A biblioteca ambulante *La Gloria* faz parte da rede de bibliotecas nacionais colombianas. Podem ser encontradas fotos na internet ao digitar o nome de Luis Soriano assim como o nome dos jumentos.

[2] Ver http://www.expedicaovagalume.org.br.

[3] Citado por Claire Jobert em "Mediações em favor da leitura junto de crianças trabalhadoras: o caso de uma biblioteca em Teerã", tese de mestrado em Literatura Juvenil, Universidade do Maine, set. 2007, p. 21.

Ainda que não sejam responsáveis por bibliotecas ambulantes, as pessoas em que penso parecem estar sempre entre duas viagens: acabam de percorrer a Patagônia, as Minas Gerais ou as Chiapas, de carro ou ônibus, onde leem durante horas, como Javier mergulhado no *Quixote* e morrendo de rir sozinho, rodeado de passageiros intrigados.

São os mediadores de livros: bibliotecários, fomentadores de leitura, professores que propõem experiências um pouco diferentes, poetas, ilustradores, psicanalistas. Eles também vão a pé, como as jovens em torno da biblioteca El Tunal, que sobem nos bairros mais estigmatizados de Bogotá, carregando nas costas muitas histórias que serão lidas para as crianças e para os adolescentes. E estes, com o passar do tempo, as seguem até o prédio de arquitetura futurista onde agora trabalham. Um pouco mais longe, nos jardins públicos da cidade andina, jovens montam grandes estandes onde livros (ilustrados ou não) são dispostos.[4] Crianças se aproximam, ou seus pais; observam o que é proposto; e também aí os intercessores leem.

Um mundo que caminha e narra. Na África e na Ásia existem mediadores semelhantes a eles.[5] Na Europa também, claro. Eles têm o desejo de transmitir, de ensinar, de dividir suas questões e percorrem também dezenas, centenas de quilômetros, para pensar suas experiências junto com os seus pares, ou com escritores, com pesquisadores.

---

[4] Programa *Paraderos Paralibros Paraparques*, implantado por Fundalectura. Situados em jardins públicos, eles dispõem de uma coleção de 300 livros que podem ser levados para casa; ver http://www.fundalectura.org.

[5] Ver, por exemplo, os que foram nomeados pelo Asahi Reading Promotion Award, concedido todo ano pela International Board of Books for Young People (IBBY) (http://wwwq.ibby.org/index.php?id=505etL=2). Ver também Margriet Ruurs, *My Librarian is a Camel. How Books are Brought to Children Around the World*, Boyds Mills Press.

Muitos são artistas das relações e da palavra, que exercem sua arte com talento e generosidade, aproveitando-se de sua experiência profissional, de sua intuição, de sua imaginação. Outros são menos seguros ou mais rígidos e pedem receitas que ninguém será capaz de lhes dar. A maioria, como eu disse, situa-se muito ao largo da caridade e das boas obras: estão convencidos de que todos têm o direito de se apropriar da cultura escrita e de que uma tal privação leva a uma marginalização ainda maior. Sem ingenuidade, sentem que o que fazem, pelo contrário, é em grande medida uma história de amor: com aqueles que os acompanham e com os objetos do seu trabalho. Mas, como escreve Thomas Pavel, "a inteligência do coração não exclui a do intelecto, ela a convoca".[6] Ela pressupõe conhecimentos, noções literárias, observação atenta, um questionamento sobre si mesmo, uma reconsideração. Tanto mais porque atravessam períodos desestimulantes, nos quais chegam a perder até o sentido do que fazem e de seu engajamento, e o futuro do seu trabalho é incerto, ameaçado por uma mudança política, a perda de uma subvenção, o capricho de uma autoridade tutelar. Dada a realidade social e política difícil enfrentam.

Um mecanismo aparentemente muito simples

No centro daquilo que desenvolviam aparece, com variações, um mecanismo aparentemente muito simples: o intercessor propõe alguns suportes escritos para pessoas que estão habitualmente distantes deles e os lê em voz alta; depois, entre os participantes, surgem histórias, ou algumas vezes uma discussão; ou ainda o silêncio. O que acontece

---

[6] Thomas Pavel, *Comment écouter la littérature*, Paris, Collège de France/Fayard, 2006, p. 38.

nesses encontros? Dois grupos que têm uma longa experiência nesse tipo de mediação, cada um à sua maneira, dão uma ideia mais aproximada.

A Cor da Letra desenvolve desde 1998 projetos centrados na leitura e na literatura em várias regiões do Brasil. Esse centro de estudos trabalha com instituições que se dedicam a cuidar de crianças e jovens em situação de risco, ONGs, escolas públicas e privadas, hospitais, bibliotecas, centros sociais e culturais, em especial nos bairros urbanos pobres e no interior. Forma pessoas muito diferentes nessa arte das relações, da qual eu falava anteriormente, a fim de que "a leitura de histórias seja incorporada na rotina das instituições ou em diversos espaços da comunidade",[7] com a esperança de que essas "ilhas de expressão, de transmissão e de criação de cultura" se multipliquem. Afinal, qualquer pessoa, segundo esse grupo, pode se transformar em um mediador de leitura se for determinada, se dispuser de um pouco de tempo e de um vínculo com uma instituição ou uma comunidade locais, para garantir uma continuidade ao trabalho.

Quando parcerias institucionais são possíveis, com hospitais pediátricos, por exemplo, A Cor da Letra ensina ao pessoal (nesse caso, ao pessoal da saúde, do médico-chefe às enfermeiras e aos encarregados da limpeza) a entrar no universo das narrativas, a conhecer e respeitar a diversidade das culturas, dos tempos, das escolhas, a ler um texto em voz alta, exatamente como está escrito, e a acolher as palavras ou respeitar o silêncio das crianças. Quando os serviços públicos

---

[7] Patrícia Pereira Leite, "Caminhos possíveis", Fórum franco-brasileiro Culturas e Desigualdades Culturais na França e no Brasil, Salão do Livro e da Imprensa para a Juventude em Seine-Saint-Denis, Unesco, 29/11/2005. Sobre essa experiência com os adolescentes, ver também Márcia Miyoko Wada, *Juventude e leitura*, São Paulo, Annablume, 2004. O programa foi sustentado por Fundação Abrinq e Pananco do Brasil.

inexistem, a associação forma jovens ou moradores, para que assegurem essa mediação de forma militante e possam, por sua vez, iniciar outras pessoas nessa atividade.

Porém, no Brasil, assim como em vários lugares, não é fácil transmitir o gosto pela leitura aos adolescentes, especialmente quando eles cresceram nos meios populares. Quando as animadoras de A Cor da Letra chegaram nas favelas e começaram a tirar livros da mochila, muitos jovens se decepcionaram ou ficaram desconfiados. Tais objetos eram desprovidos de sentido; esses jovens só tinham conhecido a leitura na escola, o que não lhes trazia boas lembranças: "A escola foi uma experiência sem valor", comenta Val, "a leitura era obrigatória, imposta, aprendi apenas a memorizar os textos, o ato de ler não tinha nenhum sentido, eu só decifrava símbolos. Assim, logo anestesiei a criatividade, a possibilidade e a capacidade de descobrir. Durante vários anos, era como a Bela Adormecida, não distinguia nada, não ouvia, nem dizia nada".

Onde habitualmente ninguém acredita na capacidade dos adolescentes, onde a atitude usual com relação a eles é a desconfiança, as mulheres que levam adiante A Cor da Letra tiveram confiança na criatividade, na audácia e na energia deles. Modificando o olhar sobre eles, "nós os mudamos de lugar", diz Patrícia Pereira Leite.[8] Como não havia prova final e uma vez que eles foram tocados pelas palavras, ou pela voz, ou pela energia dos adultos que vinham ler histórias e depois lhes propunham juntarem-se a eles, dezenas de jovens se mostraram abertos a receber uma formação.

---

[8] É o que diz Val citando o refrão de uma canção em um e-mail: "O seu olhar, seu olhar melhora, melhora o meu". Vem-me à memória também uma frase de um jovem de um bairro de Seine-Saint-Denis, citado por Florence Schreber durante uma mesa-redonda no Salão do Livro de Paris de 2006: "Falaram com a gente como pessoas".

A partir daí, foi sugerido que falassem da infância, por exemplo pensar em um objeto de que gostassem muito e em uma história associada a ele. "Nós refletimos juntos, a partir de temas que eles apresentam", aponta Patrícia: "todo mundo tem histórias para contar". Vemos que o repertório cultural a partir do qual a associação trabalha não se constitui somente do que os formadores trazem, mas igualmente do que cada um propõe. Desde a idade mais tenra, todo menino, toda menina é considerado como sujeito ativo na construção de seus conhecimentos e de sua cultura.

Os adolescentes se perguntaram por que ter acesso aos livros era importante, e debateram o assunto. Vídeos que incluem crianças com livros ilustrados foram mostrados, analisados, comentados; elementos teóricos foram fornecidos sobre o desenvolvimento da linguagem na criança; estabeleceu-se a diferença entre contar e ler (o livro garante a repetição da história, a estabilidade). Se questionaram sobre o lugar que ocupavam, distinto daquele do professor ou de um amigo — muitos deles estariam na posição de dar a outros o que eles mesmos não puderam receber. As reuniões de formação também recorreram ao mecanismo e aos suportes que acabariam usando: foi-lhes proposto ler um livro ilustrado em voz alta e depois comentar essa experiência. No começo, a maioria não ousava fazê-lo, com medo de gaguejar, deformar as palavras, de serem ridicularizados. Ficaram surpresos quando alguém os ouviu com atenção, ao constatarem que a sua voz, sua palavra, tinha um valor, surpresos com a possibilidade de serem ouvidos. Aos poucos, eles se familiarizaram e a inibição que sentiam se atenuou.

Então, eles vão ler para outros, geralmente para crianças menores, diante da porta de suas casas. Foi-lhes demonstrada a necessidade de observar e depois anotar o que surgia durante as sessões: as crianças se exprimem mais do que antes, ou não?; estão mais à vontade para falar delas mesmas?; a relação delas com os outros se transforma?; o que muda para elas na escola?; etc. Tudo isso é comentado e analisado durante as supervisões que ocorrem quando das reuniões mensais.

Com o passar dos meses, a própria possibilidade de expressão linguística deles, oral e, às vezes, escrita, desenvolveu-se significativamente, fato confirmado por algumas avaliações realizadas por linguistas. Algumas dessas crianças retomaram os estudos. Outras participaram de eventos em contextos que excedem e muito o meio social a que pertencem e seu espaço de vida habitual, como de alguns Encontros Nacionais de Adolescentes ou da inauguração de uma biblioteca ligada ao Movimento dos Sem Terra. Também visitaram museus localizados em outros bairros.

O psicolinguista Evelio Cabrejo-Parra e eu encontramos alguns deles. São mediadores em favelas, em casas para meninos em situação de risco, em hospitais, ou no campo. Ficamos impressionados com a enorme capacidade deles de se exprimir e falar de sua experiência de maneira direta, engajada, e não a partir de um discurso informativo sobre os supostos benefícios da leitura; pela acuidade de suas observações, pela atenção e pelo respeito com que tratam aqueles a quem seu trabalho de mediação se destina. Assim como ficamos impressionados com a qualidade da atenção dos responsáveis pela associação, que em nenhum momento intervinham no que diziam, não substituíam as suas palavras.

É verdade que duas são profissionais da escuta: Patrícia Pereira Leite é psicanalista e Marcia Wada, psicóloga, ao passo que Cintia Carvalho tem formação literária. Todas reconhecem, pelo seu trabalho, que os rumos de um destino podem ser reorientados por meio de uma intersubjetividade, uma disponibilidade psíquica, uma atenção, e que isso, assim como a simbolização, é o cerne da construção ou da reconstrução de si mesmo. Mas elas fazem uma distinção bastante clara entre o trabalho clínico que realizam e sua atividade no interior de A Cor da Letra. Conhecem o poder da literatura por experiência e gosto pessoal e citam o crítico Antonio Candido:

> "[...] assim como não é possível haver equilíbrio psíquico sem o sonho durante o sono, talvez não haja equilíbrio social sem a literatura. [...] Vista deste modo a literatura aparece claramente como manifestação universal de todos os homens em todos os tempos. Não há povo e não há homem que possa viver sem ela, isto é, sem a possibilidade de entrar em contato com alguma espécie de fabulação. [...] Ora, se ninguém pode passar vinte e quatro horas sem mergulhar no universo da ficção e da poesia, a literatura concebida no sentido amplo a que me referi parece corresponder a uma necessidade universal, que precisa ser satisfeita e cuja satisfação constitui um direito".[9]

A atuação delas é baseada na consideração da contribuição da literatura para o desenvolvimento psíquico, com a convicção, lastreada pela experiência e por observações, de que a arte da narrativa, em particular, permite organizar a própria história e transformá-la. Foi, no início, com René Diatkine, da Unidade Noturna da Fundação Martine Lyon, integrada ao setor de Saúde Mental do 13º Arrondissement de Paris,[10] e da associação ACCES,[11] que Patrícia Pereira Lei-

---

[9] Antonio Candido, "O direito à literatura", *in Vários escritos*, São Paulo/Rio de Janeiro, Duas Cidades/Ouro sobre Azul, 2004, pp. 174-5.

[10] Cf. Claude Avram, "René Diatkine et l'unité de soins intensifs du soir", *in* Madeleine Vermorel e Elsa Schmid-Kitsikis, *René Diatkine, psychanalyste de l'enfant*, Lausanne, Delachaux et Niestlé, 2001.

[11] A ACCES (Ações Culturais contra as Exclusões e as Segregações) foi fundada em 1982 por Marie Bonnafé, René Diatkine e Tony Lainé, pessoas que conheciam o valor único da literatura e do relato no desen-

te se formou. Ali, ela aprendeu que um novo desdobrar das possibilidades sempre é desejável, não importa quais sejam os percalços da vida social ou psíquica do sujeito, se sabemos ouvi-lo e mudar o olhar dirigido a ele; e entendeu que o horror ao texto experimentado por certas crianças ou adolescentes, para quem a escrita havia sido sinal de exclusão, é reversível "sobretudo se não se reconstitui uma situação de avaliação formal, se não se propõem questões destinadas a verificar se o ouvinte entendeu bem o que se gostaria que ele entendesse".[12]

Alguns dos jovens mediadores de A Cor da Letra lembram do reconhecimento que conquistaram, particularmente junto aos moradores do lugar onde vivem, como esta jovem: "Com esse trabalho, não sou mais uma menina qualquer nessa comunidade, sou uma referência para as crianças, quando passo na rua, todos me reconhecem". Ou esta outra: "Você sabe, as pessoas ouvem! Alguém prestou atenção em mim!".

Outros falam do sentimento de responsabilidade, da importância do fato de se sentirem participando de uma coisa mais vasta que eles próprios, como este jovem: "Fui respon-

---

volvimento psíquico. Especialistas em crianças pequenas, esses psicanalistas sabiam que, para que um menino ou uma menina se interessem um dia pela leitura, deviam antes se apropriar da língua de um jeito lúdico, poético. Eles notavam que as crianças já chegavam à escola com aptidões literárias e narrativas desiguais: as que tinham tido acesso na família à linguagem do relato ficaram mais à vontade quando foram confrontadas com o aprendizado da escrita do que aquelas que cresceram em famílias onde o uso da linguagem era limitado, utilitário. Ao privilegiar a colaboração com os serviços públicos, a ACCES coloca os livros à disposição das crianças bem pequenas e de suas famílias nos ambientes economicamente desfavorecidos. A associação privilegia a leitura individual no interior de um pequeno grupo (cf. *La Petite histoire des bébés et des livres*, Paris, ACCES, 2007).

[12] Cf. René Diatkine, "Lectures et développement psychique", Homenagem a René Diatkine, *Les Cahiers d'ACCES*, 4, 1999.

sável por algo que não era apenas a minha vida, algo que fazia com que saíssemos de nós mesmos". Ou Val que agora trabalha na associação, depois de ter retomado os estudos: "Ao trabalhar com jovens inseridos na mesma realidade em que me encontrava anteriormente, eu sentia que tinha uma responsabilidade muito grande: abrir os caminhos que tornam a transgressão possível" — transgressão que consiste em deixar as imposições sociais e se apropriar dos lugares e dos objetos que não eram destinados a eles.

Eles não farão isso a vida inteira; consideram a participação em A Cor da Letra como um tempo, mas um tempo importante. E sempre existe a ideia de multiplicação. Por exemplo, no projeto Mudando a História, no qual 338 jovens se formaram em São Paulo, no Rio de Janeiro e em duas outras cidades. Eles transmitiram, por sua vez, o que sabiam a 2.459 novos mediadores e, ao final, cerca de 30 mil crianças e adolescentes foram beneficiados. "Abrimos clareiras, outros se apoderam desses objetos e os carregam para mais longe", diz Patrícia.

Espaços não submetidos ao rendimento escolar

Cruzemos a fronteira que separa o Brasil da Argentina e ouçamos Javier Maidana, professor em um colégio de um bairro popular da grande Buenos Aires. Ele relembra o dia em que duas mulheres vieram propor a abertura de um "Centro de Leitura para Todos".[13] Ele estava lá, do lado dos alunos, tão desconfiado quanto aqueles jovens brasileiros quan-

---

[13] Esse centro foi inaugurado por Ana Maria Kaufman e Ani Siro, em parceria com a Universidade de San Andrés. Ele fica no Instituto Paroquial San Pedro Claver e é mantido pela Fundación Bunge et Born.

do viram chegar as animadoras de A Cor da Letra. Uma das duas visitantes, Ani Siro, leu em voz alta um texto que falava da descoberta dos paraísos pessoais e perguntou se eles tinham um tal paraíso:

> "Aconteceu comigo uma coisa bizarra, eu redescobri o prazer de ouvir uma história, como quando eu era pequena, a voz da nossa leitora nos envolvia delicadamente e eu esquecia tudo, que era professora, que era adulta, que estava diante de meus alunos, e viajei até a minha infância. E me lembrei que meu paraíso era dentro dos banheiros precários que existiam na minha casa. Eram feitos de madeira e a umidade fazia marcas que adquiriam formas humanas, ou demoníacas, ou se transformavam em monstros mitológicos com quem eu podia conversar se quisesse ou se tivesse necessidade de fazê-lo, ou ficar ouvindo o que me diziam. Ali, quando eu tinha sete anos, me sentia protegida. [...] Não consegui resistir e tive que compartilhar essa lembrança com aqueles que participavam da reunião. Em seguida, alguma coisa mudou. O ambiente ficou mais relaxado, tudo parecia mais à vontade e todos começaram a falar de seus paraísos".[14]

Javier se tornou um dos animadores desse centro de leitura. E se esse centro está localizado dentro de um colégio, ele é ao mesmo tempo dotado de uma certa extraterritorialidade: como dizem seus entusiastas, é "um espaço de não obrigação no meio da obrigação", uma terra de liberdade não submetida ao rendimento escolar, e os adolescentes, meninos e meninas de doze a dezessete anos, fazem parte do projeto porque optaram por isso. Nem todos são bons alu-

---

[14] *Voces*, Centro de Lectura para Todos, 2004, p. 4.

nos e a maioria não teve uma infância embalada por leituras noturnas, mas nesse centro eles desfrutam da presença calorosa e da escuta de mulheres ou homens que adoram a literatura e que se sobressaem na arte de falar de sua própria experiência como leitores.

Assim como os adolescentes brasileiros, eles aprenderam a ler em voz alta sem temer o olhar dos outros. No início, também ficavam apavorados: "Eu não tinha medo dos livros, tinha medo da rejeição das pessoas para quem eu lia". Também eles foram reconhecidos, como Dario, que se lembra da primeira vez que leu em público: "Quando eu os olhava, via um pequeno sorriso em seus rostos que me fazia sentir como em minha casa, e o melhor momento foi quando, no final, eles me aplaudiram. Pela primeira vez na minha vida, eu me senti importante. [...] Quando leio para as crianças e elas me aplaudem, me sinto único e importante". Aqueles que desejam vão ler para outros no colégio ou fora dele, enquanto seus companheiros são "exploradores de livros", que renovam as leituras propostas depois de ter aprofundado os critérios de seleção.[15] Todas as semanas eles se encontram, primeiro para momentos de especulação pessoal, de intimidade com os livros, depois comentam suas impressões, suas preferências, suas histórias singulares de leitores. Em seguida, o

---

[15] Na França, igualmente, os adolescentes às vezes são mediadores. Por exemplo, Patrick Borione, livreiro em Montreuil, que recordou uma experiência de cabaré literário realizada em Nanterre com os alunos do bairro de Pâquerettes: "Nós lhes havíamos dado uma dezena de livros de coleções para adolescentes e adultos para serem lidos. Rapidamente, esses adolescentes já não estavam mais na leitura obrigatória. Ela não era mais uma punição. Era a liberdade. [...] Pensávamos encontrar um ou dois alunos que leriam todos os romances. O fato mais interessante é que houve três ou quatro alunos que foram os mediadores de leitura para os outros, que lhes passaram livros. No final, todos os alunos presentes tinham lido pelo menos três romances" (Colóquio Leituras e Adolescentes, INJEP, 17/11/2005, Marly-le-Roy).

coordenador lê em voz alta um texto que selecionou e todos debatem as possíveis interpretações. Como na experiência brasileira, às vezes são organizadas saídas culturais que levam à descoberta de outros bairros.

Na véspera da minha chegada, eles haviam buscado na internet poemas de Jacques Prévert de que gostavam para que eu lesse em francês e eles, em espanhol. Também deram voz a outros poemas e a contos que, em sua maioria, falavam de amor e, algumas vezes, da morte; depois discutiram um deles, no caso, o conto "A dama ou o tigre?", do americano Raymond Smullyan. Sentia-se no grupo muita amizade e, ouvindo-os, eu pensava que havia ali uma escola de atenção delicada ao outro — e ao outro sexo. Alguns leram os próprios textos e um deles contou que escrevia sempre sobre uma mulher, até o dia em que um poeta foi ao centro e lhe disse para tentar encontrar a beleza que buscava naquela mulher na natureza. "Gostei daquilo, me abriu muitas portas. Fiz uma poesia combinando a mulher com a natureza." A partir da mulher sonhada, o mundo entrou em seus poemas. Um outro garoto, Juan Carlos, disse: "Era preciso que eu fizesse algo por minha vida. Se não tivesse encontrado o centro de leitura, não sei o que teria sido dela". E uma jovem, Soledad: "O centro de leitura me ajuda a ser a pessoa que sou, a encontrar vida nas palavras [...] é um espaço para descobrir a si mesmo, um lugar para compartilhar, um lugar para estar com os livros, sem pudores".

Uma disponibilidade essencial

De fato, para "encontrar vida nas palavras", é preciso "estar com os livros, sem pudores", como essa jovem diz tão bem. Em outras palavras, esses objetos não podem constituir um monumento intimidador, enfadonho. Se o adulto impõe à criança o comportamento que ela deve ter, o bom jeito de ler, se ela se submete passivamente à autoridade de um texto, encarando-o como algo que lhe é imposto e sobre o que ela deve prestar contas, são poucas as chances de o livro entrar na experiência dela, na sua voz, no seu pensamento. Apropriar-se efetivamente de um texto pressupõe que a pessoa tenha tido contato com alguém — uma pessoa próxima para quem os livros são familiares, ou um professor, um bibliotecário, um fomentador de leitura, um amigo — que já fez com que contos, romances, ensaios, poemas, palavras agrupadas de maneira estética, inabitual, entrassem na sua própria experiência e que soube apresentar esses objetos sem esquecer isso. Alguém que desconstruiu o monumento, fazendo com que encontrasse uma voz singular.

Alguém que manifesta à criança, ao adolescente, e também ao adulto, uma disponibilidade, uma recepção, uma presença positiva e o considera como sujeito. Os que viveram o mais distante dos livros e que puderam, um dia, considerá-los como objetos próximos, companheiros, dizem que tudo começa com encontros, situações de intersubjetividade prazerosa, que um centro cultural, social, uma ONG, ou a biblioteca, às vezes a escola, tornam possíveis. Tudo começa com uma hospitalidade.

Ouvindo-os, eu lembrava das palavras daquelas e daqueles que meus colegas e eu encontramos na França, nos bairros ditos "sensíveis". Graças a mediações sutis, calorosas e discretas, em vários momentos do percurso deles, a leitura entrou na experiência de cada um. Eles não se tornaram necessariamente grandes leitores, mas os livros não os entediavam, não lhes botavam medo. Ajudaram a que colocassem mais palavras em suas histórias, a tornarem-se mais atores delas. Isso não seria suficiente para modificar radicalmente a linha de seus destinos sociais, mas contribuiria para que evitassem certas armadilhas.

Eles também tinham evocado a importância decisiva da hospitalidade, do lugar que lhes foi dado: "Saber que alguém está lá, que te ouve... O fato de ter um lugar determinado na biblioteca. Alguém te diz bom-dia, te chama pelo nome, 'Tudo bem?', 'Tudo', isso é suficiente... Somos reconhecidos. Temos um lugar. Estamos em casa". Chamaram a nossa atenção para esse tempo em que um mediador está inteiramente disponível. Ao ouvi-los, compreendíamos que o que é precioso não é apenas a aptidão técnica do bibliotecário para se orientar no mundo da documentação. É que ele acolha a criança, o adolescente. E assim eles vão fazer uso dessa disponibilidade, que raramente encontram nos adultos, apoiar-se neles para a sua busca, mas também para elaborar esse lugar que lhes é oferecido, para dar novamente um movimento aos seus pensamentos, aos seus desejos, seus sonhos, suas vidas; e para ir mais longe.

É o que encontra Claire Jobert em uma experiência com crianças trabalhadoras de um bairro popular de Teerã: "Mediações individuais inscritas no tempo [podem] vencer as hesitações de uns e a inabilidade de ler de outros. Mediações simples, fundamentando-se, antes de mais nada, em uma grande disponibilidade de tempo e de espírito, na escuta dessas crianças e adolescentes tão sensíveis à atenção que lhes é dedicada".[16]

Para meninos e meninas estigmatizados por alguma razão — porque cresceram em uma favela ou porque seus pais imigraram, porque fazem parte de um grupo subjugado — é conhecida a importância dessa hospitalidade, de ser reconhecido em sua singularidade, chamado pelo nome, ouvido. E isso por alguém diferente de seus próximos, que é o mediador de um outro mundo.

Isso é ainda mais sensível para quem viveu um drama, uma catástrofe, algumas vezes até perdeu uma parte dos seus provedores. Quanto a esses, quem tentou identificar os ele-

---

[16] C. Jobert, *op. cit.*, p. 100.

mentos apropriados a uma reconstrução de si mesmo depois de tais dramas alertou para a importância dessas intersubjetividades: toda reconstrução psíquica pressupõe um acompanhamento, "toda crise demanda não uma lógica do indivíduo, mas uma lógica relacional", escreve Kaës.[17] Outros lembraram o papel decisivo dos "encontros significativos", dos "adultos referentes" ou dos "tutores de desenvolvimento" ou de "resiliência", nos quais a qualidade da presença e da escuta é um ponto fundamental.

Em busca de novos impulsos

Ao olhar a criança ou o adolescente de uma outra forma, os mediadores culturais criam uma abertura psíquica, ainda mais porque eles não são os intercessores de qualquer objeto, mas de livros, que antes eram símbolo de tédio ou de exclusão, e que, como esses jovens vão descobrir, também os "ouvem" e lhes dedicam uma atenção singular, enviando-lhes ecos do mais profundo deles mesmos.

Tel Samir fala de uma bibliotecária que o aconselhava na infância: "Ela conhecia os meus gostos. No início, eu era orientado por eles, e ela sentia que não era o meu caminho principal, e depois, eu mesmo não sabia. E ela me aconselhou outros livros; eu pensei: olha, isso não tem nada a ver com o que eu queria, mas até que eu gosto. E toda vez ela mudava, e sempre eu gostava". Malika faz quase o mesmo comentário: "Minha melhor lembrança é Philippe, o bibliotecário. Tenho a impressão de que éramos verdadeiros amigos... Ele sempre sabia tudo, os livros de que eu ia gostar: 'Eu li isso, você poderia ler'. Ele sabia que tipo de livro agradaria a essa ou àquela pessoa". Como Samir, Malika se sentiu acolhida

---

[17] R. Kaës *et al.*, *op. cit.*, p. 25.

por alguém que parecia ter um saber que ela ainda não tinha. Pois esses livros ilustrados que o bibliotecário compartilhava, essas pequenas histórias que lia ou aconselhava, diziam respeito a ela no mais alto grau. Tais livros sabiam muito sobre ela, seus desejos, seus medos, regiões dela mesma que ela não tinha explorado, ou não sabia expressar.

É evidente que essa não é uma experiência própria das crianças e dos adolescentes que vivem em contextos de crise. Ao longo da vida, procuramos as bolas que nos são lançadas e que nos permitirão discernir melhor o que existe ao redor de nós, e mais ainda o que acontece dentro de nós e não conseguimos exprimir. Precisamos do outro para "revelar" nossas próprias fotografias, tomando emprestado uma imagem de Proust que, em *O tempo redescoberto*, evoca esses "inúmeros clichês, inúteis porque não 'revelados' pela inteligência".

Do nascimento à velhice, pensamos unicamente em resposta ao que nos foi lançado por outros, ainda mais quando desconfiamos de que eles sabem de alguma coisa, um segredo, ao qual não temos acesso. Sem o outro, não existe sujeito. Em outras palavras, o gesto da partilha ou da troca, a relação, está na origem mesma da interioridade, que não é um poço onde se mergulha, mas que se constitui entre dois, a partir de um movimento em direção ao outro. Está também na origem mesma da identidade (se é que esta existe, o que pode ser discutido), que se constitui em um movimento simultaneamente centrífugo e centrípeto, em um impulso em direção ao outro, um desarraigamento de si, uma curiosidade — uma vontade também, por vezes feroz. Na origem mesma da cultura.

Em busca de novos impulsos, de sentido, nós os furtamos onde podemos, pegamos dos outros e emendamos com frases que ouvimos no ônibus ou na rua, mas também com o que encontramos nos conservatórios de sentido típicos da sociedade em que vivemos, lendas, crenças, ciências, bibliotecas. E os escritores que revelam o mais profundo da experiência humana, devolvendo às palavras sua vitalidade, têm aí um lugar essencial.

Compreendemos melhor o fundamento das coisas se nos voltamos ao princípio da vida humana. Além disso, como já foi notado e o será novamente, é para um retorno à infância, às primeiras lembranças da descoberta das palavras, das histórias, dos livros ou dos objetos amados, que os mediadores impelem aqueles que encontram.

As intersubjetividades na origem do pensamento

Recentemente, a psicanálise e a psicologia cognitiva aprofundaram muito a análise da parte interativa e relacional da construção do psiquismo desde os primeiros meses da vida, bem como iluminaram os processos de aquisição da linguagem e de desenvolvimento do pensamento. Como escrevem François Flahault e Nathalie Heinich, "o recém-nascido dispõe de bases neurológicas que lhe permitem tornar-se uma pessoa. Mas a ativação das suas possibilidades passa por interações com o adulto que cuida dele".[18] Somente a reorientação pelo outro lhe permite dar, aos poucos, sentido e forma ao que vivencia, construir um significado e encaminhar-se para a linguagem verbal.

Essas disciplinas mostraram que as primeiras bolas que são lançadas à criança são fundamentais: delas dependerá, em grande medida, seu desenvolvimento. Todos os grandes especialistas nessa idade assinalaram a importância, para o despertar sensível, intelectual e estético das crianças, das tro-

---

[18] François Flahault e Nathalie Heinich, "La fiction, dehors, dedans", *L'Homme*, 175-6, jul.-dez. 2005, p. 8.

cas precoces que a mãe (ou a pessoa que a representa) tem com o bebê. Insistiram no papel fundamental dessas interações que apelam para todos os sentidos: o tato, o olfato, o paladar, a audição e a visão, e que se organizam de forma recorrente em pequenos esquemas.

D. Winnicott já havia lembrado a "delicadeza do que é pré-verbal, não verbalizado, não verbalizável, a não ser, talvez, por meio da poesia".[19] Falou da importância da maneira como a criança é segura (o *holding*), tratada, manipulada (o *handling*). Comentou também sobre o papel exercido pelo rosto da mãe, em direção ao qual a criança conduz o seu olhar esperando que ele reflita alguma coisa sobre ela mesma, esse rosto que tenta "ler" para decifrar o humor da pessoa que cuida dela, "assim como estudamos o céu para adivinhar o tempo que vai fazer". A psicoterapia era "um derivado complexo do rosto que reflete o que ali está para ser visto". A leitura também, talvez, pois o que a criança explora ou teme nos livros é em larga escala esse ser estranho, inquietante, fascinante, que está dentro dela, do qual ela ignora porções inteiras e que às vezes se revela, se constrói por acaso quando encontra uma página; esse lugar distante no interior, o mais íntimo, o mais escondido, que é, contudo, onde nós nos abrimos aos outros. Aí encontra-se grande parte do segredo que procuram os leitores, às vezes freneticamente — e que outros, ao contrário, esforçam-se em evitar.

Os sucessores de D. Winnicott estudaram essa exploração visual do rosto materno realizada pelo bebê. Observaram o papel do envolvimento tátil, da maneira como a criança é segurada — fontes da organização de si mesmo.[20] Eles mos-

---

[19] D. W. Winnicott, *Jeu et réalité*, Paris, Gallimard, 1975, p. 154 [ed. brasileira: *O brincar e a realidade*, Rio de Janeiro, Imago, 1975].

[20] Ver novamente os trabalhos de Daniel Stern.

traram que a função referencial e informacional da linguagem se desenvolvia sobre a base preliminar de seu impacto afetivo e existencial:[21] para entrar na ordem da linguagem é preciso que a criança tenha experimentado o prazer do diálogo, seu interesse, sentido que, através dele, ela pode ter um efeito sobre o outro, tocá-lo.[22] Além disso, trataram da importância da voz: o valor da palavra se encontra antes de mais nada em suas modulações, seu ritmo e seu canto.

Sabemos hoje como são preciosos para o desenvolvimento psíquico os momentos nos quais a mãe se dedica ao seu bebê fazendo um uso lúdico, gratuito, poético, da linguagem, quando canta para ele uma pequena canção, ou quando lhe diz uma parlenda acompanhada de gestos de ternura, sem outro objetivo além do prazer compartilhado das sonoridades e das palavras. Em todas as culturas do mundo, aprende-se primeiro a música da língua, sua prosódia, que não se ensina, mas se transmite. E cantigas de ninar, parlendas, rimas infantis — que são uma forma de literatura — são colocadas à disposição das crianças.

Pelas suas repetições, seu retorno, a melodia dessa linguagem traria uma continuidade reconfortante, daria uma unidade às experiências corporais da criança.[23] A partir dessas percepções, ela extrairia estruturas rítmicas que participam de sua aquisição da linguagem. Essa noção de ritmo — presente, talvez, desde a vida uterina — seria central nessas interações precoces e na constituição da psique e da lin-

---

[21] F. Flahault e N. Heinich, art. cit., p. 28.

[22] Bernard Golse, *L'Être-bébé*, Paris, PUF, 2006, p. 224.

[23] Alberto Konicheckis, "Le récit comme berceuse", *in* Bernard Golse e Sylvain Missonnier (orgs.), *Récit, attachement et psychanalyse*, Paris, Érès, 2005. Ver também Marina Altmann de Litvan, *La Berceuse: jeux d'amour et de magie*, Paris, Érès, 2004; Marie-Claire Bruley e Marie-France Painset, *Au bonheur des comptines*, Paris, Didier-Jeunesse, 2007.

guagem.[24] Diferentes trabalhos teriam mostrado a sensibilidade das crianças, em particular, para a estrutura rítmica das cantigas de ninar, que seria muito próxima da estrutura do soneto na poesia clássica.[25]

A partir dos seis meses de idade, é possível saber a qual cultura pertence um bebê, pois ele constrói pouco a pouco a sua própria voz se apropriando das formas sonoras empregadas pelas pessoas que falam com ele. "É impossível ter uma voz sem ter ouvido alguém falar", escreve Evelio Cabrejo-Parra. "Se os outros não nos dessem acesso à voz, permaneceríamos acomodados no grito, sem poder atingir nossos destinos de seres de palavra. O bebê ouve, capta nas vozes que escuta os traços acústicos que devolverá em eco no momento da produção das primeiras sílabas, na forma de 'ta-ta-ta', 'ma-ma-ma'".[26] Sem pensar nisso, o adulto entra no jogo da criança e lhe devolve, por sua vez, um eco da produção silábica dela, reconhecendo a sua atividade psíquica, incentivando-a. Por meio desse diálogo, muito antes de a criança saber falar, as regras da conversação, baseadas em um revezamento, são também assimiladas pelo pequeno ser humano.

Sonhar o mundo ao lado da criança

Depois, os contos, os mitos, enfim, a ficção, a literatura também serão transmitidos a ela, universalmente ou quase, para alimentar o seu pensamento, iniciá-la na língua da narrativa, permitir que ela enfrente as grandes questões huma-

---

[24] B. Golse, *L'Être-bébé*, op. cit., p. 259.

[25] *Ibid.*, p. 242.

[26] Evelio Cabrejo-Parra, "Langue, littérature et construction de soi", in Henriette Zoughebi (org.), *La Littérature dès l'alphabet*, Paris, Gallimard, pp. 73 ss.

nas, tanto quanto possível (os mistérios da vida e da morte, da diferença entre os sexos, o medo do abandono, do desconhecido, o amor, a rivalidade etc.); e para celebrar a vida cotidiana.

Pois a expressão é vital, como lembra F. Flahault e N. Heinich: "Se a criança percebe que o adulto que lhe dá de comer está preocupado apenas em alimentá-la (responder a uma necessidade utilitária), reagirá a essa atitude manifestando má vontade, chegando até a se recusar a comer".[27] Se a colher se transforma em um avião aterrissando na boca ou se o adulto canta, a criança reconhece, para além da necessidade, o desejo, e celebra a comunhão graças a uma espécie de aliança natural (eminentemente cultural) entre relação e ficção. Mas é ainda para simbolizar a ausência, se pensar, pouco a pouco, como um pequeno sujeito diferente de sua mãe, que a criança deve ter acesso a "uma linguagem que não se resume ao nome das coisas, e [a] uma relação verdadeira mediada pela expressão e pela ficção".[28] O que Diatkine também dizia: as histórias lidas para a criança antes de dormir permitem-lhe suportar melhor o escuro, a separação dos pais, o medo de perdê-los e de morrer; mas ele ponderava: "Somente uma história ficcional, uma narrativa em uma língua de estrutura totalmente diferente da usada na vida cotidiana, parece ser eficaz contra essa angústia da separação".[29]

No início da vida, a mãe fala então à criança, sonha o mundo ao lado dela. É a mãe quem o apresenta e os olhares são desviados para um terceiro polo que ela vai nomear. E em todas as culturas do mundo, antes de balbuciar as primeiras palavras, os bebês começam um dia a apontar o dedo para

---

[27] F. Flahault e N. Heinich, art. cit., p. 12.
[28] *Ibid.*, p. 10.
[29] Homenagem a René Diatkine, *op. cit.*, p. 8.

alguém que se encontra perto deles. Com esse gesto, o bebê isola um objeto de tudo que o circunda, segmenta o mundo e se distancia. Então, o adulto nomeia o que foi indicado: "o cachorro", "o gato", "o avião", ou esboça uma pequena história, reconhecendo a atividade psíquica da criança pequena, esclarecendo o que se passou com ela: "Isso, você viu passar um lindo pássaro branco no céu". Os livros ilustrados constituem nesse caso, é bom lembrar, suportes excelentes, que enriquecem esses momentos de "olhares conjuntos". Para Laurent Danon-Boileau, é preciso dar um lugar particular a esses jogos de apontamento em torno dos livros: "O olhar em comum depositado sobre os traços do pensamento de um outro, e a possibilidade de reconhecê-lo e de pensá-lo por conta própria são o primeiro momento da criação de um terceiro espaço. É assim que, entre outras coisas, o lugar do outro toma forma no pensamento da criança. Um outro situado fora da interação".[30]

Seguindo Wilfred Bion, os especialistas na primeira infância também alertaram para a importância crucial da "capacidade de devaneio" das mães, permitindo-lhes filtrar os medos das crianças — se elas, as mães, não são muito deprimidas ou frágeis — e de entender o que as crianças sentem reenviando-lhes ecos gestuais e linguísticos.

É nessas interações, e depois nessas intersubjetividades primárias, nesse diálogo das atenções, nesses ajustes mútuos, que se encontra o cerne de nossa experiência, de nossa vida psíquica, de nosso pensamento. E é talvez esse cerne que é tocado, as primeiras experiências recuperadas, reativadas, nos encontros em torno da leitura quando esta não é regida pela utilidade (em contrapartida, se o mediador de leitura

---

[30] Laurent Danon-Boileau, "Naissance du langage, naissance de la symbolization chez l'enfant", Conferências da Sociedade Psicanalítica de Paris, 21/5/2002.

procura somente responder a uma "necessidade", sem dúvida poderia conseguir apenas má vontade ou recusa).

A ORALIDADE NA ORIGEM
DO GOSTO PELA LEITURA

O gosto pela leitura deriva, em grande medida, dessas intersubjetividades e deve muito à voz. Se nenhuma receita garante que a criança lerá, a capacidade de estabelecer com os livros uma relação afetiva, emotiva e sensorial, e não simplesmente cognitiva, parece ser de fato decisiva, assim como as leituras orais: na França, o número dos grandes leitores é duas vezes maior entre os que se beneficiaram de histórias contadas pelas mães todos os dias do que entre os que não ouviram nenhuma.[31] Antes do encontro com o livro, existe a voz materna, ou em alguns casos, paterna, ou ainda em certos contextos culturais da avó ou de uma outra pessoa que cuida da criança, que lê ou conta histórias.

Mas, quando a luta pela sobrevivência, ou pelo trabalho, toma todo o tempo cotidiano, quando a mãe, frágil ou consternada, é insuficientemente amparada por sua família e seus amigos, não tem condições de improvisar uma parlenda, de contar uma história, menos ainda, de ler (o que pressuporia que ela mesma tivesse podido se apropriar dos livros). Muitas vezes, esquece até as lendas que lhe foram transmitidas na infância. Ou a linguagem serve simplesmente para designar coisas. Então, faltará às crianças uma etapa para que assimilem os diferentes registros da língua e se apropriem um dia da cultura escrita: aquela em que a literatura, oral ou escrita, prepara para um uso da língua tão essencial e vital quanto "inútil", o mais perto possível da vivacidade

---

[31] F. de Singly, *op. cit.*, p. 102.

dos sentidos e do prazer compartilhado, longe do controle e da nota.

Apesar de tudo, os mediadores culturais podem recriar situações de oralidade bem-sucedidas, permitindo uma nova travessia, um desvio por esse tempo no qual as palavras são bebidas como se fossem leite ou mel. E eles observam às vezes que, ao ouvi-los, alguns adolescentes se esticam e se curvam em posição fetal, enquanto outros fecham os olhos.

Nos centros de leitura que estudei, os mediadores estão convencidos de seus conhecimentos, graças aos quais propõem uma escolha de obras bastante refletida, como veremos mais adiante. Mas eles também estão ali com os seus corpos, seus sentidos, sua energia (como atesta Juan Groisman, um jovem argentino: "No início, eu acho que eles vinham por causa da nossa energia, do nosso desejo, era isso que contava primeiro"). Estão ali com a sua própria história sobre a qual se questionam com frequência, mesmo se não se dão conta, com o seu próprio percurso como leitores; e com as suas vozes que dão vida ao texto: a oralidade está no centro de praticamente todos os programas desenvolvidos nesses espaços em crise.

Por muito tempo se opôs oral e escrita, embora o livro e a voz sejam companheiros, e a biblioteca, em particular, seja um ambiente "natural" para a oralidade: é o lugar de milhares de vozes escondidas nos livros que foram escritos a partir da voz interior de um autor. Quando lê, cada leitor faz reviver essa voz, que provém às vezes de muitos séculos atrás. Mas para as pessoas que cresceram longe dos suportes impressos, alguém tem que emprestar sua voz para que entendam aquela que o livro carrega.

Nos últimos anos, em muitos países, a oralidade foi redescoberta, e o oral e o escrito foram combinados nos espaços dedicados a facilitar a apropriação da cultura escrita. Na Argentina, oficinas foram montadas para ajudar as mulheres a encontrarem, ou reencontrarem, uma boa relação com a narração oral, a fim de que pudessem, em seguida, contar ou ler histórias para as crianças. No contexto do Plano Nacional de Leitura, tais espaços foram dirigidos aos professores, mas também, por exemplo, às mulheres membros de uma ONG, em um bairro popular da província de Entre Ríos, que cuidam de alguns dos refeitórios desenvolvidos em vários lugares do país a partir dos anos 1990, depois que a liberalização causou os estragos que conhecemos. Segundo suas próprias palavras, essas mulheres queriam agregar um "alimento cultural" aos pratos que serviam às crianças. Algumas eram analfabetas, mas disseram logo de saída que, se não sabiam ler, podiam contar. Silvia Seoane as ouviu e observou durante as oficinas. Ela se espantou com o trabalho de apropriação, de reinterpretação e de elaboração estética que operavam a partir das histórias trazidas pelas contadoras profissionais. Surpreendeu-se com essa segunda oralidade, que diferia da oralidade espontânea do cotidiano e cuja lógica interna era próxima à da narração escrita; com o surgimento progressivo do desejo de elas mesmas lerem os contos e, então, também de aprenderem a ler. Enfim, Silvia Seoane espantou-se com a transição facilitada para o mundo da escrita porque este havia sido prefigurado na narração oral. Fala-se, às vezes, que a passagem para a escrita pressupõe que se renuncie, que se deixe para trás um mundo anterior profundamente amado, próximo das sensações, das imagens. Segundo S. Seoane, não houve, no caso dessas mulheres, renúncia ou perda de um mundo amado, mas, ao contrário, surgiu um novo desejo.[32]

---

[32] Silvia Seoane, "Narración oral y cultura escrita: acerca de lectoras del 'Club de Abuelas y Madres del Barrio Gral Belgrano' de Entre Ríos", conferência pronunciada no âmbito do Curso de Pós-Graduação em Literatura Infantil e Juvenil, CePA, Buenos Aires, 12/7/2003. Esses encontros foram desenvolvidos no contexto do Plano Nacional de Leitura 2003-

Reencontrar um mundo interior de sensações, um ritmo

Um desejo que pôde ser revelado porque alguém soube tocar essa sensibilidade primitiva, suscitar, pela voz, idas e vindas entre corpo e pensamento, e possibilitar a recuperação, sob o texto, de um mundo interior de sensações, um movimento, um ritmo. Permitir que se entre na dança.

Porque os textos agem em vários níveis — sejam eles lidos em voz alta ou ouvidos no segredo da solidão: através de seus conteúdos, das associações que suscitam, das discussões que promovem; mas também de suas melodias, seus ritmos, seu tempo. Escutemos Joséphine, por exemplo:

> "Eu me lembro de um dia quando me encontrei em um estado de nervosismo completamente patológico. Corri para a biblioteca à procura do poema 'Le Moulin' de Verhaeren. Ele me acalmou no mesmo instante. Depois disso, voltei a ele várias vezes, ele afasta toda a loucura, todo o desequilíbrio, eu sei que ele está lá, como a pastilha na gaveta da esquerda. Ele me faz muito bem por causa do seu ritmo, talvez também uma imagem, mas sobretudo o ritmo. O que é impressionante é que naquele dia eu fui diretamente procurar esse livro, e nele, esse poema, portanto havia em mim alguma coisa que já sabia e de que eu não tinha consciência".

Sobre os poderes reparadores de uma obra literária, Nuala O'Faolain escreve: "A esperança de reparar a perda encontra-se no ritmo e no tom da obra escrita, não nas palavras. O ritmo é onde o leitor pressente a sinceridade do autor, tão

---

2008, dirigido por Gustavo Bombini e realizado pelo Ministério da Educação da Nação.

infalível, acredito, quanto um recém-nascido adivinha se a pessoa que o carrega, o ama. O escritor e o leitor dançam em um ritmo, de acordo com a melodia [...]".[33]

Haveria um texto subjacente em certas obras "que não é verbal, mas rítmico", ou um canto, e é sobre ele que os leitores inseririam suas emoções e suas experiências. A associação com o recém-nascido sugere, mais uma vez, que lidamos com algo tão antigo quanto a cantiga de ninar, sobre a qual escreve Alberto Konicheckis: "Seu ritmo supõe um retorno, uma repetição, uma espécie de circularidade, capaz de se opor às tendências de separação e de dispersão que ameaçam o bebê".[34] Assim como as mãos que seguram uma criança, o ritmo ampara. Independentemente do aspecto riquíssimo de simbolização da linguagem, de dar forma à experiência, graças às metáforas apresentadas pelo texto (que analisaremos mais adiante), a leitura, particularmente de obras literárias, participará então de um nível mais próximo do sensorial e das primeiras interações que permitiram a constituição dos limites de si mesmo. Ainda mais quando se trata de leitura em voz alta, e de poesia.

Beatriz Helena Robledo, que desenvolveu inúmeras experiências literárias na Colômbia, especialmente com adolescentes desmobilizados do conflito armado ou com pessoas deslocadas, e observou com acuidade o que acontecia no momento das sessões, insiste também na importância de "um ritmo, uma cadência, uma musicalidade, o jogo das palavras, e um *tempo* que sustenta, que evita a vertigem e o *nonsense*":[35] "A poesia é antes um ritmo, um ritmo que sustenta,

---

[33] Nuala O'Faolain, *J'y suis presque*, Paris, Sabine Wespieser, 2005, p. 155.

[34] A. Konicheckis, art. cit., p. 127.

[35] Beatriz Helena Robledo, "El lugar de la literatura en tiempos difíciles", *Lectura viva* (http://www.lecturaviva.cl/articulos/lugar_de_la_lectura.html).

que protege do vazio, que impede a vertigem, pois quando nós nos abandonamos ao ritmo, ele nos acolhe: algumas vezes lentamente, outras de forma rápida e cadenciada, restituindo-nos o ritmo original e binário do coração: sístole, diástole".[36]

"A voz vem do corpo, quer dizer, do sensível que há em nós. A voz viva é o contrário da letra morta e da linguagem estereotipada",[37] escreve a psicanalista Marie-France Castarède que estudou bastante a voz — em particular, na ópera. Ela diz também:

> "[...] hoje, revisões assustadoras deveriam nos levar a desenvolver mais do que nunca o espaço cultural, lugar privilegiado da expressão do indivíduo e da comunicação com o outro, contraponto decisivo ao mundo da inteligibilidade e da ciência tecnológica, o que faz de Winnicott tão contemporâneo. [...] O sensível perdeu lugar para o conhecimento. Já é tempo de ele voltar para a sua casa porque ele é o paraíso que nós perdemos".[38]

É verdade que na França, talvez mais do que em outros países, a separação entre o mundo da inteligência, da razão, e o da sensibilidade foi concluída há muito tempo. Na escola, por um longo período, estudou-se literatura como algo exterior, que não é vivido, constatado, sentido. Algumas abordagens são até mesmo voltadas para aprofundar a distância com o corpo, repudiar toda a emoção, vista como um desvario perigoso. E o corpo foi durante um bom tempo esquecido

---

[36] B. H. Robledo, *Antología de poesía colombiana para niños*, Bogotá, Alfaguara, 2007, p. 7.

[37] Marie-France Castarède, *La Voix et ses sortilèges*, Paris, Les Belles Lettres, 2000, p. 202.

[38] *Idem*.

nas pesquisas sobre leitura, reduzida a uma atividade mental, enquanto o que se dá é uma atividade física, engajando de maneira indissolúvel corpo e mente.

    Se a literatura está, em parte, distante do carnal, próxima da especulação, está também próxima da vivacidade dos sentidos, e isso não tem a ver com o tema tratado, mas com a escrita... ou com a "leitura", o ângulo de aproximação. O paraíso evocado por M.-F. Castarède é talvez o mesmo que Ani Siro evocava quando apresentava o centro de leitura para todo mundo, em Buenos Aires: o lugar onde se conciliam as emoções e os pensamentos, onde o mais singular, o mais peculiar em cada um, é o mais compartilhado; e aquele que abre para horizontes até então insuspeitados.

2.
SALTAR PARA O OUTRO LADO

> "Nós estávamos sentados naquela mesa, nervosos, tristes, e descobrimos um novo mundo que nos fez esquecer aqueles sentimentos."
>
> Orhan Pamuk[1]

> "A psique é extensa e nada sabe."
>
> Sigmund Freud[2]

Portanto, no início está a recepção e a voz. Ler, apropriar-se dos livros, é reencontrar o eco longínquo de uma voz amada na infância, o apoio de sua presença sensível para atravessar a noite, enfrentar a escuridão e a separação. Como para essas crianças no hospital, que dizem ouvir, enquanto dormem, a voz da pessoa que leu histórias para elas durante o dia. Ou para Florence, em missão humanitária em Ruanda, que enfrenta, dia após dia, o sofrimento dos sobreviventes do genocídio, reacendendo o luto que ela mesma conheceu. Quando está no quarto de hotel, ou à noite, antes de dormir, ela lê: "Nunca estive tão só como então. Quando não tinha mais livros, estava perdida. Comprei um livro, retomei o prumo. Era alguém, uma presença viva, como quando à noite

---

[1] Orhan Pamuk, "A maleta do meu pai", discurso pronunciado durante o recebimento do Prêmio Nobel, 7/12/2006. Disponível no site da Fundação Nobel.

[2] Sigmund Freud, *Résultats, idées, problèmes, II*, Paris, PUF, 1985, p. 288.

meus parentes me telefonavam. Uma voz humana. Era físico, uma presença. Eu estava como que com um amigo, uma amiga, e já não esperava".

Como escreve Pascal Quignard: "Diz-se que os dois primeiros medos, pré-humanos, estão relacionados à solidão e à escuridão. Nós amamos poder fazer surgir à vontade um pouco de companhia e de luz artificial. São as histórias que lemos e que à noite trazemos entre as mãos".[3] Ou Varlam Chalámov: "[...] os livros são também um mundo que não nos trai nunca".[4] Mesmo sozinhos, o interior de nós mesmos estaria ocupado; ao longo da vida inteira, é possível se fazer acompanhar.

Ler é também tornar-se autônomo: o livro é feito de signos, de linguagem, do registro simbólico que os psicanalistas situam mais do lado do pai, de uma terceira instância separadora. E o ato de chegar à leitura é, às vezes, descrito como a incorporação de algo que é próprio da mãe, em que o pai, ou o ser amado pela mãe, aquele com quem ela sonha, sem dúvida não está ausente.[5] É dizer o quanto, para o psi-

---

[3] "La déprogrammation de la littérature", entrevista com Pascal Quignard, *Le Débat*, 54, mar.-abr. 1989, p. 88.

[4] V. Chalámov, *op. cit.*, p. 52.

[5] Pensemos, por exemplo, nesta passagem de *As palavras*, de Sartre, ao rememorar um dia em que sua mãe lia em voz alta: "Perdi a cabeça: quem estava contando? O quê? E para quem? Minha mãe estava ausente: nem um sorriso, nem um sinal de conivência, sentia-me exilado. E, além disso, não reconhecia sua linguagem. De onde ela tirava essa segurança? Ao fim de um instante, eu havia compreendido: era o livro quem falava". No entanto, ele conhece a história, sua mãe já lhe contou mil vezes, improvisando, e naquele momento eles estavam "sós e clandestinos" como "dois bichos que se conhecem bem", diz ele. Mas nesse dia, o livro é como um terceiro entre o filho e a mãe, e é ele quem fala, conferindo à mãe uma segurança, uma potência. E, ao menino, um sentimento de ser arrancado de si mesmo, o qual pouco a pouco ele reconhecerá como prazeroso [ed. brasileira: *As palavras*, Rio de Janeiro, Nova Fronteira, 2005].

quismo, aquilo que é apropriado tem um *status* complexo, heterogêneo.

UMA OFERTA DE ESPAÇO

Ouçamos Silvia Seoane evocar uma recordação de sua infância em Buenos Aires. Trata-se ainda do paraíso e da voz:

> "Quando eu era pequena, minha mãe me contava, à noite, com as luzes apagadas, a história de *Alice no País das Maravilhas*. Não sei se ela tinha lido o romance de Lewis Carroll; não sei se a sua mãe, um irmão mais velho ou uma freira do colégio interno onde ela estudou haviam contado a história para ela. Não sei se ela leu uma versão do romance no *Tesouro da juventude*, livro de cabeceira de sua infância (que eu imaginava quando criança como a fonte de todas as histórias). Quer dizer, não sei como esse clássico foi parar nas mãos, nos olhos ou nas orelhas de minha mãe.
> [...] Sei que ela mantinha um pequeno comércio em nossa casa e que, provavelmente por essa razão, as aventuras daquela Alice, que me contava, aconteciam em um mundo de árvores de chocolate e de cascatas de Fanta Laranja e Coca-Cola. Sei que Alice chegava nesse paraíso depois de passar por um espelho (por isso, eu adorava o armário de remédios do banheiro) e sei que havia o Coelho e a Rainha de Copas.
> [...] Eu não me lembro de muitos detalhes da história, mas lembro da voz da minha mãe na escuridão. Lembro, com bastante clareza, o que eu via enquanto ela falava. Lembro da emoção e da maravilhosa sensação alucinada. Sei que eu estava convencida de que, de certa forma, eu era Alice [...]; todas as noites, um mundo pa-

ralelo nascia na voz da minha mãe. Com a sua narrativa, eu atravessava o espelho e entrava ritualmente na ficção. Assim como quando ela me contava a história do rei Davi ou do meu tataravô, soldado no sul da Itália; a história de Pedro e o Lobo e também a do meu tio Oreste, as histórias dos meus bisavós, professores primários na Patagônia no início do século, e a da pedra movediça de Tandil, ao lado da qual minha avó dava aulas (histórias graças às quais, tenho certeza, me tornei professora).

Tantos eram os relatos. Palavras trabalhadas artesanalmente por minha mãe para criar mundos para mim".[6]

Todas as noites, na escuridão, a voz da mãe de Silvia, alimentada pelo *Tesouro da juventude* e por algumas epopeias familiares, tecia narrações que encantavam o cotidiano, misturando-o a uma dimensão poética, com árvores de chocolate e cascatas de Fanta Laranja. Aí vemos como a leitura é uma questão de boca: tem a ver com a voz, mas também com os primeiros alimentos que a criança recebe. É sem dúvida por isso que nos hospitais na Colômbia, os mediadores de leitura intervêm muito, sob solicitação médica, junto às crianças em estado de desnutrição. Pensemos também em Marc Soriano, salvando-se da anorexia graças a *Pinóquio*.

Porém, na cena descrita por Silvia, não é o prazer de retornar ao colo materno que predomina. Nem mesmo a fascinação recíproca da mãe e da criança. Por meio de suas palavras, sua mãe abre o lugar do Outro. O Outro são todas as pessoas das gerações passadas que se encontram na sua voz, o antepassado soldado, o tio Oreste, os bisavós professores,

---

[6] Silvia Seoane, "Tomar la palabra. Apuntes sobre oralidad y lectura", Conferência no Curso de Pós-Graduação em Literatura Infantil e Juvenil, CePA, Buenos Aires, 18/9/2004 (http://misioneslee.blogia.com/2007/022301-tomar-la-palabra-apunte-sobre-oralidad-y-lectura.php).

cujas proezas transmite, introduzindo a filha no tempo histórico do século passado como no tempo bíblico do rei Davi, e em um espaço imenso que se estende até a Patagônia e o sul da Itália. As histórias contadas fazem com que ela corra para além do espelho, atravesse outras terras; engrandecem sua vida.

Oral ou escrita, a literatura é uma oferta de espaço. As palavras não cansam de revelar paisagens, passagens, "como se a sua essência fosse bem mais espacial do que verbal, como se o seu fundamento geográfico formasse o seu alicerce de sentido", escreve Georges-Arthur Goldschmidt.[7] Antes de tudo, é talvez um espaço que é encontrado nas palavras lidas, de modo vital, ainda mais para quem não dispõe de nenhum lugar, nenhum território pessoal, nenhuma margem de manobra, como os que participaram das experiências que seguem.

"Olhares de pedra"

Nos anos posteriores à Segunda Guerra Mundial, nos Estados Unidos, a jovem Mira Rothenberg foi levada a dar aulas a trinta e duas crianças provenientes da Europa Central, de onze a treze anos. Algumas nasceram nos campos de concentração, outras foram abandonadas por seus pais durante a guerra para que tivessem uma chance de escapar dos nazistas. São crianças "com olhar de pedra", que construíram fortalezas para se proteger dos horrores pelos quais passaram. Esfoladas vivas, aterrorizadas, violentas, elas não confiam em ninguém e repetem, em línguas diferentes, que querem voltar, reencontrar seu país de origem. Até o dia em que

---

[7] Georges-Arthur Goldschmidt, "Les surprises de l'espace", *in Villa Gillet*, 5/11/1996, p. 7.

Mira Rothenberg, aproveitando uma pausa nos ataques de raiva, contou-lhes sobre os índios da América:

> "Contei para eles como aqueles homens aos quais o país pertencia tornaram-se refugiados na sua própria terra, da qual foram privados. Encontrei um livro de poemas dos índios que falava da terra que eles amavam, dos animais com os quais viviam, de sua força, de seu amor, de sua raiva e seu orgulho. E de sua liberdade.
> As crianças reagiram. Alguma coisa havia mexido com elas. Os índios deveriam sentir pela América o mesmo que elas por seus países de origem.
> E nós nos transformamos em índios. Tiramos os móveis da classe. Instalamos tendas e pintamos um rio no assoalho. Construímos canoas e animais de tamanho natural em papel machê. [...] As crianças começaram a se desvencilhar de suas carapaças. Nós morávamos nas tendas. Comíamos ali. Elas não queriam mais voltar para suas casas".[8]

Mesmo para os que foram gravemente feridos, uma história, uma metáfora poética oferecem às vezes, sob uma forma distinta, um eco do que viveram e não puderam pensar por conta própria, suscitando um movimento psíquico. Mas, talvez nesse caso, a metáfora é ainda mais eficaz, dado que apresenta uma terra, rios, animais, todo um país onde o corpo e a psique poderão se desenvolver plenamente.

Pois, notemos, o que as crianças fazem, antes de mais nada, é compor um espaço em torno delas, adotá-lo por inteiro, reformulá-lo. No início, elas serão animais ferozes, depois, com o passar dos meses ou dos anos, se aventurarão a

---

[8] Mira Rothenberg, *Des Enfants au regard de pierre*, Paris, Seuil, 1979, p. 15.

ser "verdadeiros índios". Um dia construirão um cômodo no qual falarão "com infinita poesia dos índios em que se transformaram".[9] Esse desvio pela terra indígena lhes permitirá aprender a tecer ou a fazer cerâmica, ler outros poemas, escrever alguns, estudar a história e a cultura desse povo e compará-la com a do seu país de origem. Depois, um dia, pegar o metrô para visitar um parque, seguir antigos rastros indígenas, passar um período nas grutas e aprender geografia para reorganizar seus territórios, ou matemática para avaliar distâncias.

Mais de cinquenta anos depois, na Colômbia, Beatriz Helena Robledo, lê também histórias para adolescentes um pouco mais velhos que os anteriores. Eles se encontram em um lar piloto que, desde 2001, já acolheu algumas centenas de meninos e meninas de doze a dezessete anos envolvidos no conflito armado, do lado da guerrilha ou dos paramilitares.[10] Alguns desertaram, outros foram capturados ou aban-

---

[9] Ao comentar essa experiência que também o tocou, Pierre Péju escreveu: "O espaço aberto pelos contos, com o papel desempenhado pelos animais, vegetais e os minerais, enquanto reinos que se interpenetram, possibilita tornar positivas forças que, se forem enfrentadas, certamente destroem" (*La Petite fille dans la forêt des contes*, Paris, Robert Laffont, 1997, p. 194). Jean Perror também a citou no "Le double jeu du conte", *in* René Kaës (org.), *Contes et divans*, Paris, Dunod, 1996, pp. 34-7.

[10] Eu descrevi mais detalhadamente esse programa no "La littérature comme médiation: quelques expériences dans des régions en guerre", *in Médiations, médiateurs, médias*, Atas do Colóquio do Salão do Livro e da Imprensa para a Juventude, CPLJ, 2007.

Na Colômbia, nos anos 2000, cerca de 11 mil menores fazem parte de grupos armados, e a questão da reinserção das crianças-soldados ou dos adolescentes-soldados, que é colocada em vários países, foi bastante debatida. Trata-se aqui do *Programa de atención a niños, niñas y jóvenes desvinculados del conflicto armado*, realizado pelo Instituto Colombiano do Bem-Estar Familiar, que recebeu apoio da Organização Internacional de Migrações, da US Aid e da Save the Children UK.

Hoje (outubro de 2007), a estratégia praticada com os jovens des-

donados pelos grupos armados, pois estavam doentes. Educadores, psicólogos, trabalhadores sociais, escritores e artistas tentam prepará-los para retornar à vida civil.

Em sua maioria, esses adolescentes cresceram o mais longe possível dos livros, em regiões rurais pobres ou em bairros urbanos marginalizados. Dificilmente seguiram a escolaridade para além do primário e vários deles começaram a trabalhar muito cedo — em sua infância, portanto, desfrutaram pouco de espaços de jogo, de tempo livre. Sob pressão ou por vontade própria, pegaram em armas por razões diversas: falta de recursos, violência na família, desejo de vingança, cooptação por um próximo, busca de proteção, prestígio, poder, gosto pelo uniforme, adesão ideológica; mas também vontade de trilhar seu caminho longe da família, busca de pertencimento, de aventura, de descobertas, de horizontes desconhecidos.

Em seus anos de incorporação, os grupos armados lhes deram uma identidade, referências, sentido de vida. Os mais novos viveram a guerra como um jogo, mas a maioria atravessou provações terríveis, viu morrerem pessoas próximas, matou seus inimigos, com frequência em combates corpo a corpo. As jovens enfrentaram um machismo feroz, tendo muitas vezes sofrido abusos, passando por gestações precoces não desejadas. Durante esses anos, a grande maioria deles não teve nenhum contato com atividades de tipo educativo; não usufruíram de nenhuma informação, nenhum aprendizado além dos ligados ao seu papel de guerrilheiro. Chegam ao *lar*, portanto, sem ter contato com a escrita há muitos anos e sem manifestar nenhum interesse pelo saber. O imaginário deles é muito pobre. Têm pouco conhecimento sobre o mun-

---

mobilizados seria um pouco diferente, mas é sempre em vários níveis (formação profissional, aceitação mútua, escuta psicológica, educação, ler/escrever etc.) que uma parte deles é acompanhada.

do, sua geografia, sua história. E uma parte deles tem uma atitude muito ambivalente diante do lugar onde se encontram, particularmente quando encaram o fato de viver ali como sendo uma traição: então, eles podem rejeitar tudo o que é proposto.

Apresentam-se como jovens guerrilheiros experimentados, duros, exibindo as cicatrizes com orgulho, mas essa couraça cobre um sofrimento, e seu universo emocional vai se mostrar profundamente alterado. Com o passar das semanas, eles se revelam amedrontados, confusos, atormentados pela raiva, pela dor, pelos sentimentos de abandono, de solidão. Têm pesadelos terríveis, alguns têm delírio de perseguição. Os traumas, as separações e as perdas que sofreram não foram objeto de nenhuma elaboração. Além disso, a maioria deles vem de ambientes em que se fala pouco, e ainda foram submetidos a uma disciplina militar implacável, que os obrigava a obedecer e a se calar.

Entre outras coisas, é proposto a eles, uma vez por semana, um lugar, que é considerado "ritual" pelos que já o fizeram, intitulado "Eu escolho a palavra",[11] onde a literatura e a arte audiovisual desempenham um papel central. Aqueles e aquelas que o conceberam tinham algumas convicções: a oficina não deveria ter relação direta com o espaço pedagógico; não haveria nenhuma lição, nenhuma nota, nenhuma obrigação de participação. Seria o espaço do jogo, do riso, onde encontrar o direito de ser criança, de inventar, de compartilhar momentos agradáveis, gratuitos, criativos — um lugar estético e cultural, não didático. Também seria distinto dos espaços terapêuticos: nenhuma questão direta que pudesse contribuir para que associassem a oficina com esses espa-

---

[11] Programa "*Escojo la palabra. Dirigido a niños, niñas y jóvenes desvinculados del conflicto armado en Colombia*", concebido e realizado pelo Centro Regional para o Fomento do Livro na América Latina e no Caribe (CERLALC). Marina Valencia foi a coordenadora geral.

ços seria feita. Ali, nenhum julgamento seria formulado. Decisões muito próximas àquelas encontradas na maioria das experiências reportadas nesse livro.

Beatriz Helena Robledo recorda uma dessas sessões:

> "Contávamos histórias de mitos e lendas diante de um mapa da Colômbia, no qual estavam indicados os diferentes grupos indígenas que habitam nosso país. Jamais imaginaríamos que um mapa teria tanto significado... O fato de ele estar lá, presente, visível, enquanto eles ouviam os contos, as lendas, lhes permitiu elaborarem a sua própria história, mas também a sua própria geografia. À medida que líamos e sinalizávamos a proveniência do mito ou da lenda, eles se lembravam dos lugares, dos rios, dos vilarejos por onde haviam passado.
>
> De repente, como por um 'abracadabra', enquanto falava-se da '*Llorona*', da '*Madremonte*', do '*Mohán*', a palavra daqueles jovens, reprimida pela guerra durante tantos anos, substituída pelo barulho surdo dos fuzis, começou a brotar e eles se puseram a contar".[12]

Assim, depois de ouvir uma lenda, um dos adolescentes, Julio, cuja voz jamais havia sido ouvida, levantou-se. Apontou com o dedo no mapa a região que havia percorrido e falou como não tinha feito desde muito tempo; começou recordando os mitos que conhecera na infância, depois contou sua própria história, encontrando um vínculo no mais fundo dele mesmo; em seguida, outros o fizeram. Beatriz H. Robledo comenta:

---

[12] B. H. Robledo, "Bibliotecas públicas en poblaciones marginadas. Y eso, ¿para qué sirve?", *in Formación de lectores: escuela, biblioteca pública y biblioteca escolar*, Memórias do V Congresso Nacional de Leitura, Bogotá, Fundalectura, 2002, pp. 308-12.

"Uma biblioteca ou uma coleção de livros exerce um papel essencial no interior de uma população marginalizada. [...] Muito além do fornecimento de informação ou de um apoio à educação formal. Para os cidadãos vivendo em condições normais de desenvolvimento, um livro pode ser uma porta a mais que se abre; para aqueles que foram privados de seus direitos fundamentais, ou de condições mínimas de vida, um livro é talvez a única porta que pode permitir-lhes cruzar a fronteira e saltar para o outro lado".

Soltar-se

Nós teremos oportunidade de reencontrar esses meninos e meninas mais adiante, mas notemos a importância do mapa e detenhamo-nos nessa expressão: "cruzar a fronteira e saltar para o outro lado". Ela aparece como um eco a uma frase de Kafka: "Estranho, misterioso consolo que é dado pela literatura, talvez perigoso, talvez libertador: salto para fora das fileiras de assassinos...".[13] E chama a atenção para algo imprescindível que será encontrado em vários contextos, em vários destinos: a associação entre a abertura de um outro espaço, que rompe com a situação em que se encontra aquele que lê ou ouve um texto, onde ele entra de cabeça, ou cauteloso, e uma nova oportunidade de uma atividade psíquica e de uma palavra, a volta ao movimento de um tempo que parecia congelado.

Sobre o papel que a literatura pode desempenhar junto aos adolescentes, Leslie Kaplan também evocou o salto como "ato do pensamento", insistiu nessa ruptura proporcionada

---

[13] Franz Kafka, *Journal*, 27/1/1922, Paris, Grasset, "Les cahiers rouges", p. 540.

pela ficção, que permite deixar para trás a repetição do mesmo, libertar-se:

> "Todo mundo pode sentir a necessidade de se afastar do real; mas talvez os adolescentes o sintam mais do que todo mundo. Os adolescentes não se colocam questões específicas, eles fazem, como todo mundo, perguntas sobre eles mesmos e os outros, o mundo, a identidade e a identidade sexual, o desejo e a falta de desejo: o tédio, a raiva, e o que fazer com eles, e os limites, o crime; contudo, o que é sem dúvida específico, é a urgência e a impaciência diante dessas questões [...] Daí o papel fundamental da ficção para os adolescentes, ela que permite estabelecer uma distância para com o mundo".[14]

Trata-se, segundo ela, não de uma evasão do mundo, mas de "inventar um ponto de apoio para lidar com o mundo aqui e agora", de "introduzir um canto na realidade".[15]

De fato, o que os leitores descrevem quando se referem a esse salto para fora de suas realidades cotidianas provocado por um texto não é tanto uma fuga, como é dito frequentemente, de maneira um pouco depreciativa (acreditando-se que seria mais honrável se dedicar totalmente à sua dor ou ao seu tédio), mas uma verdadeira abertura para um outro lugar, onde o devaneio, e portanto o pensamento, a lembrança, a imaginação de um futuro tornam-se possíveis. Em contextos violentos, uma parte deles já não é mais feita refém; ela escapa à lei do lugar ou aos conflitos cotidianos. Como para Alice, que voava ao ler as histórias de aviadores:

---

[14] *Libération*, 13/2/2001.

[15] Leslie Kaplan, "Raconter des histoires", texto que apareceu na internet... e depois desapareceu.

"Não me contavam histórias. Na realidade, as histórias que eu ouvia eram as disputas cotidianas entre os meus parentes. A escola e os livros eram a calma, a serenidade, a ordem que contrastava com o que acontecia em casa. Um porto de paz onde eu existia. Li todo o Saint-Exupéry, ou a biografia de Mermoz. Uma vez me vi como um herói, não podia negar, ele entrava no meu mundo, eu entrava no dele".

Ou para Louis Calaferte, filho de imigrantes italianos, que virou escritor depois de ter crescido em um bairro marginalizado de uma cidade francesa, onde reinava uma enorme violência. Um "gueto" onde não se comia todos os dias, onde se era pobre "até nos sorrisos" e o que predominava em matéria de linguagem "era a injúria e a grosseria". Onde a bebida era "a hóstia do pobre", onde se fazia amor sobre um monte de carvão ou em furgões enferrujados, muito promiscuamente, e onde tudo se acertava com socos ou facadas.[16] Até o dia em que ele se depara com um professor que leva as crianças a sério, às vezes passeia com elas pela cidade, fora desse bairro, e lhes empresta, um dia, um velho livro escrito por um padre apóstata. Nos anos seguintes, operário em uma fábrica, é na casa de um quinquilheiro que Louis Calaferte descobre um compartimento de livros usados entre bacias esmaltadas. Graças à lembrança de uma ou outra passagem desses livros, consegue "aguentar", suportar todos os dias a cólera dos chefes sem retorquir, sob pena de ter de cumprir tarefas piores:

"Eu me punha a vagar acima do jardim zoológico, uma caixa de parafusos novos sobre os ombros ou a bomba de graxa na mão direita. Por um processo de

---

[16] Louis Calaferte, *Requiem des innocentes*, Paris, Julliard, 1994.

projeção que desconheço, me sentia metamorfoseado, não tendo nada em comum com toda aquela miséria, toda aquela apatia prolongada, mórbida. Compreendi que o fato de ter me envolvido provisoriamente com aquilo nada mais era do que um acidente fortuito. [...] Se falo tanto dos livros é porque eles me ofereciam uma espécie de sistema de autodefesa com relação à minha condição. Operário de fábrica, o futuro não me prometia nada que valesse a pena e eu tinha medo".[17]

"A leitura contribuía para amenizar no fundo de mim esse temor, do qual sofri por muito tempo, de ser apenas um fracassado", diz ele ainda. Os livros lhe permitiram "dançar sobre um pé diferente":

> "Os livros me davam confiança. Sentimento bastante impreciso. Eles representavam uma força certa, uma ajuda permanente. Um livro é sempre receptivo! Na primeira leitura, uma marca foi deixada em uma ou outra página, a orelha dobrada, trata-se da passagem que respondia a uma preocupação, a uma dúvida. O diálogo é contínuo. Mais vasto ainda quando nele pomos tudo o que queremos".[18]

Alice devorava biografias de aviadores, Calaferte "batia asas" ou "dançava sobre um pé diferente": metáforas que falam de um salto, um voo, um movimento ascendente eufórico são frequentes quando as pessoas que viveram em tais contextos contam suas recordações de leitura.[19] Ouaknin

---

[17] Louis Calaferte, *Septentrion*, Paris, Gallimard, 1995, pp. 29-30.

[18] *Ibid.*, p. 27.

[19] Tema do voo que se encontra em profusão nos mitos e nos contos, de Ícaro a Peter Pan ou Nils Holgersson.

propõe a hipótese, "intuitiva e verificada em vários casos clínicos, que o peso e a leveza do ser dependem primeiro de uma liberdade linguística. [...] Uma fala livre abre o ser para a sua leveza e, inversamente, uma fala presa carrega-o para baixo e confere peso ao que já é pesado".[20] Ao ouvir essas pessoas, compreendemos que o corpo está implicado: o tema do voo é associado ao de uma força que é como que depositada no livro e a que eles recorrem. "A ação de ler tem a virtude paradoxal de imprimir vigor a essa mesma vida da qual ela nos separa", escreve José Luis Polanco.[21] É provável que encontremos no texto as marcas do trabalho psíquico e literário realizado por um escritor mantendo-nos o mais próximo do seu corpo, de suas pulsões, das experiências sensíveis que encontrou e de seu prazer de ter podido dar-lhes uma forma simbolizada. Em eco — mas em eco difratado — o texto suscitará, em alguns leitores, não somente pensamentos, mas também emoções, potencialidades de ação, uma comunicação mais livre entre corpo e espírito. E a energia liberada, reencontrada, apropriada ocasionalmente dará força para se passar a alguma outra coisa, sair do lugar onde o leitor se encontrava imobilizado.

No que diz Calaferte, compreende-se o quanto, por meio de certas leituras, a imagem de si, de sua interioridade, é modificada, desvinculada do entorno, de seus componentes mortíferos. E o valor disso pode ser medido em situações onde a pessoa se sente muito debilitada, onde várias angústias e antigos fantasmas são despertados — como pode ocorrer em hospitais, por exemplo.[22] Às vezes surge até a ideia de que,

---

[20] M.-A. Ouaknin, *op. cit.*, p. 113.

[21] José Luis Polanco, "Las páginas de seda", *in* Javier Pérez Iglesias, *Palabras por la lectura*, Plano de Leitura/Castilla-La Mancha, 2007, p. 152.

[22] Cf. "La lecture réparatrice", *in* Michèle Petit, *Éloge de la lecture*, *op. cit.*

se a história lida ou a imagem contemplada é bela, talvez o interior de si mesmo é que seja belo. Os livros existem como olhares indulgentes, reflexos distantes dos rostos daqueles ou daquelas que outrora se inclinavam sobre a criança para lhe proteger. Como dizem os que citei, esses livros são "sempre receptivos", estão à disposição, os heróis não podem "escapar" e a permanência desse recurso possível ajuda a manter ou restaurar o sentimento da sua própria continuidade e sua capacidade de estabelecer elos com o mundo.

O CONTRÁRIO DO COTIDIANO VISÍVEL

Assim, a leitura se mostra paradoxal, permitindo ao mesmo tempo uma escapada solitária e encontros. Distante do(s) próximo(s), ela é o meio de experimentar uma permanência onde não há — e é talvez por isso que lemos tanto nos meios de transporte, sugere Daniel Goldin; mas é também para empurrar a viagem para mais longe, como esta mulher:

> "Sempre leio no metrô que eu pego todos os dias para ir trabalhar. Dessa forma eu sou transportada radicalmente para outro lugar. Eu me lembro de um dia que lia uma aventura que se passava no polo Norte. Eu avançava através da nevasca, em meio às renas e aos cachorros, estava tão dentro da história que, de repente, levantei a cabeça e vi todas aquelas pessoas ao meu redor... por um momento, pensei: 'Mas o que é que elas estão fazendo aqui?!'".

Fora dos espaços em crise, vários homens e mulheres leem assim, dia após dia, para abrir o espaço e suportar o confinamento ao qual são submetidos, como este ascensorista em Buenos Aires, que diz: "A leitura me leva para outros lugares, e eu aprendi a ir ao lugar onde me levam os livros e ao mesmo tempo conduzir o elevador". Foi nos livros lidos no elevador que ele encontrou o nome de sua filha, Sofia, porque "esse nome se refere ao conhecimento".[23]

Ou este pequeno ajudante de vendas em Teerã: "Dessa forma, eu saio do estado em que me encontro".[24] Ou ainda este jovem argentino, Martín Broide, lembrando-se de uma viagem à Amazônia:

> "Andamos o dia inteiro em meio aos mosquitos, sem muita água, até o momento em que chegamos, esgotados, ao lugar onde iríamos dormir — um abrigo muito rústico, apenas um teto e mosquiteiros. Era o fim da tarde e os mosquitos começaram a aparecer de todos os lados. Eram tantos, que a única coisa que podíamos fazer era dormir. Nos enfiamos em nossos mosquiteiros, no chão, acho que foi uma das situações mais desconfortáveis que vivi, cansado, suado, com todos aqueles mosquitos, as formigas, o calor. Eram sete e meia, eu não conseguia dormir, mas era preciso repousar para partir cedo no dia seguinte.
>
> Quanto a mim, tenho sempre na mochila, no bolso ou nas mãos, um livro. Eu tinha um livro de um francês, Gaston Bachelard, *A poética do espaço*, no qual ele cita vários textos de poetas, escritores, que conseguiram, com palavras, criar lugares habitáveis para se refugiarem. Li esse livro com uma pequena lanterna de bolso, sob o mosquiteiro. E me lembro de uma passagem muito bonita que fala de uma casa no meio de um bosque. Eu senti que tinha deixado para trás a floresta, aquela situação incômoda, aquele calor. E eu estava naquele

---

[23] Devo essa história (e outras) a María Inés Bogomolny.
[24] Citado por C. Jobert, *op. cit.*

bosque onde havia essa casa. Comecei a imaginá-la e dormi".

O cotidiano material, visível, teria ali o seu contrário, suas praias surpreendentes onde é possível respirar, distanciar-se de vez em quando, operar transformações, preservar a possibilidade de um devaneio, de um pensamento. Praias vitais que são dotadas de inúmeras características se analisarmos o que os leitores dizem.

Em geral, elas são associadas à descoberta de um universo radicalmente distinto, remoto, lendário ou exótico — a floresta, a ilha dos mares do Sul, outra galáxia para quem vive nos países do Norte; a clareira de um bosque úmido, a neve, as macieiras ou os castelos medievais, para quem está na América tropical. Esse lugar remoto das leituras vem às vezes modificar a percepção dos lugares familiares, expande-os, como para Silvia, que passou a olhar de um jeito diferente para o espelho do banheiro depois de ter descoberto as aventuras de *Alice no País das Maravilhas*; ou para Martha, que diante dos nítidos cumes dos Andes, no norte da Argentina, vê as "fortalezas medievais europeias" que "conheceu nos livros".

A partir desses territórios remotos, é um "quarto próprio" que é arquitetado, mesmo em contextos onde nenhuma possibilidade de dispor de um espaço pessoal parecia existir. Muitas vezes as metáforas utilizadas remetem a um lugar acolhedor, à hospitalidade, à casa ou à terra recuperada, no caso dos que conheceram o exílio ("A leitura é o meu país").

Para quem vive em um ambiente caótico, esse espaço permite encontrar um sentimento de continuidade. Para isso, contribuem tanto a permanência do recurso possível como a estrutura do objeto (o códice, feito de folhas reunidas) e das histórias que abriga (dotadas de um começo, de um desenvolvimento e de um fim). Também contribui, como veremos no próximo capítulo, o fato de que a leitura convoca uma atividade de simbolização, de pensamento, de narração de sua própria história entre as linhas lidas, uma costura de episódios vividos de maneira fragmentada.

É ainda para uma delimitação de si mesmo, para traçar seus próprios contornos, que parece propício o lugar aberto por essa atividade. Ali, os leitores se sentem vinculados aos outros — aos personagens, ao autor, aos que leram o livro, que leem juntos ou o farão um dia —, descobrindo que dividem as mesmas emoções, as mesmas confusões; por outro lado, eles se veem separados, diferentes daquilo que os cerca, capazes de pensar independentemente.

Esse espaço é governado por um *tempo* particular — rompendo, de forma semelhante, com as outras atividades —, feito de uma lentidão propícia ao devaneio, mas às vezes também de um ritmo mais próximo do sensorial; e fala-se uma língua diferente da usada para a designação imediata e utilitária das coisas: a língua da narrativa (voltaremos a esse assunto mais adiante).

Através desses descompassos, desses desacordos, introduz-se o jogo. Para retomar a expressão empregada por um menino em um bairro dito "sensível", é "um espaço no qual se pode evoluir", que permite um novo desenrolar das possibilidades. É evidente que o mundo não vê reparados os seus dramas, seus conflitos, suas desigualdades, mas uma margem de manobra se anuncia.

Uma experiência originária decisiva

Assim é a experiência evocada, sob múltiplas formas, por aquelas e aqueles que vivem em espaços em crise e que puderam se apropriar de textos ou de fragmentos de textos. E também por vários leitores provenientes de distintos meios culturais ou sociais. De fato, eles entendem essa experiência originária como sendo decisiva, descrita por D. Winnicott com base no conceito de "espaço transicional",[25] que esclarece a condição paradoxal da leitura e permite situar melhor suas implicações antropológicas e psíquicas.

Para D. Winnicott, o espaço transicional designa um espaço de jogo que se estabelece entre a criança e a mãe, se a criança se sente confiante, e onde esta vai começar a se construir como sujeito. Nessa região calma, sem conflito, a criança se apropria de algo proposto pela mãe, um objeto, uma canção, uma cantiga de ninar. Fortalecida pela melodia ou pelas sílabas incorporadas, a criança se lança, distancia-se um pouco, explora o espaço. Há algo que a empurra, partindo do seu corpo — a subjetividade também é uma modalidade do corpo, segundo D. Winnicott. "Nesses jogos, a criança se distancia da voz da mãe e se reapropria dela, como quando pegava o seio contra o seu corpo, enquanto a mãe falava ou cantava", escreve Marie Bonnafé.[26] Por meio dessas idas e vindas, a criança esboça os seus próprios contornos, elabora a sua capacidade de estar sozinha, constrói o espaço do segredo, de um raciocínio independente. Algo, contudo, escapa aos adultos com essas primeiras demarcações de uma interioridade, de uma subjetividade, de uma capacidade de simbolizar e de estabelecer relação com os outros pa-

---

[25] D. W. Winnicott, *op. cit.*

[26] M. Bonnafé, "À l'orée du récit oedipien, le conte merveilleux...", *Revue Française de Psychanalyse*, 3, 1998, p. 797.

O que vemos já na canção de ninar, se seguimos Konicheckis: "Da criança embalada no ombro de um adulto à criança embalada pela sonoridade de uma canção de ninar, um processo de separação, de distanciamento entre os corpos, acontece. Uma profundidade, um volume são criados através dos quais novos processos podem se desenvolver. É possível supor que nesse espaço entre o fora e o dentro compartilhados, a subjetividade da criança poderá se formar" (art. cit., p. 126).

ra além da união primeira, para além dos protetores braços maternos.

Espaço físico, mais do que material, mas que se constrói também com o corpo em deslocamento, a área transicional é, dessa forma, paradoxal, entre apego e distanciamento, união e separação. O objeto, a história contada à noite, a pequena melodia simbolizam a união entre seres que são a partir dali distintos e restabelecem uma continuidade. Permitem que a angústia seja superada, e depois suportar a ausência. Esse seria o primeiro rito de passagem que permitiria realizar, em seguida, todas as passagens, pois no próprio lugar onde acontece a separação é aberto o campo da simbolização, do jogo, e depois da arte e da cultura. As experiências culturais seriam nada mais do que uma extensão desses primeiros momentos de criação, de emancipação.

Graças ao espaço transicional, a atividade psíquica e o jogo, depois a atividade psíquica e a cultura, a arte, o humor, vão se firmar e incentivar-se reciprocamente. Da infância à velhice, esse espaço é indispensável para se viver de maneira um tanto criativa, em uma relativa boa saúde psíquica. Para ser capaz de estabelecer vínculos com o mundo interior e com o exterior, para que o íntimo e o público possam dialogar, reconciliar-se. Ele tem uma importância crucial nas situações de crise, quando a vida foi marcada por rupturas, abandonos, separações ou exílios; superar tudo isso pressupõe "[...] a recriação de um espaço transicional [...] condição necessária (mas não suficiente) para permitir a um indivíduo, a um grupo reencontrar a sua confiança na sua própria continuidade, na sua capacidade de estabelecer vínculos entre ele, o mundo, os outros, na sua capacidade de jogar, simbolizar, pensar, criar",[27] escreve Didier Anzieu.

---

[27] Didier Anzieu, *Le Corps à l'oeuvre*, Paris, Gallimard, 1981, p. 22.

De fato, em tais contextos críticos, o espaço do jogo, o espaço do devaneio, os tempos de trocas gratuitas, o imaginário, são reduzidos. Alguns viveram catástrofes, a mãe não pôde cantar, rir, jogar, falar gratuitamente com os seus filhos, e nenhum terceiro desempenhou esse papel junto a eles. Outros se sentem ameaçados pelo exterior e fazem da família a sua fortaleza.[28] Ou a dimensão da utilidade acaba prevalecendo o tempo todo, inexistindo a relação lúdica com os objetos e a linguagem. Quando a luta pela sobrevivência ou o trabalho ocupam todo o tempo cotidiano, quando os pais são infelizes e preocupados, independentemente do amor que sintam por seus filhos, eles não têm condições de proporcionar-lhes tais momentos, de compartilhar com eles, por exemplo, esses "jogos de olhares conjuntos", cuja importância apontamos.

Recompor uma praia

Contudo, se não é intrusiva, uma terceira pessoa pode propor uma situação de intersubjetividade benéfica em torno de objetos culturais, capaz de criar uma margem de manobra. Relatos, poemas, mitos, lendas transmitidos por um mediador, transmitidos pela sua voz protetora, abrem por vezes um espaço de devaneio, de fantasia, quando este falta. O que os psicoterapeutas que trabalham em contextos de crise sabem bastante bem: muitas vezes, com o apoio de contos ou de mitos, eles procuram precisamente sustentar a elaboração da transicionalidade, "reabilitar essa praia [...] entre o sólido e o líquido, entre o materno e o paterno, entre a

---

[28] Ver, por exemplo, Abdelmalek Sayad, "La lecture en situation d'urgence", *in* Bernadette Seibel (org.), *Lire et faire lire*, Paris, Le Monde Éditions, 1995, pp. 65-99.

pulsão e o pensamento, entre o eu e a cultura, os outros e o mundo".[29]

Na Argentina, por exemplo, a psicopedagoga Silvia Schlemenson trabalhou com sua equipe com mulheres em situação de extrema pobreza, com filhos de menos de três anos.[30] Ela e uma contadora profissional as encontraram ao longo de dez sessões. Ao exercer sua arte, a contadora permitiu que essas mulheres recuperassem lendas ou cantos esquecidos de suas infâncias e inventassem outros. Elas participaram com prazer: "Durante as últimas sessões, várias mulheres riam enquanto cantavam para as suas companheiras canções retomadas depois de muito tempo". Lembraram-se de seus medos, falaram umas às outras sobre as relações com a família, quando eram pequenas. Evocaram as situações felizes ou dolorosas que viviam com os seus bebês. "A troca de experiência no interior do grupo e os processos de reflexão gerados tornaram possíveis novas formas de atenção para com as crianças, que antes eram impensáveis", escreve S. Schlemenson. Essas mulheres tiveram, dessa forma, trocas afetivas e simbólicas mais ricas com seus bebês.

De maneira semelhante, no oeste da França, Claire Garrigue narra contos para crianças cujo imaginário é particularmente pobre, devido a dificuldades, tanto sociais como psíquicas, das pessoas que cuidam delas. Tais crianças não podiam se beneficiar de uma psicoterapia, pois os seus pais resistiam a isso e não podiam imaginar nada além de uma "reeducação". Durante a oficina, os pais estão presentes assim como uma psicoterapeuta, Anne-Marie Gomane, que in-

---

[29] R. Kaës, "Médiation, analyse transitionnelle et formations intermédiaires", *in* Bernard Chouvier (org.), *Les Processus psychiques de la médiation*, Paris, Dunod, 2004, p. 26.

[30] Silvia Schlemenson (org.), *El Placer de criar, la riqueza de pensar*, Buenos Aires, Novedades Educativas, 2005.

tervém de tempos em tempos. Depois do conto, as crianças vão jogar, desenhar, pintar livremente, na sala ao lado, enquanto os pais falam com a terapeuta. É ela quem relata a experiência. Observa que a voz da contadora e suas entonações constroem o espaço e cadenciam o tempo, e que o seu olhar, "através do encontro com o olhar das crianças e o dos pais, tece uma rede de trocas que se observa entre mãe e filho durante os primeiros meses de vida (trocas que cruelmente faltaram às crianças do grupo e sem dúvida às suas mães em sua própria infância)":

> "'O inverno é rigoroso, a neve cobre os campos e as casas. O pobre lenhador parte para a floresta...' [...] A partir dessas histórias que se desenrolam no tempo, no decorrer das sessões, os pais se arriscam a associar fragmentos de suas próprias histórias, depois episódios inteiros de seus passados.
> Madame S. nos contará um pouco da vida de sua avó em seu país, a coleta de lenha no bosque, uma carga de lenha nas costas e um filho em cada mão. Mais adiante, a contadora canta uma música com o sotaque da terra de madame S., que por sua vez ouve com uma grande emoção. Depois, ela conta, com um tom alegre pouco habitual, sobre as noites quando, perto da chaminé, seu avô contava histórias. [...] Certamente, condições difíceis de vida fizeram com que seus pais emigrassem para a França, mas ela é capaz de evocar os prazeres de sua infância e fazer de sua história pessoal, traumática em muitos aspectos, uma história que ela pode contar para sua filha e para nós. Progressivamente, ela relaxa e sua atitude super controladora e depreciativa com relação à filha Sabrina, transforma-se e fica mais tolerante, mais encorajadora.
> Sabrina, que, segundo sua mãe, não tem memória, começa a se lembrar de histórias. Nós notamos, junta-

mente com a contadora, que o seu olhar, antes vago e anuviado, tornou-se luminoso e vivo".[31]

Os professores reparam que Sabrina começa a falar e logo a ler, a se interessar pela escola. Claro que não é mágica, é preciso tempo e a força dos contos, a arte da contadora, intercalada com a da psicoterapeuta, mas como ela mesma diz, "um espaço para pensar, um espaço para sonharem mãe e filho é construído".

Contudo, a criação ou recriação de um tal espaço transicional não é unicamente da alçada das famílias e dos especialistas no sofrimento psíquico (ajudados, nos exemplos mencionados, por narradoras profissionais). O trabalho dos mediadores culturais pode contribuir bastante — é o que Mira Rothenberg ou Beatriz Helena Robledo, sobre quem falei anteriormente, percebem quando leem poemas ou fábulas aos adolescentes sob os seus cuidados. Assim como os voluntários do Banco del Libro, na Venezuela, que foram ler em voz alta para as populações desamparadas depois que uma parte do país foi assolada por inundações. As crianças conseguiram dormir com mais tranquilidade ("O livro é quente como a minha cama", diz uma delas), e "entre os escombros e a poeira, as mães decidiram limpar as ruas e fechá-las em algumas partes para que todos lessem juntos; mais tarde, pais de família e professores de escola também aprenderam para poder, eles também, contar histórias e emprestar livros para toda a comunidade. Meses mais tarde, compreendemos que havíamos dado mais do que distração, mais do que momentos de esquecimento...", escreve Paula

---

[31] Anne-Marie Gomane, "Groupe thérapeutique autour des contes: une autre façon de tisser le lien mère-enfant", *in* Bianca Lechevalier *et al.* (org.), *Les Contes et la psychanalyse*, Paris, In Press Editions, 2001, pp. 285-92.

Cadenas, uma das que desenvolveram o Ler para Viver. Outra, Brenda Bellorín, diz que o programa "transformou o inefável em experiência comunicável e despertou em todos o desejo de reconstruir e recriar".[32]

Ou os bibliotecários da "Comuna 13", um conjunto de bairros na periferia de Medellín, na Colômbia, que mantiveram a todo o custo as suas atividades, mesmo quando alguns grupos paramilitares atacavam a guerrilha. Do lado delas, os habitantes transformaram as suas casas em guarida e se esforçaram para continuar a vida, como aquelas pessoas, em um conto de Bradbury, que se adaptam à vida em um planeta congelado, depois que o seu veículo espacial quebrou, como escreve Consuelo Marín, que estava encarregada de promover a leitura.[33]

Consuelo lia contos em voz alta àqueles que haviam perdido as suas moradias e estavam abrigados em um colégio próximo. Assim, ela se lembra de uma manhã em que ouviu tiros se aproximando a tal ponto que quis interromper a leitura, mas os jovens ouvintes exigiram que chegasse ao fim: "Aquelas crianças que passavam as noites chorando pelos corredores da escola, com medo do escuro, não queriam perder o final do conto, como uma segunda pele, pele da alma que não se pode arrancar".[34] Os livros eram, naquele lugar, moradias provisórias, a maneira de recriar um pouco a casa perdida.

---

[32] Paula Cadenas, "Des livres pour construire", 70th IFLA General Conference and Council, Buenos Aires, 22/8/2004 (http://www.ifla.org/IV/ifla70/papers/153f_trans-Cadenas.pdf).
E Brenda Bellorín, "Leer para vivir. Terapia bancolibrera para Vargas", *Espacios para la lectura*, México, 6-7, 2002.

[33] Cf. M. Petit, "La littérature comme médiation...", art. cit.

[34] Referência à teorização psicanalítica contemporânea do Eu-pele e os invólucros psíquicos (cf. D. Anzieu, *Le Moi-peau*, Paris, Dunod, 1995).

Com coletes à prova de balas, ela e seus colegas acolhiam na biblioteca crianças que vinham dormir com o nariz enfiado em uma revista, quando não podiam fazê-lo em casa, durante a noite; ou adolescentes que pegavam livros emprestados para ler nos dias em que era impossível sair — em particular, literatura fantástica. Um deles leu, assim, toda a obra de Júlio Verne, mesmo com o barulho das balas; outros descobriram Tolkien, Edgar Allan Poe, Rowling, Maria Gripe, Federico Andahazi. Alguns até saíam para ler em voz alta, como esta jovem: "Às vezes, no final da semana, íamos caminhar nos arredores no bairro e durante as pausas sempre havia um livro; desse modo, a violência não se mostrava tão terrível". Escudo ou talismã, o livro acompanhava-os em suas escapadas, como uma música acompanha uma criança que atravessa a escuridão: "É como se chovesse do lado de fora, e você sabe que não vai se molhar".

Para além desses contextos dramáticos, a leitura, como o jogo, é uma maneira de se reafirmar, dia após dia, nesse ambiente onde o princípio de realidade não obedece ao princípio de prazer.[35] Em relação ao jogo, Hanif Kureishi escreve

---

[35] Em "Formulações sobre os dois princípios do funcionamento mental", Freud lembra que o aparelho psíquico, no início voltado para a obtenção do prazer, teve que se decidir a representar o estado real do mundo exterior e a procurar uma modificação real: é a instauração do princípio da realidade. Contudo, uma forma de atividade de pensamento continua independente da prova da realidade e submetida somente ao princípio do prazer: aquela que começa com a brincadeira das crianças e continua em sonhos diurnos e fantasmas. Freud tem aí uma curiosa comparação: "Da mesma maneira, uma nação cuja riqueza resida na exploração do produto de seu solo mesmo assim preservará certas áreas em seu estado original, para protegê-las das mudanças ocasionadas pela civilização". E ele dá como exemplo o parque de Yellowstone, nos Estados Unidos. A arte, diz ainda, "promove, de maneira peculiar, uma reconciliação entre os dois princípios". (Cf. Sigmund Freud, *Résultats, idées, problèmes I*, Paris, PUF, 1998, pp. 138 ss. [ed. brasileira: *in Obras completas*, ed. Standard, vol. XII, Rio de Janeiro, Imago, 1996])

em suas memórias: "A criança necessita dele para recobrar suas forças. Eu me lembro de um de meus filhos gritando depois de um dia passado fora: 'Mas eu não brinquei hoje!'. Então, ele ficou sozinho com os seus carros, brincou e falou sozinho até o momento em que se sentiu pronto para reencontrar os outros. Os escritores também podem se mostrar irascíveis se não passarem algumas horas no escritório, diante deles mesmos".[36]

Do mesmo modo, certas pessoas não conseguem dormir sem ter lido algumas páginas. Esse outro espaço é vital para os que precisam fazer incursões por ali. "Eu preciso dos mundos da ficção para me separar provisoriamente da vida que levo (e que não é absolutamente idêntica a mim mesmo), sem, no entanto, rasgar o tecido dos laços que me constituem...", escreve Pavel.[37] Ler tem a ver com a liberdade de ir e vir, com a possibilidade de entrar à vontade em um outro mundo e dele sair.[38] Por meio dessas idas e vindas, o leitor traça a sua autonomia, mediante a qual ele se reconstrói, como o negrinho mencionado pelo escritor francês, nascido na Martinica, Patrick Chamoiseau em seu livro *À bout d'enfance*:

> "Cada imagem de um livro era um mundo tocado pelo infinito, cada imagem abria para ele o infinito, quanto menor fosse a relação dela com o seu entorno. [...] O negrinho saía voando pelas janelas abertas, voltava aos seus tormentos, partia de novo, até obrigar as

---

[36] Hanif Kureishi, *Souvenirs et divagations*, Paris, Christian Bourgois/10/18, 2003, p. 369.

[37] Thomas Pavel, *Comment écouter la littérature?*, Paris, Collège de France/Fayard, 2006, p. 29.

[38] Michel de Certeau: "ler é estar em outro lugar, lá onde *eles* não estão, em um outro mundo; é constituir uma cena secreta, um lugar onde se entra e de onde se sai a vontade" (*A invenção do cotidiano, op. cit.*, 1994).

pessoas das ilustrações a viverem seus próprios sentimentos... Ele as animava com suas vontades. Preenchia-as com seu mal-estar [...] aquelas pessoas das ilustrações tomavam o lugar dos seus infortúnios mentais através de mil peripécias".[39]

Aí também um lugar remoto, um voo, idas e vindas, algumas imagens justapostas a um pouco de texto e o jovem leitor insere o seu "infortúnio mental", como ele diz. Povoado com uma boa quantidade de personagens, ele fica menos sozinho, um pouco mais preparado para enfrentar o desconhecido.

A LITERATURA, PARTE INTEGRANTE DA ARTE DE HABITAR

Em situações de crise, a leitura é, dessa forma, uma via privilegiada para recuperar a experiência da criança que, em um ambiente calmo, protetor, estético entre a sua mãe e ela, "trabalha" por meio do jogo a separação, se restabelece, e se emancipa. E isso em todas as idades.

Contudo, há ainda outra coisa. "A psique é extensa", como escreveu Freud, de maneira um tanto enigmática. E de modo decisivo, a literatura ajuda a dar forma aos lugares onde viver, a se lançar e abrir caminho.

Página e *país* têm a mesma etimologia. Um mapa (como aquele presente quando os jovens desmobilizados ouvem as lendas), um tratado de astronomia, páginas web de filatelia, um diário de viagem em um blog às vezes dão a ideia de que o mundo é vasto e que poderíamos encontrar um lugar. Todavia, as obras literárias esbanjam paisagens sem conta, in-

---

[39] Patrick Chamoiseau, *À bout d'enfance*, Paris, Gallimard, 2005, pp. 32-3.

citando cada um a compor a sua própria geografia. Contos, lendas, livros ilustrados, romances oferecem uma topografia, balizam o espaço, abrem-no para o exterior. Vários escritores procuraram até mesmo recriar por seus próprios meios "um espaço para si, no qual se mover, respirar, se instalar, morar, viver",[40] precisamente porque lhes fez falta, como Georges Perec:

> "Meu país natal, o berço da minha família, a casa onde eu teria nascido, a árvore que eu teria visto crescer (que meu pai teria plantado no dia em que nasci), o celeiro de minha infância cheio de lembranças intactas... Esses lugares não existem, e é por eles não existirem que o espaço se torna problemático, deixa de ser evidência, deixa de ser incorporado, deixa de ser apropriado. O espaço é uma dúvida: preciso registrá-lo sem cessar, designá-lo...".[41]

Se eles não têm a ânsia de Georges Perec, no momento em que esboçam uma ficção, os escritores compõem um espaço, concebem uma geografia imaginária com base em algumas lembranças ou fragmentos de percepção. A tal ponto que para G.-A. Goldschmidt: "Mais do que de suas próprias palavras, [a literatura] é feita de todos esses espaços que vivem nela. [...] Todo o esforço daquele que escreve é o de alcançar o nível quase animal da experiência espacial. A escrita, na verdade, é feita com o corpo inteiro, com o seu posicionamento. Tudo provém do entorno".[42]

---

[40] Claude Burgelin, "L'Autobiographie: une conquête spatiale", *in Villa Gillet, op. cit.*, p. 54.

[41] Georges Perec, *Espèces d'espaces* (Paris, Galilée, 1974). Seu pai foi morto quando ele tinha quatro anos e sua mãe deportada três anos depois.

[42] G.-A. Goldschmidt, art. cit., p. 7.

Desde o princípio da vida, a literatura seria algo que anima o corpo da criança pela "matriz espacial" que representa, como foram para o escritor os contos de Grimm:

> "Portanto, a experiência fundadora é esse choque corporal quase indescritível, que coloca a narrativa no seu lugar e faz com que as palavras desapareçam na matriz espacial que as representa. Ouvir os contos de Grimm na infância foi, nesse aspecto, uma experiência maior, inesquecível, sobre a qual, posteriormente, uniu--se todo o resto. Mais do que o conteúdo mítico [...] dos contos, são os seus lugares, seus desenhos, seus itinerários, seus movimentos, o que o corpo infantil literalmente sentiu se instalar nele, na altura do quadril, dos braços, do peito, como se esses contos tivessem estabelecido a própria sinestesia do eu".[43]

Os lugares do texto animam o corpo, e os seus deslocamentos, o seu movimento, estabelecem a construção do psiquismo, ou a sua reconstrução. Lembremo-nos daqueles meninos que compuseram um espaço em torno de si, desenhando um rio, instalando cabanas, depois de terem ouvido um poema indígena. Pensemos mais amplamente, nessas encenações a que recorrem as crianças com frequência, depois de terem ouvido ou lido uma história. Elas não exigem um território específico, um espaço de recreação onde elas extravasariam antes de voltar às coisas sérias. É muito mais do que isso; o que está em jogo é a possibilidade de tornar o mundo habitável.

No princípio da vida, as palavras lidas se traduzem frequentemente por esse apreender físico num espaço de três dimensões que a criança esculpe, modelo reduzido do mundo.

---

[43] *Ibid.*, pp. 6-7.

Mais tarde, a encenação física não é mais imprescindível (salvo para alguns), mas em todas as idades, para constituir seus alicerces e se sentir viva, desejando, a criança que continua a viver dentro de cada um de nós precisa de uma terra feita de histórias que serão assimiladas, de percursos que aí vai traçar. E, algumas vezes, a criança vai dedicar-se a transformar o contexto material que a cerca, enfeitando-o, como os jovens em Petare, nos subúrbios de Caracas, que, depois de terem se envolvido com um grupo de leitura, puseram-se a limpar, pintar e transformar completamente a sala que lhes foi emprestada,[44] ou essas mulheres, a que mencionamos anteriormente, nesse mesmo país, que limparam as ruas destruídas pelas enchentes depois que leram para as crianças livros ilustrados ou lendas.

Quando intervieram nessas regiões inundadas, os mediadores do Banco del Libro pensaram em *Cem anos de solidão*, de García Márquez: quando os camponeses de Macondo, insones, perderam a memória, foi preciso pôr etiquetas nas coisas para que tudo não se tornasse caótico, indistinto. Para que os espaços em crise sejam novamente habitáveis, talvez eles devam recuperar toda uma consistência simbólica, imaginária, lendária, marcos e referências.

Claude Burgelin diz que "o espaço e as suas representações constituem pontos de apoio ou alimento indispensável para a vida da psique [...] a alma é uma predadora insaciável de paisagens, que alimentam o inconsciente". A propósito de uma das primeiras representações pelas quais uma criança se exprime — o desenho de uma casa — ele também escreve: "Essa incorporação do espaço representa o movimento mais naturalmente cultural, mais culturalmente natu-

---

[44] Trata-se de um espaço construído pelo Banco del Libro e a Fundação Luz y Vida, com o apoio da embaixada do Canadá (cf. *De la lectura a la escritura. Creando espacios de transformación*, Caracas, Banco del Libro, 2006).

ral da psique, associando em um mesmo hieróglifo meu corpo e o seu ambiente".[45]

Se as crianças representam com tanta frequência uma casa (e, ao lado desta, árvores, animais, um jardim, um caminho, algumas vezes um parquinho, nuvens, o sol), fazem-no não só porque o desenho simboliza o seu corpo ou o seu ser, mas também porque sentem uma necessidade psíquica de compor uma geografia. Da mesma forma, as paisagens com as quais sonhamos não são unicamente metáforas de nossos humores, de nossos estados, são também metáforas de nossa respiração.

A partir de impressões sensoriais, escritores e artistas descobrem essas dimensões propriamente espaciais da experiência humana, sua profundidade, sua altura, sua largura, e eles as devolvem permanecendo o mais próximo da "carne do mundo" (para falar como Merleau-Ponty), de sua luz, de seus perfumes, de sua textura. Criam uma forma resumida, condensam nas páginas todo um universo do qual os leitores se apropriarão para desdobrar o seu microcosmo, fazer surgir as paisagens que vão abrigá-los, protegê-los e que lhes permitirão arriscar a ir mais longe, como a criança que precisa subir nas árvores depois de ter lido *Tarzã*.

As trocas entre espaços imaginários e materiais serão incessantes. Ao menos isso é desejável para que, ao dobrar uma rua, uma trilha, lembranças sejam acionadas, devaneios, todo um "interior",[46] mas também surpresas, o imprevisto. Sem possibilidade de fuga para um exterior, para um outro tempo, para outros registros da língua além dos que servem para designá-lo, o próximo seria talvez inabitável, sem pro-

---

[45] C. Burgelin, art. cit., p. 50.

[46] No original, *"arrière-pays"*, que significa região afastada da costa, interior, hinterlândia. A autora, aqui, também faz referência ao livro do poeta francês Yves Bonnefoy, *L'Arrière-pays* (Paris, Skira, 1972). (N. dos T.)

fundidade, sem relevo. Sem relato de espaço — mesmo que seja uma mitologia familiar, algumas lembranças relatadas que desenvolvem uma extensão e a balizam —, o mundo permaneceria onde está, indiferente e indiferenciado, não nos trazendo nada de volta, nada além de um olhar vazio; o mundo careceria de valor para que construíssemos nosso lar interior e habitássemos os lugares onde vivemos e viajamos.

"Onde os relatos desaparecem (ou se convertem em objetos museográficos)", escreveu Michel de Certeau, "existe perda de espaço: privado de narrações (como se constata ora na cidade, ora na região rural), o grupo ou o indivíduo regride para a experiência, inquietante, fatalista, de uma totalidade informe, indistinta, noturna".[47]

A literatura é parte integrante da arte de habitar que nos resulta essencial, dessas atividades que, nas palavras do arquiteto Henri Gaudin, "nos familiarizam com o exterior, abrigam-nos, é claro, mas fazem com que atravessemos assoalhos, paredes, vigas, divisórias, colocam uns próximos dos outros, casas, árvores, tecem toda sorte de coisas ao nosso redor para nos tornarmos amigos, menos indiferentes a elas. Habitar é isso, dispor das coisas ao nosso redor. Diminuir a distância em relação à estranheza do que é exterior a nós. Tentar sair da confusão mental que provoca a incompreensibilidade inerente ao que está fora de nós".[48]

O bem-estar, mas também o ato de pensar, demandam um espaço construído dessa maneira, e viagens para o longínquo, regressos para o que está perto considerado com outros olhos, um jogo. Contudo, trata-se de um pensamento muito distinto do que Rodin quis representar e sobre o qual escreve Christophe Bailly:

---

[47] M. de Certeau, *op. cit.*, p. 217.

[48] Henri Gaudin, "Embrasure", *in Villa Gillet, op. cit.*, p. 22.

"*O pensador*, de Rodin, inteiro curvado sobre ele mesmo, corresponde à imagem do pensamento requerida por uma época recém-saída de todo o fervor contemplativo, assombrada pelos progressos e pelas proezas tangíveis. No seu peso e até na violência com que é apresentado, ele deixou bem atrás de si qualquer possibilidade de deslize meditativo, ou espantado, ele é a imagem mesma de uma concentração que precisa assemelhar-se à alegoria de um trabalho, a imagem, para dizer tudo, desse olhar fechado ao aberto...".[49]

Para J.-C. Bailly, o pensamento poderia ser representado por outras imagens, menos pesadas, menos heroicas: os domingos de Seurat em Grande Jatte ou em Asnières,[50] mostrando *flâneurs* em repouso:

"Prontos para seguir o voo de uma libélula, a passagem de um navio, uma fumaça que desaparece ao longe. Contudo, é primeiro ali, em trinados isolados, esporádicos, em esboços de uma futura melodia, que nasce o pensamento, ou ao menos esse pensamento meditativo que talvez seja somente um material para o pensamento pensante, mas que sem o qual me parece que não poderíamos viver".[51]

É esse devaneio, esse "deslize meditativo, ou espantado" que inúmeros pintores mostraram quando representaram lei-

---

[49] Jean-Christophe Bailly, *Le Versant animal*, Paris, Bayard, 2007, p. 45.

[50] A autora se refere aqui aos quadros de Georges Seurat (1859-1891), *Tarde de domingo na ilha da Grande Jatte* (1885) e *Banho em Asnières* (1883-1884); os dois locais, nos arredores de Paris, eram muito procurados para atividades de lazer. (N. dos T.)

[51] Jean-Christophe Bailly, *op. cit.*, p. 46.

tores e, mais ainda, leitoras. Elas nem sempre são representadas com os olhos voltados para o livro; com frequência, apresentam um olhar distante após terem interrompido a leitura, e estão imersas no "pensamento meditativo" do qual falava Bailly.[52] Mal folhearam o livro que as empurrou para aventuras em um outro cenário. Como essas crianças, esses adolescentes — esses adultos também — que ouvem histórias lidas pelo mediador e que começam a olhar o mundo diferentemente, a se acalmar.

Curar o olhar

Os jovens dos quais Mira Rothenberg cuidava tinham um "olhar de pedra" (de esmeralda, no texto inicial em inglês). Algumas vezes, ao visitar abrigos para crianças, ou ao ouvir mulheres ou homens que haviam testemunhado cenas terríveis, lembrei-me dessa expressão; mas também lembrei-me dela quando vi um documentário no qual um garoto peruano de uns dez anos garantia sozinho a sobrevivência da sua família, porque sua mãe estava doente; todas as noites, o menino empurrava o seu carrinho de mão no mercado e, quando o diretor do filme perguntou qual era o seu sonho, respondeu: "Poder comprar um carrinho de mão maior".

A extrema pobreza, a angústia do dia seguinte, os maus-tratos, matam o olhar e impedem, se nenhuma oportunidade for apresentada por meio de um encontro, que se imagine a menor alternativa. É pior ainda depois de um trauma. Talvez ele seja, antes de qualquer coisa, uma doença do olhar, perseguido por cenas terríveis. A propósito dos sobreviventes de Ruanda, Florence Prudhomme escreve: "A perseguição

---

[52] Michel Melot nota que, em tais cenas, o olhar dos leitores raramente se dirige ao livro guardado ou colocado perto deles (*Livre*, Paris, L'Oeil Neuf Éditions, 2006, p. 161).

mortal permanece para sempre marcada no olhar deles. Revista no presente, revisitada, a cena se transforma no próprio presente. Penetra no olhar ao qual furta qualquer outra visão. Este, impotente, não vê nada além dela diante de si, e a experiência do genocídio persiste tal qual uma cena ofuscante, em um olhar inundado. De lágrimas ou de horror".[53] Além disso, as pessoas traumatizadas teriam um córtex visual superestimulado, como se vissem essas cenas permanentemente.

O salto da literatura, oral ou escrita, pode contribuir para curar o olhar? É o que sugere Gilbert Grandguillaume em um texto dedicado à Sherazade.[54] Ele lembra que o rei é perseguido pela lembrança de uma cena traumática: a traição de sua esposa. Por meio da divisão das noites e da abertura de um espaço de respiração, a contadora possibilita a reintrodução do tempo, restaurando uma capacidade de diferenciação. A sua voz vai "despetrificar" o rei, "produzir nele o esquecimento da percepção da sua desgraça, desvinculando-o da visão de uma cena inesquecível". Seu olhar era prisioneiro, sua percepção fixada sobre uma imagem da qual não conseguia se desvencilhar, "imagem infragmentável, imagem totalizante e tirânica nas suas consequências. A narração vai opor a essa visão obsessiva do rei a pluralidade das figuras que engendram em nós os mil pequenos detalhes nos quais a nossa visão de mundo se apoia". Com as palavras que emprega, Sherazade tornará as diferenças perceptíveis, "dará novamente ao detalhe o seu poder de singularizar". Ela vai conduzir um "regime de amor" que é "obra de paciência, questão de detalhe, atenção aos movimentos da alma daquele a quem pretende dar novamente o aspecto humano".

---

[53] Florence Prudhomme, *Tu reviens bientôt Muzungu?*, inédito, 2007.

[54] Gilbert Grandguillaume, "Les mille et une nuits. La parole délivrée par les contes", *Psychanalystes*, 33, dez. 1989, pp. 140-50 (http://grandguillaume.free.fr/ar_ar/parole.html).

À sua maneira, é também um "regime de amor" que desenvolvem esses mediadores trabalhando em contextos difíceis. E vários deles observam que um dia aqueles e aquelas para quem eles leem começam a levantar novamente a cabeça. Se antes desviavam os olhos, esquivavam o olhar, lançavam olhadelas raivosas ou se escondiam atrás de um cachecol, agora se mostram curiosos e questionadores. Mais do que seres reclusos em uma totalidade fechada, eles passaram a ficar atentos aos detalhes, e a se surpreenderem com eles. Um pouco como as crianças bem novas para quem, quando começam a andar, tudo é surpresa: param diante de uma moeda que brilha, um botão perdido, uma mancha de tinta na calçada — e se perguntam como aquilo foi parar ali.

3.
A SIMBOLIZAÇÃO E A NARRATIVA: PODERES E LIMITES

> "Ao longo das histórias, eu podia finalmente falar sobre o que tinha me acontecido. No começo com raiva, que eu não tivera no momento, depois com certo distanciamento e, finalmente, como uma coisa que me acontecera em um passado sem mais atualidade.
> A voz de Sherazade trabalhava para produzir em mim o esquecimento, ao me permitir dar um nome àquilo que foi e que fez com que minha razão fosse embora. Por meio dela, à noite, meu passado, de pesadelo, se transformou em sonho."
>
> Marc-Alain Ouaknin[1]

Recordemos Julio, o jovem colombiano desmobilizado, cuja voz jamais havia sido ouvida e que, após ter ouvido algumas histórias, se pôs a falar como não fazia há anos.

Em seu país, assim como na Argentina, no México ou no Brasil, aquelas e aqueles que animam espaços de leitura livremente compartilhada em contextos críticos observam sempre o mesmo: ler faz com que as crianças, os adolescentes, as pessoas idosas falem por si mesmos, ou uns com os outros. No México, por exemplo, é isso que sempre impressiona Eva Janovitz, que trabalhou com leitura em voz alta em comunidades muito marginalizadas, particularmente em torno de Oaxaca, ou com filhos de trabalhadores sazonais, analfabetos, deslocados seis meses por ano a centenas de quilômetros

---

[1] M.-A. Ouaknin, *op. cit.*, p. 46.

longe de suas casas. A partir de textos ou imagens, a palavra brota de modo espontâneo, os jovens ouvintes demonstram indignação, fazem associações e começam, de modo mais ou menos explícito, a relembrar sua própria vida. Por meio de recursos em geral inesperados, a leitura põe, dessa forma, o pensamento em movimento, retoma uma atividade de simbolização, de construção de sentido, de narração. Outros notam que, ao longo dos meses, um grande número de crianças, de adolescentes, faz um uso mais fluido da palavra, desenvolve as suas possibilidades de expressão linguística, a ponto de algumas pessoas (poucas) se irritarem: "O trabalho de vocês faz com que os meninos falem, nós não queremos. O que vocês querem com esse trabalho?".

Além disso, é a relação dos pais com os filhos que se modifica. "Por meio do livro", observa Eva, "fala-se na família como jamais anteriormente, da vida familiar, dos amigos, da separação dos pais. Nas regiões onde as pessoas eram habituadas a manter silêncio, onde havia pouca relação com a narrativa, os pais começam a expressar os sentimentos, a transmitir o seu amor aos filhos, a abrir-lhes os braços. O diálogo se torna parte integrante da vida deles." Nos lugares onde apenas alguns detinham a palavra, as leituras orais darão também a ideia de que cada um pode ter a sua própria voz.

Algumas vezes, uma fábula ajuda certas pessoas a sair do silêncio a que se impuseram no fim do caminho, como nesse asilo no leste da França, evocado pela contista Edith Montelle. A escritora leu aí várias histórias nas quais o herói era uma garriça, o primeiro pássaro que aparece no Franco-Condado, na época do Natal. De repente, uma mulher começa a imitar o canto da ave e, em seguida, a contar que havia aprisionado uma dessas aves quando tinha uma fazenda: "No inverno, a garriça vinha comer banha e, no outono, me mostrava onde estavam as melhores amoras". No fim do dia, o diretor do asilo disse a E. Montelle que fazia seis meses que essa mulher estava lá, depois que seus filhos a levaram, e ninguém nunca havia ouvido o som da sua voz, a tal ponto que todos pensavam que não falaria nunca mais.[2]

Em geral, o que essas experiências deixam entrever é, em particular, o quanto os textos ouvidos ou lidos como um segredo, na solidão, ou mesmo folheados, ajudam a despertar em uma pessoa regiões silenciadas ou enterradas no esquecimento, dar-lhes forma simbolizada, compartilhada, e transformá-las. Fundamentam a elaboração de uma história que desempenha um papel essencial na construção ou reconstrução de si mesmo, de uma narração sempre a retomar, sempre passível de ser recomposta, mesmo para quem as palavras faltam, como os jovens dos quais trataremos a seguir.

"Sobre isso não falávamos..."

São chamados por uma palavra terrível: *descartáveis*, bons para serem jogados fora. São drogados que, em sua maioria, viveram na rua durante anos. Alguns tiveram contato com a escola anteriormente, mas a maior parte sempre se manteve o mais longe possível dos livros. Uma unidade do hospital Santa Clara, em Bogotá, acolhe cem desses jovens, durante quatro meses, para acompanhá-los em um processo de ressocialização e de reconstrução de si mesmo. Entre as atividades propostas, um clube de leitores é organizado toda semana por uma mulher, Paola Roa.[3]

---

[2] Édith Montelle, "Le conte, outil de communication entre les générations", colóquio Au Fil des Pages, au Fil de la Vie, Centro Hospitalar de Morez/Agence Arthis, 16-17/10/1998.

[3] Cf. Paola Roa, "Café literario Lectofilia UAICA", artigo inédito. O clube encontra-se no âmbito do programa dos clubes de leitores desenvolvido pela associação Asolectura e a Secretaría Distrital de Cultura y Turismo.

Embora fosse sua primeira experiência com jovens desse tipo, Paola tinha algumas convicções: o clube seria um espaço de liberdade onde o aspecto terapêutico (contra o qual eles têm tantas reservas, diz ela) não estaria presente. Um lugar — o único — onde não seriam ouvidos como viciados, mas encarados como seres humanos, "pessoas, e não como uma massa desagradável e estigmatizada, um problema social a ser erradicado".[4] Ela não escolheria livros que pudessem fazer referência direta à situação deles, mas traria aquilo de que gosta, lhes transmitiria o que a encanta: livros ilustrados ou poemas, mesmo que temesse, no início, que esse tipo de leitura fosse entendiá-los.

Toda semana, esse "café literário" acolhe cerca de vinte participantes. Entre estes, alguns já haviam tido certa relação com os livros: no começo, são os mais ativos; tomam a palavra para "pagar de interessante". Os outros, que viveram na rua, às vezes desde a infância, não têm nem mesmo a experiência de que a linguagem possa exprimir afetos, emoções. "Na rua, faltavam palavras, o mundo se apresentava para eles de maneira silenciosa e agressiva", aponta Paola.

Para esses jovens, a oralidade é fundamental, pois é muito difícil se apropriarem do objeto livro. Mesmo assim, não se sentem cômodos, no início, para reconhecer nas palavras um meio de manifestar os sentimentos. Paola começa cada sessão lendo poemas de Pessoa, Baudelaire, Vallejo ou Sali-

---

[4] Do outro lado do Atlântico, Cécile Wojnarowski, psicóloga no centro hospitalar Guillaume Régnier, de Rennes, diz sobre as oficinas culturais desenvolvidas no serviço de psiquiatria adulta: "a oficina é a possibilidade de dar-se um outro nome diferente daquele determinado pela doença, um outro lugar. Ele [o paciente] poderá movimentar-se com o seu lugar, a sua construção e, quem sabe, exportá-lo para fora. [...] A oficina não é uma ferramenta terapêutica suplementar com vistas à readaptação, nem um meio para encontrar a verdade escondida nas pessoas. É mais uma proposta que fazemos para experimentar um novo tratamento do real" (COBB, Atas da Jornada de Estudos Saúde Mental e Bibliotecas, *op. cit.*).

nas. A poesia ativa neles sensações associadas à melancolia, à nostalgia. Permite-lhes transpor a tristeza: "É como se sentissem a necessidade de ouvir algo agradável que, mesmo falando de coisas dolorosas ou tristes, soa bonito".

Aqui também, ao longo das sessões, a leitura faz reviver a palavra: uma frase de César Vallejo sobre os golpes que a vida dá, e todos começam a querer falar sobre o golpe que eles mesmos receberam; imagens do pássaro, da história de María de la Luz Uribe, *El primer pájaro de Piko-Niko*, e eles se reconhecem como pássaros que começam a saber quem são e que abrem as asas. A leitura de um conto de Juan Rulfo, "Diga que não me matem!", provoca toda uma polêmica sobre o perdão, a morte, o fardo a que submetemos os outros. Depois da leitura de *Onde vivem os monstros*,[5] Henry começa a falar de sua mãe e seus filhos, Miguel lhe diz que, por estarem ali, eles preferiram os monstros: "Nós caímos no conto de sermos os reis e de podermos fazer o que quisermos [...] mas o melhor monstro é aquele que domina os outros monstros e nós não pudemos dominar a nós mesmos".

Mas "falar do monstro já é uma derrota para ele", diria Patrick Bidou.[6] Ao fim da viagem, eles contaram a própria vida de uma outra forma. Paola escreve: "São capazes de olhar um livro e de ter a certeza de que, lendo-o — nem que seja um trecho —, não serão mais os mesmos".

No mesmo país, os que impulsionaram a oficina destinada aos jovens desmobilizados do conflito armado também observaram uma reelaboração da história pessoal, um desenvolvimento das capacidades de expressão, mudanças de pontos de vista, o poder transformador do relato, graças ao qual

---

[5] *Where the Wild Things Are* (1963), livro infantojuvenil de Maurice Sendak. Ed. brasileira: São Paulo, Cosac Naify, 2009. (N. dos T.)

[6] Citado por Sophie de Mijolla-Mellor, "La pensée archaïque dans les mythes magico-sexuels", *Topique*, 84, 2003, p. 29.

os adolescentes organizaram de maneira distinta as suas experiências, frequentemente com a ajuda de imagens ou de um acontecimento no texto que não tinha aparentemente nenhuma relação com o que eles tinham vivido. Observaram o trabalho sutil e lento no "esclarecimento dos sentimentos" que as mediações, por meio da literatura e das atividades associadas a ela, provocavam. Como para esse velho guerrilheiro que explica: "A gente tem a cabeça... como dizer, emaranhada, como se estivesse cheia de nós. Pude organizar minhas ideias, pensar, tendo mais calma, sem fazer as coisas às pressas, mas mais lentamente e aprendendo a ter sentimentos. Porque lá éramos muito reprimidos. E aqui não. Lá, a gente simplesmente esquece os sentimentos, o que temos no interior".[7]

Os textos lidos abrem aqui um caminho em direção à interioridade, aos territórios inexplorados da afetividade, das emoções, da sensibilidade; a tristeza ou a dor começam a ser denominadas. O que é dividido com o autor, com aquele ou aquela que lhes empresta a voz, com os que participam desses espaços de leitura, abre um espaço íntimo, subjetivo. Isso é o que encontramos na Argentina, por exemplo, nas observações dos membros do grupo Miradas, que impulsionam ações de promoção da leitura no contexto escolar. Aqui também, essa atividade torna possível uma verbalização compartilhada dos sentimentos, como atesta uma das animadoras em seu diário:

> "Li para eles o conto "Máscaras", de Bioy Casares. Uma história de amor. Percebi que não seria possível terminar o conto em um só encontro, e propus a eles o jogo de imaginar o fim. Eu me surpreendi com o fato de

---

[7] *Documento final*, Proyecto Jóvenes de Palabra, CERLALC, 2004, p. 10.

que todos participaram, mesmo os mais quietos. Eles gostaram do conto. Histórias de amor que eles mesmos viveram apareceram entre os finais que imaginaram. Carlos disse que as mulheres não amam, que se aproximam de homens com dinheiro. Ele não acreditava no amor. Alguns não concordaram. Eles contaram 'verdadeiras' histórias de amor".

Inicialmente passivos e silenciosos, uma parte dos jovens que participaram da oficina aceitou, com emoção, tornar-se, por sua vez, mediador.

De maneira semelhante, em Guanajuato, no México, Lirio Garduño convida a imaginar a continuação do primeiro capítulo de *Alice no País das Maravilhas* ou uma nova aventura de Till Eulenspiegel;[8] e as vidas e esperanças dos jovens do centro de detenção onde ela trabalha se mesclam a novas aventuras de Alice ou de Till, a quem a mãe diz "vamos aos Estados Unidos ver se conseguimos encontrar trabalho, se podemos comprar uma padaria", ou que encontra uma mulher que gosta de viajar tanto quanto ele.

Lirio conhece bem os poderes da literatura e cita Orhan Pamuk:

> "Ser escritor é falar de coisas que sabemos sem saber que o sabemos. Explorar esse saber e compartilhá-lo é um prazer: o leitor visita um mundo que é ao mesmo tempo familiar e miraculoso. Quando um escritor toma as suas feridas secretas como ponto de partida, outorga grande confiança à humanidade, conscientemente ou não. Minha confiança vem da crença de que todos os seres humanos são semelhantes, que outros carregam

---

[8] Personagem farsesco da literatura popular alemã que, segundo a lenda, teria vivido entre os anos 1300 e 1350. (N. dos T.)

feridas parecidas com as minhas — e que, portanto, poderão compreender".[9]

Na oficina cuidada por ele, toda espécie de suporte — lendas, novelas, livros de arte, romances, poemas — é um trampolim. E como sempre, em algum momento fala-se de amor. Portanto, não é somente um reconhecimento de si que a literatura permite, mas uma mudança de ponto de vista, um encontro com a alteridade e talvez uma educação dos sentimentos. Como o dia em que ela os convidou a ler um poema de Soror Juana Inés de la Cruz, sobre um amor não correspondido, e um poema de Eduardo Langagne, evocando uma mulher que Cristóvão Colombo não descobriu ("[...] contudo ela estava no Oeste/ em um lugar desconhecido /e para encontrá-la/ ele precisou andar por muito tempo/ com uma solidão azul na cabeça[...]"). Lirio comenta:

"No poema de Langagne havia a ideia da descoberta do outro: 'Colombo não descobriu aquela mulher...'. E era difícil para eles aceitarem essa ideia. Talvez porque para quase todos, como disseram, o amor não significava descobrir o outro, mas se impor... E por que Soror Juana falava de amor se era uma freira? Então, nós falamos de amor e de erotismo, de sentimentos, de sensações. Falamos da vida de Soror Juana, da reclusão e da maneira com que esta transforma as pessoas.

Às vezes, tenho a impressão de viver momentos divinos durante os quais afloram coisas essenciais. E esse foi um deles".[10]

---

[9] Orhan Pamuk, ver nota 1, capítulo 2. Traduzido pela autora, a partir de trecho da *New Yorker* (25/12/2006), citado por L. Garduño.

[10] L. Garduño, *Memorias del medium*, no prelo.

Ler indiretamente
as páginas dolorosas da vida

Na França, também, várias pessoas observaram que a literatura consistia muito cedo em "um excelente suporte de discurso sobre si mesmo", para usar as palavras de Francis Marcoin[11] — particularmente muitos dos que, nas creches, nas bibliotecas, nas escolas, desenvolvem espaços de leitura que não são regidos por uma estrita rentabilidade escolar. Mas isso vale para a leitura solitária, claro. Quando homens ou mulheres me contavam as suas lembranças do interior ou das periferias franceses, era também esse trabalho de narração interior de sua própria história, de devaneio, de pensamento, acompanhando ou seguindo a leitura, que era mencionado de forma recorrente.[12]

Como diz Pierre Bayard, os livros são uma segunda linguagem, aos quais recorremos para falarmos de nós mesmos, "um espaço privilegiado para a descoberta de si": "O bom leitor opera uma *travessia dos livros*, sabe que cada um carrega uma parte dele mesmo e pode mostrar-lhe o caminho, se ele tiver a sabedoria de não parar por ali [...] a linguagem pode encontrar na travessia do livro o meio para falar daquilo que geralmente nos escapa".[13]

Para Gustavo Martín Garzo, gostamos de um livro na medida em que algo que acreditávamos perdido, um conhecimento sobre nós mesmos, ressurge: "Ler é assistir a esse retorno...".[14] E para Laura Devetach: "Quando recorremos

---

[11] Salão do Livro de Paris, mar. 2006.

[12] Cf. M. Petit, *Éloge de la lecture*, op. cit., pp. 48-58.

[13] Pierre Bayard, *Comment parler des livres qu'on n'a pas lus?*, Paris, Éditions de Minuit, 2007, pp. 153-5.

[14] Gustavo Martín Garzo, *El pozo del alma*, Madri, Anaya, 2000, p. 20.

aos textos, talvez o que procuramos seja algo de desconhecido que se apresenta para nós como uma ponte entre coisas escondidas".[15] Além disso, não é difícil observar que a procura ávida por um segredo que concerne aos livros atormenta inúmeros leitores; qualquer que seja sua idade, estão sempre à caça, como Pierre Bergounioux: "Por muito tempo esperei que o livro que explicasse tudo existisse".[16] Ou este homem que conta: "Eu compro livros que nem sempre terei tempo de ler, para não arriscar deixar passar aquele que, finalmente, saberá tudo sobre mim. Se eu o deixasse passar, você imagina!".

Do nascimento à velhice, estamos sempre em busca de ecos do que vivemos de forma obscura, confusa, e que às vezes se revela, se explicita de forma luminosa, e se transforma, graças a uma história, um fragmento ou uma simples frase. E nossa sede de palavras, de elaboração simbólica, é tamanha que, com frequência, imaginamos assistir a esse retorno de um conhecimento sobre nós mesmos surgindo sabe-se lá de que estranhas fontes, redirecionando o texto lido a nosso bel-prazer, encontrando nele o que o autor nunca teria imaginado que havia colocado. P. Bayard continua: "Tanto leitores como não leitores são envolvidos, quer queiram quer não, em um processo interminável de invenção de livros, e [...] a verdadeira questão, a partir daí, não é saber como escapar disso, mas como aumentar o seu dinamismo e a sua extensão".[17]

---

[15] Laura Devetach, "La construcción del camino lector", *Cuadernos de Iberoamérica*, "Escuelas que hacen escuela II. Los caminos de la palabra", Buenos Aires, OEI.

[16] Pierre Bergounioux, *La Mort de Brune*, Paris, Gallimard, 1996, p. 117.

[17] P. Bayard, *op. cit.*, p. 138.

Quando não é encarada como algo que é imposto, uma história ouvida — ou uma frase — pode muito rapidamente se tornar parte do indivíduo e, ao mesmo tempo que mantém uma distância que o protege, permite que ele rememore a sua própria história, especialmente os capítulos mais difíceis. Pois são particularmente as páginas dolorosas de nossas vidas que podem ser lidas de maneira indireta. "Fala de mim, sem que eu seja obrigada a falar de mim", como diz uma mulher à Karine Brutin, professora de literatura que acompanha jovens com grande desamparo psíquico, na clínica universitária Georges Heuyer ou no hospital Sainte-Anne, em Paris.[18] Para K. Brutin, "o encontro com o livro permite, nas situações de catástrofe psíquica, uma reconciliação com o mundo interior e revelá-lo a partir de representações culturais e artísticas".[19]

A literatura, observa, "reconduz o indizível para o campo da linguagem".[20] Para isso é preciso, em geral — além da arte dessa professora — um relato "que é portadora da história, sem que seja necessário falar sobre ela",[21] que deixe entrever uma cena oculta, sem que para tanto tenha que expô-la. Encontro que se produz onde menos se espera e no qual o livro foi escolhido pelo leitor "porque secretamente relaciona-se com uma catástrofe íntima, porque é uma das versões imaginárias possíveis dela. A leitura consola, acalma, pois aciona nossos registros traumáticos mais obscuros".[22]

---

[18] Karine Brutin, *L'alchimie thérapeutique de la lecture*, Paris, L'Harmattan, 2000, p. 145.

[19] Intervenção realizada nos Premières Rencontres Européennes de la Culture à l'Hôpital, Estrasburgo, fev. 2001.

[20] K. Brutin, *op. cit.*, p. 148.

[21] *Ibid.*, p. 149.

[22] *Ibid.*, p. 90.

Ela reconduz cada um ao seu âmago, "ao centro do desconhecido que nos dá origem" e "é terapêutica, pois as representações oferecidas despertam o que dorme ou é ignorado em nós, ressuscitam pedaços de histórias, fragmentos de memórias, os vapores de sensações esquecidas".[23] Consequentemente, a leitura e a vida são tão estreitamente vinculadas que pouco interessa "diferenciar o que pertence ao leitor do que pertence ao escritor. A leitura, ao inspirar a vida interior, instaura um processo terapêutico discreto, cujo poder talvez não consigamos medir".[24]

Para todo mundo, além das situações de catástrofe, como nota ainda K. Brutin, "as histórias contadas à noite ou os livros lidos antes de dormir permitem metabolizar conflitos e desesperos em uma cena imaginária, e entrar nos '*reinos sombrios*' habitados pelas imagens do sonho. O livro é fruto de um trabalho análogo ao do sonho".[25] É por isso, provavelmente, que tantas pessoas leem à noite, independentemente do meio social ou da idade. Aliás, mais de um leitor aproxima explicitamente a leitura do sonho, como este homem: "Leio na cama. É como se fosse a peneira entre os problemas do dia e a noite. E isso nutre os meus sonhos".

Didier Anzieu pensava que, por meio do sonho, se refizesse a cada noite o envelope psíquico vital que os pequenos traumatismos do dia haviam crivado de furos. Talvez a leitura também recupere, no dia a dia, o que se esgarçou e controle aquilo que é estranho, inquietante. A ordenação sequencial, a elaboração estética contida nos textos tranquilizam: o tempo é ordenado, os acontecimentos contingentes ganham sentido em uma história vista em perspectiva. E é como se,

---

[23] *Ibid.*, p. 94.
[24] *Ibid.*, p. 95.
[25] *Ibid.*, p. 87.

mediante a ordem secreta que emana da literatura, o caos do mundo interior pudesse assumir uma forma.

Em busca dos prazeres da expressão

Não importa o meio onde vivemos e a cultura que nos viu nascer, precisamos de mediações, de representações, de figurações simbólicas para sair do caos, seja ele exterior ou interior. O que está em nós precisa primeiro procurar uma expressão exterior, e por vias indiretas, para que possamos nos instalar em nós mesmos. Para que pedaços inteiros do que vivemos não fiquem incrustados em zonas mortas do nosso ser. De outra forma, não temos condições de fazê-lo.

Claro que a leitura não é suficiente para fornecer tais representações e para restabelecer os que viveram dramas ou as inúmeras separações que são comuns na vida. São necessários vínculos sociais, amor, amizade, projetos divididos, às vezes outras práticas culturais — nós o veremos mais adiante — e, com frequência, uma intersubjetividade com profissionais da escuta, cuja palavra pode ser de grande ajuda. Afinal, somos seres de linguagem em perpétua busca dos "prazeres da expressão".

Às vezes, as chaves que permitem que explicitemos o que foi vivido são fornecidas pelos nossos próximos. Ou por desconhecidos, na rua ou em um café, que pronunciam uma ou duas frases, contam um caso capaz de iluminar uma região nossa que não conseguíamos expressar, um aspecto do mundo que permanecia obscuro. Contudo, recursos incomparáveis são concedidos por esse tesouro das experiências humanas, que é a cultura. E particularmente pela literatura. Como diz P. Bergounioux, "os bons livros dão nome pura e simplesmente às coisas que acontecem e que nos afetam, quanto menos as compreendemos. Junto da esfera do senso comum, do comentário por cima, aproximativo, cuja luz incerta guia nossos passos no caminho de cada dia, existem versões semelhantes, vastas, extraordinárias, brilhantes de nossa experiência, que a literatura, e apenas ela, é capaz de dar".[26]

Mitos, contos, lendas, poesias, peças de teatro, romances que retratam as paixões humanas, os desejos e os medos ensinam às crianças, aos adolescentes, aos adultos também, não pelo raciocínio, mas por meio de uma decifração inconsciente, que aquilo que os assusta pertence a todos. São tantas as pontes lançadas entre o eu e os outros, tantos os vínculos entre a parte indizível de cada um e a que é mostrada aos outros.

Até mesmo um simples título pode permitir que algo pessoal seja dito em uma forma condensada, como no exemplo dado pelo dr. Xavier Pommereau, que cuida de adolescentes suicidas no Centro Abadie, em Bordeaux.[27] A ideia desse centro é a de ser uma "área de descompressão" para que esses jovens, que não encontram na vida um lugar, nem uma identidade suportável, realizem um trabalho sobre si mesmos. Nessa idade, observa X. Pommereau, as palavras têm dificuldade para descrever os sofrimentos, e é preciso que outros meios além das conversas ou das discussões sejam encontrados para que eles exprimam o que sentem. Logo, atividades esportivas como escalada foram elaboradas, mas também mediações culturais. O que os adolescentes pediram foi uma parede onde pudessem se expressar, um saco de pancadas e... livros. O lugar virou uma biblioteca onde são praticados o boxe e o grafite. Pommereau escreve: "Contra todas as expectativas, quando havíamos tentado em vão sensibilizar

---

[26] P. Bergounioux, "Comme des petits poissons", *in La Littérature dès l'alphabet*, *op. cit.*, p. 49.

[27] Dr. Xavier Pommereau, "La lecture, outil d'expression auprès d'adolescents suicidaires", Premières Rencontres Européennes de la Culture à l'Hôpital, *op. cit.*

os jovens para a leitura com intervenção externa, os livros são consultados, lidos ou emprestados". Ele atenta para o sucesso obtido por O vermelho e o negro junto àqueles que vieram de um meio popular. E afirma: "Para esses jovens, o vermelho é o sangue, e o negro, o desespero. Eles precisam colocar o livro em cima da mesa durante a noite para projetar o seu desengano".[28] Do outro lado do Atlântico, Cem anos de solidão exerce, às vezes, esse papel...

Mesmo nos contextos mais dramáticos, nos hospitais onde se encontram crianças em estado terminal, os mediadores observam que, por meio dos livros, elas começam a falar de sua morte, por exemplo apontando para o céu desenhado em uma imagem de um livro, dizendo: "É para lá que eu vou". Ou pedem uma história específica, como a garotinha que implorava ao enfermeiro que lesse para ela "A cabra do senhor Seguin", de A. Daudet, e insistia até ele ceder — depois de ele ter resistido o máximo possível — e então dizia: "Está vendo, uma manhã, foi ela que escolheu parar de lutar e morrer". Na manhã seguinte, ela mesma deixou de viver.

Na Argentina, o dr. Julio Correa apoia-se em contos para trabalhar com doentes terminais e com seus familiares. Os contos facilitariam "a comunicação emocional e corporal", acalmariam a angústia da separação e abrandariam a dor. Tanto os doentes quanto aqueles que os acompanham estariam mais aptos a "realizar o processo de luto que, em geral, é incompleto e insuficiente", e os danos para as gerações seguintes seriam menores.[29] É o que descobrem intuitivamente as pessoas que leem poesia para a pessoa amada em seus derradeiros momentos. Eles também colocam em prática

---

[28] Idem.

[29] Julio Correa, "Modelo de terapia familiar en pacientes terminales: las técnicas del aprendizaje natural de la separación materno-filial", Acta Psiquiátrica y Psicológica de América Latina, 2006, 52 (2), pp. 127-35.

um aprendizado que provém, em grande medida, da "experiência infantil de se separar da mãe — o que a teoria psicanalítica associou à elaboração da angústia depressiva", segundo J. Correa.

Em um sentido mais amplo, a leitura, particularmente de obras literárias, contribui para a elaboração da "posição depressiva", onde a travessia da tristeza se torna possível, onde se leva em conta o caráter inelutável da separação, da solidão humana (enquanto na "posição paranoica", tudo se encontra fora do indivíduo; tudo é opressivo).

Ter domínio sobre a ausência
por meio do jogo, depois pela linguagem

Mais uma vez, um desvio em direção ao início da vida humana, ao momento das primeiras etapas da função simbolizadora, permite explicitar os processos em curso. Essas primeiras etapas aparecem aí estreitamente ligadas à perda, à separação, ao luto, à renúncia. Segundo Hannah Segal, "todas as situações às quais devemos renunciar durante o processo de crescimento dão lugar à formação de símbolos".[30] E para Laurent Danon-Boileau: "No trabalho de simbolização, a parte do luto e da renúncia é na verdade decisivo".[31] Consequentemente, não é de se surpreender que a simbolização ocupe novamente um papel central nos tempos de crise, tão marcados, de um jeito ou de outro, pela perda e pela separação.

---

[30] Citado por J. Correa, *in* "Abandono y protección parental en los cuentos de hadas de Perrault", *Dinámica*, 6, 3, nº 3, abr. 2000, pp. 229-30.

[31] Laurent Danon-Boileau, *La Parole est un jeu d'enfant fragile*, Paris, Odile Jacob, 2007, p. 131.

Nos últimos anos, os especialistas da primeira infância observaram bastante os bebês e repararam uma atividade muito precoce de representação, na qual estes repetem em seu corpo e em seus gestos o contato que acabaram de ter com a mãe. Muito cedo, a criança é capaz de imitar, em seu teatro corporal ou comportamental, os encontros que acabou de ter com aquela que lhe dispensa os cuidados vitais.[32] Tratar-se-ia de uma atividade de representação essencialmente para si, para compensar a falta de domínio quando da presença do outro.[33]

Depois, a simbolização por intermédio do jogo e das sílabas junta-se à linguagem do corpo, como no episódio em que Freud observa seu neto de dezoito meses. O menino jamais chorava na ausência da mãe, mas tinha o hábito de brincar com objetos, em particular com um carretel: "O menino tinha um carretel de madeira com um pedaço de cordão amarrado em volta dele. [...] O que ele fazia era segurar o carretel pelo cordão e, com muita perícia, arremessá-lo por sobre a borda de sua caminha encortinada, de maneira que aquele desaparecia por entre as cortinas, ao mesmo tempo que o menino proferia seu expressivo 'o-o-o-ó' [em que o observador reconheceu a palavra *fort*: fora]. Puxava então o carretel para fora da cama novamente, por meio do cordão, e saudava seu reaparecimento com um alegre '*da*' ['Aqui está!', em alemão]".[34]

Freud diz ter sido fácil interpretar o jogo: ele permitia à criança suportar sem protesto a partida e a ausência de sua mãe. O menino compensava a partida e a ausência "encenando ele próprio o desaparecimento e a volta dos objetos que

---

[32] B. Golse, *in Récit, attachement...*, *op. cit.*, p. 12.

[33] B. Golse, *Du corps à la pensée*, Paris, PUF, 1999, pp. 131 e 172.

[34] S. Freud, *Além do princípio do prazer*, ed. Standard, vol. XVIII, Rio de Janeiro, Imago, 1990.

se encontravam a seu alcance". Ao fazer isso, assumia um papel ativo, subvertendo a situação; além disso, rejeitar um objeto podia satisfazer o desejo de se vingar de sua mãe, mostrando-lhe o seguinte: "Não preciso de você. Sou eu que estou mandando você embora".

Esse episódio, tornado célebre sob o nome "jogo do carretel" ou *fort-da*, permite entender a importância da simbolização para o desenvolvimento humano, a saída do trauma e a construção da autonomia, especificamente. Aqui, a ausência é a condição do ato de representar, com a linguagem do corpo, do jogo e de algumas sílabas. Nesse episódio, o bebê ainda não representa as coisas para "comunicar".[35] O jogo contribui para dominar a ausência, estabelecer na criança uma continuidade, a despeito das idas e vindas daquela que o mantém, alicerça a sua emancipação progressiva, que lhe permitirá se relacionar com os outros. E o ajuda, sem dúvida, a controlar esse lugar distante que lhe escapa, no qual a pessoa que ele ama vai se perder.

Portanto, a simbolização não nasce com a linguagem. O jogo, assim como a troca de afetos assinalada no primeiro capítulo, prepara o "advento ulterior de uma linguagem felizmente habitada", "o lugar de uma fala fecunda e plenamente simbolizante", como escreve Danon-Boileau.[36] O jogo é, portanto, uma atividade muito séria, que é usada, no início, em uma situação dolorosa: uma maneira de sair do trauma. Contudo, ele comporta a sua parte de prazer que se exprime na vitalidade com que aparece e que é ligada ao domínio que

---

[35] B. Golse, *Du corps...*, *op. cit.*, p. 173. Mas L. Danon-Boileau ressalta que "se é verdade que o neto de Freud brinca sem ninguém por perto (ele ignora que o avô o observa), não é verdade que ele está sozinho em sua mente. O fato de a linguagem acompanhar as suas manipulações mostra que ele conta com a existência de uma troca possível com o outro" (*La Parole...*, *op. cit.*, p. 72).

[36] L. Danon-Boileau, *op. cit.*, pp. 8 e 119.

o pequeno diretor adquire sobre o que lhe escapava, graças à representação, mas também à satisfação (inconsciente) por rechaçar agressivamente o carretel... e o que este representa. Aí se encontram tantos pontos que o diferenciam das distrações estereotipadas, imutáveis, como o fato de que os arremessos de carretel comportam variantes, pequenas diferenças que também são fonte de prazer.[37] Uma simbolização "bem-sucedida" permite, de fato, múltiplas e variadas possibilidades de representação.

Nos últimos anos, psicanalistas e psiquiatras infantis se questionaram muito justamente sobre a narratividade.[38] Na atividade precoce de representação, na qual os bebês repetem em seus gestos o contato que acabaram de ter com a mãe, esses especialistas enxergaram os "embriões da narrativa posterior".[39] A partir do segundo semestre, a criança seria capaz de admitir que a sua mãe se encontra em outro lugar quando não está com ela, esboço crucial de uma narração da ausência. "Representar-se o objeto ausente resulta, desde o segundo ano, no desejo de nomear e contar", escreve R. Diatkine.[40] Esses psicanalistas e psiquiatras infantis marcam, então, a distinção entre a linguagem da situação, factual, utilitária, que acompanha a vida cotidiana e serve para designar coisas, e a linguagem fora da situação, a da narração, que relata os acontecimentos à distância e introduz uma outra relação com o tempo.[41] Nela, as palavras não falam de uma situação pre-

---

[37] *Ibid.*, capítulo 3.

[38] Ver especificamente B. Golse e S. Missonier, "Le narratif", *Revue Francaise de Psychanalyse*, 1998, 3; A. Konicheckis, J. Forest e R. Puyuelo, *Narration et psychanalyse*, Paris, l'Harmattan, 1999; e os trabalhos de Daniel Stern.

[39] B. Golse, *in Récit, attachement...*, *op. cit.*, p. 12.

[40] R. Diatkine, "Lecture et développement...", *art. cit.*

[41] Cf. M. Bonnafé, "Le récit, un enjeu capital", *in Les Livres, c'est bon pour les bébés*, brochura ACCES, Paris, p. 8.

sente, elas "formam representações que são e serão irremediavelmente somente representações".[42] Se as crianças tiverem acesso a esses dois registros, vão jogar dentro de si mesmas com as situações e as pessoas que as cercam. E, independentemente da cultura que as viu nascer, com quatro ou cinco anos mais ou menos, começarão a construir narrativas verbais sobre as suas próprias vidas, a relatar as suas experiências apoiando-se em histórias que ouviram, trechos de canções, livros que folhearam, às vezes filmes. Recorrerão à herança cultural, que passa a fazer parte delas mesmas.

A NARRATIVA, UMA NECESSIDADE ANTROPOLÓGICA

Esse momento inicial da composição de narrativas seria uma das etapas essenciais, "semelhante em vários aspectos à transição para a posição sentada, ao aprendizado de andar ou à conquista da linguagem".[43] Ou seja, uma necessidade antropológica. De fato, ao longo da vida, para construir um sentido, para nos construirmos, jamais deixamos de contar, em voz alta ou no segredo da nossa solidão: nossas vidas são completamente tecidas por relatos, unindo entre eles os elementos descontínuos.

Para retomar as palavras do psiquiatra infantil Daniel Stern, vivemos "em um circo com cinco picadeiros, onde o espetáculo — aquele dos nossos sentidos — prossegue para sempre".[44] A todo o momento, somos bombardeados por uma sucessão fragmentada de imagens, mas igualmente de odores, de barulhos, de gritos, pedaços de conversas, impres-

---

[42] L. Danon-Boileau, *La Parole...*, *op. cit.*, p. 151.

[43] D. Stern, *Journal d'un bébé*, Paris, Odile Jacob, 2004, p. 170.

[44] *Ibid.*, p. 170.

sões táteis, que as coisas e as pessoas nos deixam; e de múltiplas sensações internas. No meio dessa desordem, o espírito humano precisa selecionar alguns detalhes para reduzir a cacofonia e dar-lhes sentido.

A princípio, é no exterior que o sentido é encontrado. No começo da vida, a mãe ou a pessoa que cuida da criança interpreta, traduz o que ela sente em pequenas narrativas: "Meu bebê ouviu a mamãe chegando, ele pensou que ela vinha abraçá-lo e como ela não veio logo, ele ficou furioso e começou a chorar". Sempre um pouco adiantada em relação ao desenvolvimento da criança, ela antecipa assim os processos de união da linguagem e do pensamento, que ainda são rudimentares (da mesma forma como as histórias que ouvimos ou os livros que lemos ecoam em nós o que até então era indizível.)

Como diz Jerome Bruner, um dos pioneiros das ciências cognitivas, "parece que temos, desde o início da vida, uma espécie de predisposição para a narrativa [...]".[45] Contudo, essa predisposição deve ser incentivada para avançar. Hoje conhecemos o papel desempenhado por essas pequenas narrativas, nas quais a criança é o herói, elaboradas pela mãe: dando-lhes uma imagem deslocada deles mesmos, as mães lhes permitirão se construir mais tarde "como um outro". Sabemos também o quanto é importante, desde a mais tenra idade, propor aos bebês alimentos culturais, contar-lhes histórias e ler para eles — deixando que se mexam e se desloquem livremente no espaço. Para crescerem, para começarem um dia a formular sua própria história, eles necessitam de literatura. Precisam também aprender a contar, e tal aprendizado se faz no encontro, na interação com um adulto que, por sua vez, sente prazer na narração.[46]

---

[45] J. Bruner, *op. cit.*, p. 32.

[46] B. Golse, *in Récit, attachement...*, *op. cit.*, p. 15.

A simbolização e a narrativa: poderes e limites

Nessa aquisição progressiva da narratividade, o contato com o livro é decisivo: "O livro sozinho, no centro de uma experiência intersubjetiva, [pode] contribuir profundamente, por meio de uma narratividade vinda de fora, para encontrar a narratividade interior da criança e prepará-la para a elaboração de seus próprios fundamentos".[47] Ele ajudaria no desenvolvimento das capacidades linguísticas e psíquicas necessárias para que se construa uma história, apresentando esquemas narrativos determinados que poderiam "em seguida servir de molde ou magma concretos de uma vida e contribuir para a sua estruturação";[48] mas, se seguirmos Danon-Boileau, ele também permitiria à criança "perceber o que pode ser um imaginário que não é o seu, uma representação que não deriva do que ela viveu, sonhou ou mesmo inventou. Isso não acontece, aliás, sem trauma".[49] Será que o movimento tão forte de apropriação, de desvio, praticado na leitura, encontra o seu principal estímulo no desejo de reduzir essa alteridade?

"Remendar a tristeza" com histórias

Contudo, a "narratividade que vem de fora" também é antitraumática, pois é feita de relações, de vínculos. No Mali, os griôs, que curam por meio do vínculo, são encarregados de "costurar a tristeza" com suas histórias.[50] Juan José Millás, por sua vez, diz que "a literatura recompõe algo que foi rompido há tempos. E no caos, a escrita restitui a reali-

---

[47] B. Golse, prefácio para M. Bonnafé, *Les Livres, c'est bon pour les bébés*, Paris, Calmann-Lévy, 2000, pp. 22-3.

[48] L. Danon-Boileau, *La Parole...*, op. cit., p. 150.

[49] *Ibid.*, p. 150.

[50] C. Salmon, *Storytelling*, Paris, La Découverte, 2007, p. 66.

dade articulada".[51] E para Ray Bradbury, os livros "costuram peças e pedaços do universo para nos fazer uma roupa".[52] Quando na França ou na América Latina, ouvia adolescentes ou adultos me contarem seus achados nos livros, formava às vezes a imagem de uma urdidura de relações progressiva, que eles haviam realizado com a ajuda de uma história, de um conto, de duas frases coletadas aqui e ali, da letra de uma música. Esses materiais remendados, essas unidades de sentido bem ou mal combinadas, tinham ajudado a construírem suas casas interiores, em perpétua restauração. Fizeram-me entender que, se somos habitados por inúmeras pequenas histórias, é mais fácil construir pontes entre os episódios, pensar a sua própria história em um conjunto e o seu lugar em espaços mais extensos.

Somos seres da narrativa e a pergunta é por qual passe de mágica essa evidência pôde ser escamoteada a ponto de a linguagem ser reduzida a um instrumento e as bibliotecas a simples lugares de "acesso à informação". Estas são também conservatórios de sentido onde se encontram metáforas científicas que ordenam o mundo e o esclarecem, mas também metáforas literárias, poéticas, geradas pelo exercício lento de escritores ou de artistas que realizaram um trabalho de transfiguração de seus próprios questionamentos e dos vários conflitos que estão no cerne da vida psicológica e social.

Em todas as sociedades existem mitos, contos, peças de teatro, poemas etc., além de pessoas cujo trabalho consiste em fabricar o sentido de forma condensada e estética, man-

---

[51] *El País*, 30/6/2002. Millás diz também: "Sempre me perguntam por que eu escrevo, e eu respondo que é porque eu sou fragmentado e que assim consigo ter uma percepção de mim como unidade".

[52] *Farhenheit 451* (Paris, Gallimard, 1995). Xabier Docampo escreve: "Cabe ao leitor cortar e costurar as suas palavras para construir a história. A leitura é uma roupa que convém bastante à alma e a enfeita, como um vestido convém ao corpo" (*Cuatro cartas*, Madri, Anaya, 2000).

tendo-se um pouco distante. Em todas as culturas existem narrações que associam os eventos, instauram uma continuidade em uma história posta em cena, em perspectiva.

Muitos pesquisadores, em diferentes disciplinas, ou escritores, observaram que essa necessidade de histórias constituía talvez nossa especificidade humana e que existia uma conexão entre crise e narração. Vladimir Propp dizia que a narrativa representava uma tentativa de enfrentar tudo o que é imprevisto ou infeliz na existência humana. É no que acredita J. Bruner, quando nota que o que nos impele para a narrativa "é precisamente o que não acontece como esperávamos":

> "Uma história começa quando, na ordem das coisas, surge uma espécie de brecha que não esperávamos: é a *peripeteia* de Aristóteles. Alguma coisa não encaixa; do contrário, 'não há nada para contar'.
> [...] uma grande história nos convida a formular questões; ela não existe para nos dizer como resolvê-las. Ela nos fala de uma situação de crise, do caminho a percorrer, e não do refúgio ao qual ele conduz".[53]

Ou Ivan Almeida: "Através das histórias, nós procuramos, em algum lugar do nosso coração, domesticar o sofrimento. Um relato é sempre um relato de uma busca [...] se posso contar para mim mesmo o que perdi, isso quer dizer que encontrei uma forma diferente de possuí-lo para sempre".[54] Ou Pascal Quignard: "Somos uma espécie escrava da

---

[53] J. Bruner, *op. cit.*, pp. 19 e 22. As grandes narrativas também nos falam, com frequência, da arte que têm os personagens em tirar partido de situações, de encontros, do que descobrem pelo caminho: são discretos elogios da disponibilidade.

[54] Citado por Fefa Vila, "Vínculos con lecturas y estrategias de lectora", in *Palabras por la lectura, op. cit.*, p. 179.

narrativa. [...] Nossa espécie parece ser escrupulosamente guiada pela necessidade de uma regurgitação linguística de sua experiência. [...] Essa necessidade da narrativa é particularmente intensa em certos momentos da existência individual ou coletiva, quando de uma depressão ou uma crise, por exemplo. A narrativa fornece um recurso quase único".[55]

De fato, em contextos de crise, individual ou coletiva, quem analisou os fatores que trabalham para a reconstrução do indivíduo sublinhou a importância de dois elementos: a qualidade do contato com os outros e a possibilidade tanto de tecer uma narração a partir de experiências descosturadas, dando-lhes sentido, coerência, quanto de exprimir suas emoções diferentemente e compartilhá-las. Como afirma Alejandro Rojas-Urrego, psicanalista colombiano: "Sempre haverá, é claro, momentos vividos que permanecerão sem tradução possível, mas a tentativa de formar uma história com eles, de vê-los não como uma sequência de destroços, mas como um testemunho capaz de atribuir a esses destroços um sentido é certamente, em tais condições, a única alternativa possível, a única abertura para a vida".[56]

Essa formulação de uma narrativa seria igualmente importante para as gerações futuras: assim, os filhos de deportados cujos pais conseguiram falar se consideravam menos prejudicados por essa herança do que aqueles para quem nada foi contado.[57] Entretanto, não é qualquer narrativa: vários deles, cujos pais contaram o que viram e viveram, sofreram de acessos de pânico.[58] Todos insistem, lembremos, na im-

---

[55] "La déprogrammation de la littérature", entrevista citada com Pascal Quignard, pp. 78-9.

[56] Alejandro Rojas-Urrego, "L'adolescent dans une société violente", *L'Autre*, vol. 4, nº 3, 2003, p. 390.

[57] Cf. Nadine Vasseur, *Je ne lui ai pas dit que j'écrivais ce livre*, Paris, Liana Levi, 2006.

[58] Boris Cyrulnik, "Controverse: la résilience en question", *in* Joyce

portância que teve para eles a mediação e o fato de que a deportação esteja inscrita na história por meio de livros, filmes ou testemunhos,[59] graças aos quais eles se percebem como sujeitos de um destino comum e não mais como suportes mudos de um conhecimento inenarrável.

O mediador em posição sensível

Em uma escala mais ampla, se a contribuição da narrativa quando existe crise é apontada por muitos, sua eficácia irregular, assim como os dispositivos e condições adequadas para que aconteça, são menos questionados. Ora, a construção de uma narrativa nem sempre é fácil ou possível: após um episódio doloroso, evita-se o que é associado a ele, quase se nega, o que impede muitas vezes qualquer elaboração de uma narração. E nem sempre esta é desejável, e as variações individuais são consideráveis: Robert Antelme ou Primo Levi escreveram muito pouco tempo depois que retornaram dos campos, enquanto Semprun tentou primeiro esquecer para sobreviver: "Tive o pressentimento de que escrevendo eu permaneceria nessa memória da morte, e que isso constituiria algo nefasto, talvez até suicida. Então, tentei esquecer".[60] Imre Kertész fez o mesmo: "Durante vários anos, absolutamente não me preocupei com Auschwitz, esqueci tudo escrupulosamente, e funcionou".

Estudiosos da reconstrução psíquica insistem no fato de que uma narração de si não traz forçosamente os benefícios esperados, especialmente quando realizada pouco depois de

---

Aïn (org.), *Résiliences: réparation, élaboration ou création?*, Paris, Érès, 2007, p. 43.

[59] N. Vasseur, *op. cit.*

[60] Entrevista com Jorge Semprun, *Magazine Littéraire*, jan. 2005.

um trauma ou uma catástrofe: "A expressão das vítimas no decorrer de um *debriefing*[61] do que elas viveram e do que sentiram é praticamente ineficaz sobre a dor e o impacto traumático prováveis do acontecimento", chega a dizer Michel Delage, professor de psiquiatria do serviço de saúde das Forças Armadas. "Foi até mesmo demonstrado agora que o *debriefing* poderia ser nocivo. [...] O *debriefing* não vale exatamente pelo que as vítimas podem dizer de sua experiência. Ele vale, sobretudo, pela tranquilidade transmitida pelos que cuidam, por sua presença reconfortante, pela ajuda ativa, empática, protetora, que fornecem no decurso de um verdadeiro acolhimento".[62] A regulação emocional que se pratica em tais momentos passaria, em grande medida, por uma linguagem não verbal. Michel Delage complementa: "Não basta exprimir a desgraça para ser redimido. Não basta compartilhar o sofrimento para que tudo seja solucionado. É preciso que essa troca permita sustentar a atividade de pensar".

Existem também processos narrativos que não têm nenhum poder transformador, relatos de si mesmo estereotipados, repetidos à exaustão, que não permitem nenhum movimento diante da lembrança — da mesma forma como existem jogos aos quais nos entregamos maquinalmente e que nos fornecem uma simples descarga motora, sem provocar simbolização.

Os que são mais fecundos trabalham em geral com metáforas. Nós os veremos no capítulo 5. Nesse aspecto, a contribuição da leitura, e, em um âmbito mais amplo, das práticas culturais, a esse relato de si mesmo, permanece pouco explorada, ou as observações de quem as estudou circulam

---

[61] Termo empregado na clínica psicanalítica para designar uma entrevista que ocorre imediatamente após um trauma. (N. dos T.)

[62] Michel Delage, "Résilience dans la famille et famille résiliente", in *Résiliences...*, *op. cit.*, pp. 163-5.

pouco. Em diferentes lugares, os mediadores culturais asseguram que puderam, a partir das leituras, e particularmente da literatura, fazer reviver um discurso nos casos em que os psicólogos haviam falhado.[63] Rebeca Cerda, que trabalhou durante muito tempo com crianças e adolescentes em um serviço de cancerologia na Cidade do México, diz o seguinte: "Com histórias muito simples você consegue fazer com que apareçam coisas que o psicólogo não conseguiu em seis meses". E Beatriz H. Robledo escreve sobre o programa com os jovens desmobilizados do conflito armado na Colômbia: "O que os psicólogos não conseguiram em vários meses de trabalho, a literatura e a linguagem criativa conseguiram".[64] Mas ela insiste em que esse tipo de programa deve ser invariavelmente multidisciplinar, para que os mediadores culturais possam ser substituídos por bons psicanalistas ou psicólogos, quando deixarem de trabalhar nesse contexto. A necessidade de ter na equipe um apoio psicológico "não convencional" centrado nas emoções, nos afetos, nas relações, surgiu bem cedo; não se tratava de substituir o trabalho psicoterapêutico conduzidos nos abrigos, mas de promover o trabalho criativo.

Nas instituições em que Karine Brutin colabora, o trabalho literário favorece a emergência das emoções, de pensamentos, de elaborações que antecedem ou acompanham o trabalho terapêutico. O encontro com o livro coloca o leitor em movimento e lhe permite se conciliar com a sua vida interior, "suspensa, parada, fraturada pelo sofrimento psíquico". "O encontro permite a exploração e a travessia dos espaços de catástrofe, ao final do trabalho psíquico que se apoia

---

[63] É por isso que profissionais encarregados do sofrimento psíquico recorrem a mediações culturais, particularmente a contos. Ver em especial B. Chouvier (org.), *Les Processus psychiques de la médiation, op. cit.*; B. Lechevalier *et al.* (org.), *Les Contes et la psychanalyse, op. cit.*

[64] B. H. Robledo, "La literatura en tiempos de guerra".

no trabalho literário. Tornando-se leitor, cada um passa a ser ator e autor da própria vida, formulando o seu próprio texto".[65] Contudo, às vezes esse diálogo é restabelecido à custa da dor e, em uma escala mais ampla, diz ainda K. Brutin, "todos os livros escondem mistérios próprios para emocionar alguns leitores e ameaçar outros. [...] Todos os livros são suscetíveis de deixar o leitor em perigo". Os espaços de leitura compartilhada podem desencadear coisas bastante fortes, assim como as oficinas de escrita.[66]

Ao falar da narrativa, J. Bruner escreve: "Não existe, sem dúvida, uma atividade do espírito que forneça tantos deleites, fazendo com que se corra tamanho perigo".[67] E aí os mediadores culturais se encontram em uma posição arriscada. Até onde eles podem, até onde elas podem — porque em geral são mulheres — se fazer de depositários das palavras dos outros, das emoções e dos pensamentos que uma leitura vai provocar, das expectativas, dos dramas relatados?[68] Se eles trabalham separadamente, será que não correm o risco de desintegrar as defesas sem poder, necessariamente, estabelecer outras construções? Um intercessor cultural não pode substituir um profissional do sofrimento psíquico: é aí que revezamentos, alianças se fazem necessárias, para quem trabalha com pessoas muito fragilizadas.

Em uma parte dos programas, os papéis são, de saída, claramente delimitados. Por exemplo, no grupo A Cor da

---

[65] K. Brutin, *op. cit.*, p. 196.

[66] "Cuidar de uma oficina de escrita põe em perigo todos os participantes, pois o ato mexe com a própria constituição da identidade", diz François Bon (*Magazine Littéraire*, jan. 2005).

[67] J. Bruner, *op. cit.*, p. 94.

[68] Eles também passam por duras provas em alguns contextos: por exemplo, nas unidades de cuidado intensivo para crianças, onde são muito solicitados para levar "apoio emocional", alguns deles perdem a medida, extrapolam, ficam deprimidos ou doentes.

Letra, no Brasil, a mediação da leitura é bem distinta de uma terapia (mesmo que essa mediação tenha efeitos terapêuticos, e apesar de duas das fundadoras do grupo serem terapeutas); após uma leitura, um relato pessoal ou uma emoção podem ser recebidos dentro de certo limite, mas aí não é o lugar onde "trabalhar" essa emoção. Existem para isso parcerias com os psicanalistas a quem os jovens procuram. Em outras experiências, essa distinção é menos evidente, e o jogo pode se tornar perigoso: alguns mediadores (poucos, é verdade) parecem, às vezes, terem sido dominados por aquilo que foi desencadeado, não encontrando meios para enfrentar as consequências.

Na maior parte dos casos, a leitura terá, ao contrário, um efeito terapêutico discreto, mesmo se não é isso que é buscado; ou as pessoas que se sentirem ameaçadas fugirão rapidamente. É claro que não se trata absolutamente de se intrometer, de forçar a se exprimir aqueles que não o querem ou não conseguem, transformar grupos de leitura em psicodrama ou em sessões de confissão pública, mas sim de criar um clima acolhedor de atenção, no qual a fala será possível em se respeitando certas regras e no qual, na mesma medida, o diálogo será interno.

Eu disse anteriormente que a grande maioria dos mediadores de livros cujos trabalhos acompanhei encaravam o seu papel como cultural e não como terapêutico (mesmo que soubessem, por experiência própria e pelo que puderam observar, que sua atividade produz também efeitos de recuperação). Por exemplo, Paola Roa, que criou um café literário com jovens de rua em Bogotá, fala sobre a posição do mediador: "para apresentar a discussão, preciso me manter em um terreno sólido e ter refletido anteriormente sobre os pontos essenciais; de outra forma, com tudo o que eles falam e como não sou psicóloga, me parece que as coisas não funcionariam como têm funcionado até o momento, eu teria medo de não saber o que dizer ou sugerir após cada intervenção".

Além disso, os participantes sempre querem muito conhecer mais sobre o autor, o contexto no qual ele viveu. Apoiar-se em seu saber literário a protege e a situa de maneira diferente do que uma relação de "duelo" com os participantes.

NARRATIVAS E PODERES

Além disso, é delicado determinar o *status* da palavra em determinado grupo cultural, em determinada categoria social. Sem dúvida, a necessidade de sentido, de narrativas, o desejo de dar forma à experiência são universais. Entretanto, de um contexto a outro e dependendo da época, não apenas as relações entre o oral e o escrito, as representações do livro e as proibições relativas a esse objeto variam, mas também as formas da narratividade, as funções da palavra e do silêncio tampouco são as mesmas. Em uma entrevista, o grande escritor mexicano, Juan Rulfo falava do silêncio nos seguintes termos:

> "Minha avó não falava com ninguém, esse costume de falar é próprio da região da Cidade do México, não do interior. Em casa, nós não falamos, ninguém fala com ninguém, eu não falo com a Clara, e ela não fala comigo, assim como meus filhos, ninguém fala, não é o costume, e além disso, eu não quero comunicar, o que eu quero é me explicar o que acontece, e todos os dias eu dialogo comigo mesmo enquanto atravesso a rua para ir a pé ao Instituto Nacional Indigenista, eu vou dialogando comigo mesmo para me aliviar, falo sozinho. Não gosto de falar com os outros".[69]

---

[69] *La ficción de la memoria: Juan Rulfo ante la crítica*, seleção e prólogo de Federico Campbell, México, ERA, 2003, p. 531.

Também no México, quando vivia aos pés do "mais novo vulcão do mundo", J.-M. Le Clézio notou que "o silêncio ali não é visto como uma falta de fala, mas como uma outra maneira de se expressar. [...] Quando os mexicanos se calam, é que têm algo de importante a dizer. [...] As coisas são compreendidas sem que sejam ditas, temos que entendê-las, como dizemos, com meias palavras, e às vezes até mesmo sem nenhuma".[70] Ao ler essas entrevistas, lembrei-me de uma viagem para a Guiana que Patrícia Pereira Leite me descreveu. O vilarejo indígena em que ela se encontrava estava em plena atividade, as crianças brincavam e, no entanto, tudo era silencioso, era possível ouvir os pássaros. Ela foi recebida pelo "chefe cultural". Ele costurava um mosquiteiro e lhe disse: "Minha esposa gostou da formação, mas ela me disse que vocês falam demais. Nós ensinamos as crianças a pensarem antes de falar e a ver se o que têm a dizer é mais bonito que o silêncio".

No entanto, em tempos de crise, a linguagem reencontraria sua utilidade, se J.-M. Le Clézio tem razão quando escreve:

> "A doença, a loucura, os perigos de morte emergem, de tempos em tempos, e eles não são acidentes. São os sinais da necessidade de se expressar. Os povos indígenas aprenderam a reconhecer esses sinais, sabem que a necessidade da linguagem, da pintura e da música está nessas crises. Não se trata de inventar palavras ou formas. Não se trata de se distrair (de que enfado?), ou de exteriorizar os seus estados de alma. Mas quando surge um desses sinais, ao acaso, no corpo de um homem, de uma criança, ou de uma mulher, é que toda a sociedade

---

[70] *Ailleurs*, entrevistas com Jean-Louis Ézine, Paris, Arléa, 1995, pp. 71-2.

está ameaçada. É preciso que a linguagem — essa linguagem que havíamos guardado no corpo, essa capacidade da mão de traçar círculos, triângulos e cruzes, essa capacidade da voz para modular o grito dos animais, tudo o que havíamos contido, refutado —, é preciso que ela fale, enfim, que ela seja liberada, que ela lance as suas vibrações e que forje seus rastros no mundo. Lenta explosão da *arte*".[71]

Vários mediadores de livro, na América Latina, dizem ficar espantados com o silêncio que reina em certas comunidades indígenas — ao menos quando estão presentes. Paulo Freire analisou essa "cultura do silêncio" que caracteriza, segundo ele, as sociedades que se tornaram dependentes e que viraram mudas. Em cada grupo humano, decifrar o silêncio é uma tarefa complexa: ele exprime um desconforto diante do que vem da cidade, uma censura para com os tempos traumatizantes da história, uma repressão da expressão dos sentimentos (fora de grandes irrupções frequentes), uma preferência dada a outros modos de simbolização, de expressão, por vias não verbais? Ou se trata ainda do silêncio dos que não aprenderam a linguagem da subjetividade[72] porque vivem em comunidades que, até recentemente, só conheciam o "nós", nas quais o "eu" não tinha lugar? Jack Goody chama a atenção para o fato de que "nas sociedades orais, as regras de circulação da fala pública ou mesmo da fala privada são estritas, e raramente favoráveis às mulheres".[73]

Tomar a palavra e a pena, eis o objetivo de vários movimentos sociais no decorrer da história, unindo homens e

---

[71] J.-M. Le Clézio, *Haï*, Paris, Skira/Flammarion, 1987, pp. 41-2.

[72] Cf. Claude Dubar, *La crise des identités*, Paris, PUF, 2000.

[73] Jack Goody, *Pouvoirs et savoirs de l'écrit*, Paris, La Dispute, 2007, p. 237.

mulheres que não tinham voz e não aguentavam mais outros falando em seu lugar. A intenção de difundir a cultura escrita é também, claro, a de não deixar o monopólio do sentido e das narrativas nas mãos dos poderes políticos, econômicos, simbólicos ou domésticos (que sempre foram muito ambivalentes com os seus rivais, os livros), e desses demagogos, extremistas religiosos, gurus ou charlatães que, em tempos de crise, se metem a falar rapidamente.

E também a de não abandoná-los à única "ordem de ferro televisiva", para retomar as palavras de Armando Petrucci. Nós não erguemos os olhos da televisão como os erguemos de um livro. Retomo aqui as palavras de Patricia Correa que coordena um programa de leitura nos hospitais colombianos, Palabras que Acompañan:[74]

> "Os que assistem aos doentes assinalam que a onipresença da televisão domina as mães, que não têm disponibilidade física e não falam o suficiente com os seus filhos. A imposição constante da imagem e do som não deixa espaço às tão preciosas trocas entre mãe e filho, que se sente vulnerável. As crianças não estão em condições de reconstruir um espaço interno. É aí que a leitura se torna essencial: ela transforma a relação com a criança, que se torna um sujeito".

Ou as de Daniel Goldin, para quem o nosso mundo se caracteriza pelo barulho, sendo este "auditivo, mas também visual e conceitual" ("em qual restaurante, cafeteria ou centro comercial não encontramos duas ou três telas de televisão e música ambiente frequentemente desvinculada do que

---

[74] O programa de leitura Palabras que Acompañan é mantido por instituições públicas como Bibliored e Cruz Vermelha, e pela empresa GlaxoSmithKline. Ele é realizado em vários hospitais da Colômbia e da América Central.

aparece na tela?").[75] Ou ainda M.-F. Castarède: "Somos invadidos pelo barulho e submetidos a ele; o barulho dispersa enquanto o silêncio une. Apenas algumas experiências privilegiadas nos levam ao silêncio unificador".[76] O canto e a psicanálise são exemplos privilegiados; a leitura também, mesmo se oral.

Ao forjar suas próprias narrativas a partir de fragmentos encontrados em textos, aquelas e aqueles que participam de espaços de leitura livremente compartilhados adquiriram melhores possibilidades de se expressar; algumas vezes, encontraram sua voz sem cair na algazarra. Pelo contrário, eles também aprenderam a ouvir e a calar. Pois, como diz Juan Mata: "Discutir é muitas vezes a consequência mais deliciosa da leitura. [...] Ainda que o silêncio também seja gratificante. Às vezes, o que foi lido é tão forte, tão cativante, que não sabemos comunicar seus efeitos, ou talvez não devemos".[77]

Hoje, nós estaríamos em uma "nova ordem narrativa", na era do *storytelling*. No começo dos anos 1990, nos Estados Unidos, em resposta à crise do modelo empresarial, os dirigentes econômicos teriam redescoberto a importância das narrativas para atrair seus trabalhadores nas redes de uma ficção comum. Os políticos teriam igualmente apostado nas narrações para mobilizar e instrumentalizar as emoções, para ganhar o poder e mantê-lo. Da mesma forma, eles mudaram a maneira de se expressar e passaram a contar histórias. "Os novos relatos que nos propõe o *storytelling*", escreve Christian Salmon, "evidentemente não exploram as condições de

---

[75] Daniel Goldin, "El álbum: un género que pone en crisis nuestro acercamiento a la lectura", *Nuevas Hojas de Lectura*, Bogotá, 11.

[76] M.-F. Castarède, *La Voix...*, *op. cit.*, p. 217.

[77] Juan Mata, "Fuera de sí", *in Palabras por la lectura, op. cit.*, p. 121.

uma experiência possível, mas as modalidades de submissão".[78] É por isso que, segundo ele, "a luta dos homens por sua emancipação não poderia ser satisfeita por esses novos poderes; ela passa pela reconquista de seus meios de expressão e de narração".[79]

---

[78] C. Salmon, *Storytelling*, *op. cit.*, p. 199.
[79] *Ibid.*, p. 212.

4.
OUTRAS SOCIABILIDADES

> "Dir-se-ia que os humanos precisam uns dos outros, uma vez que a porta da imaginação tenha sido aberta."
>
> Nuala O'Faolain[1]

> "É extremamente triste estar sozinho quando se encontra a beleza."
>
> Bartolomeu Campos de Queirós[2]

A leitura favorece as transições entre corpo e psiquismo, dia e noite, passado e presente, dentro e fora, perto e longe, presente e ausente, inconsciente e consciente, razão e emoção.[3] E entre o eu e os outros. É por meio de intersubjetividades gratificantes que surge o desejo de ler, e o ato de dividir é inerente à leitura como a todas as atividades de sublimação. Mesmo se leio sozinha no meu quarto, quando viro as páginas, quando levanto os olhos do livro, outros estão ali ao meu lado: o autor, os personagens cujas vidas ele narra ou aqueles que ele criou, se se tratar de uma ficção (e talvez aqueles que o inspiraram), os outros leitores do livro, de ontem e de amanhã, os amigos que dele me falaram ou a quem

---

[1] Nuala O'Faolain, *J'y suis presque*, op. cit., p. 154.

[2] Bartolomeu Campos de Queirós, conferência durante o Simpósio do Livro Infantil e Juvenil, Colômbia-Brasil, Bogotá, 7-9/10/2007.

[3] Cf. D. Goldin, "Continuidades y discontinuidades: tentativas para comprender procesalmente la formación de usuarios de la cultura escrita", in *Los días y los libros*, México, Paidós, 2006, p. 90.

imagino que eu poderia recomendar. Mas também os que constituíram a minha vida ou que a compartilham hoje, cujos rostos, brincadeiras, traições ou generosidade estão prontos para aparecer nas entrelinhas. Sozinha, sou muito povoada dentro de mim mesma.

Dessa multidão que nos habita quando lemos, alguns leitores falam espontaneamente, outros não. Serge Daney pensava que, ao contrário do cinema, a leitura de obras literárias não incitava a falar sobre elas.[4] No entanto, elas se mostram excelentes suportes para que várias coisas circulem em um grupo, quer este já esteja constituído, quer seja formado com esse objetivo: os mediadores de livro, trabalhando em contextos difíceis, o observam dia após dia.

Ora, muitas crises tornam-se perceptíveis quando acontece uma ruptura ou uma alteração dos vínculos sociais, mais ou menos sensível dependendo da intensidade, dos recursos das vítimas, da hospitalidade ou do estigma a que são condenadas (e este é frequente para os que se encontram longe de casa, sem trabalho, doentes ou infelizes no amor). A crise chega, às vezes, até à perda do sentimento de pertencimento ou se traduz em um afrouxamento dos vínculos, uma deterioração das solidariedades. Angústias geradas pelo abandono são reativadas e comportamentos de fuga, de regressão, são frequentes: pensemos, por exemplo, naquelas pessoas na Colômbia, cujas casas foram incendiadas quando do conflito armado e que, no lugar onde foram reagrupadas, não se levantavam mais e, durante algum tempo, não foram capazes de cuidar dos filhos. A adversidade pode também acarretar uma desconfiança generalizada, sentimentos de perseguição. Todas as feridas são mais vivas quando a fragilização dos vínculos sociais do indivíduo é acompanhada de uma desvinculação de sua história, de sua cultura, da perda dos lugares

---

[4] *Cahiers du Cinéma*, 458, jul.-ago. 1992, p. 62.

familiares e de uma errância, como para tantos homens, mulheres e crianças deslocados.[5]

Sair de uma crise, elaborá-la e superá-la, pressupõe, ao contrário, recuperar vínculos capazes de garantir uma continuidade, um contexto, e reencontrar, como foi dito anteriormente, um ou vários "outros significativos".[6] Ao conceder atenção generosa e escuta (ou ao cuidar discretamente daqueles que preferem se retirar por um tempo na solidão e no silêncio), eles ocupam o lugar dos que nos primeiros anos de vida sustentaram a construção da subjetividade. "A maioria das crises estruturais da psique só poderia ser elaborada e superada pela conjunção dos recursos próprios ao sujeito e com os do contexto intersubjetivo", escreve Kaës.[7] Sem dúvida, o mesmo vale para todas as crises. Contudo, estas são também oportunidades de criar outras relações ou de dar uma tonalidade diferente àquelas as quais se estava preso, reforçar solidariedades, ao menos por um tempo.

Na maior parte dos programas estudados nesse livro, a leitura em grupo foi imposta aos mediadores porque eles tiveram o cuidado de respeitar o contexto coletivo privilegiado por aqueles a quem se dirigiam, ou porque faltavam meios para suscitar trocas em uma escala mais apurada, ou ainda porque lhes parecia que, segundo Silvia Seoane:

> "A imagem ideal do leitor solitário, geralmente em sua casa e, se possível, à luz de velas, era na verdade uma imagem "de classe média" — ou burguesa, se preferir — que limitava, por sua simples presença no imaginário,

---

[5] Na Colômbia, cerca de 3 milhões de pessoas teriam sido forçadas pela guerra a partir e teriam vagado de um lugar a outro até se estabelecer nos *barrios de invasión*, nas periferias das grandes cidades.

[6] Para retomar o termo de Georges-Herbert Mead, em *L'Esprit, le soi, la société*, Paris, PUF, 1963.

[7] R. Kaës, *Crise, rupture...*, *op. cit.*, p. 4.

o acesso de grupos para quem a vida privada não era possível (por razões materiais) ou desejada (por razões culturais). [...] Ao dizer isso, não quero afirmar que nós devemos defender um cenário único em contraponto àquela "imagem burguesa", que seria o cenário popular coletivo. Não. Acho que, em todo caso, seria preciso conceber vários cenários que permitissem estabelecer uma paisagem mais democrática".[8]

Longe de qualquer enfoque compassivo, caritativo, a maioria desses mediadores se insere, como foi dito, em uma problemática militante. Se são revestidos de utopias, conservam convicções bastante claras quanto aos direitos de cada um. E em uma época na qual os partidos políticos não o fazem, a leitura compartilhada lhes parece um meio de reunir as pessoas de um outro modo, de eliminar a repressão da fala e de produzir experiências estéticas transformadoras (além de favorecer a apropriação da cultura escrita).

As posições e as referências teóricas de uns e outros diferem, porém mais de um faz referência aos "círculos de cultura", incentivados por Paulo Freire.[9] Esse educador se preocupava em organizar a população em lugares onde pudesse discutir e analisar a realidade que a cercava, e elaborar pro-

---

[8] S. Seoane, "Tomar la palabra...", conferência cit.

[9] A influência do educador brasileiro Paulo Freire (1921-1997), autor de *Pedagogia do oprimido* (1970) e vários outros livros, permanece muito importante na América Latina. Ele critica o modelo tradicional de ensino, no qual o saber é transmitido de modo vertical e autoritário, e preconiza uma "concepção humanista e libertária da educação" onde os "oprimidos" seriam considerados como sujeitos. Seu método de alfabetização de adultos, baseado nas experiências realizadas em diferentes regiões rurais e urbanas, repousa na ideia de centrar o ensino da leitura e da escrita na realidade cotidiana das pessoas envolvidas, a fim de que elas recuperem poder de expressão (após a colonização e suas sequelas terem, durante séculos, reduzido os oprimidos ao silêncio).

jetos para transformá-la: era aí que a alfabetização ganhava sentido. Alguns mencionam movimentos franceses de educação popular como Peuple et Culture.[10] Outros evocam sociabilidades literárias desenvolvidas em espaços culturais diferentes, como o Japão.[11]

Ora os mediadores se inserem em grupos já constituídos (e que se encontrarão um pouco transformados), ora criam como podem coletivos. Em ambos os casos, a maioria deles se preocupa em encontrar quem será capaz de substituí-los para que se garanta uma continuidade ao projeto.

A "COMUNIDADE" PREEXISTENTE

Com o fim da ditadura, María Inés Bogomolny, juntamente com um pequeno grupo de escritores e professores, dedicou-se a reabrir bibliotecas e falar com as pessoas que encontrava. "Eu faço parte de um movimento; nós íamos reabrir as bibliotecas, a palavra que havia sido tão cruelmente silenciada despontava por todos os lados." Os livros e a palavra andavam juntos, espontaneamente.

Hoje, com o apoio de ONGs ou, às vezes, de orgãos públicos, ela percorre a Argentina incansavelmente e, aonde vai, começa por procurar leitores, como, por exemplo, uma mulher que de início só lia romances água com açúcar. "Os leitores surgem como flores do campo, apesar de terem tido pouco contato com os livros. Tornaram-se leitores por intermédio de um parente, de um professor. São essas pessoas que

---

[10] Gustavo Bombini, que coordenou o Plano Nacional de Leitura na Argentina, de 2003 a 2008, faz explicitamente referência a ele nos textos fundadores do Plano, sobretudo em "Prácticas usuales y nuevas urgencias para una agenda de la promoción de la lectura".

[11] Programa Katarou, desenvolvido na Colômbia por Fundalectura e pela embaixada do Japão.

precisam ser apoiadas". Com eles, conduz círculos que reúnem crianças, pais, professores ou profissionais da saúde, e lhes fornece caixas de livros escolhidos a dedo. Sempre incentiva os que participam de tais círculos a procurar as suas primeiras lembranças associadas às palavras, às histórias — as primeiras cenas de encontro com os suportes da escrita. A palavra *recordar*, lembra ela, tem relação com o termo *corazón*, isto é, coração. Para aproximar as crianças ou os adultos da leitura, "existem múltiplos caminhos, mas tudo começa pelo sentimento de que as palavras são importantes".

Para María Inés, não se trata de "ajudar" as pessoas que encontra ou de invadir suas vidas. Sua ideia é sempre a de formar grupos que possam prescindir dela e continuar com os livros. Referindo-se aos trabalhos do Instituto Loczy, de Budapeste, ela também colocou a noção de autonomia no centro do que preparou para as crianças, no contexto do Plano Nacional de Urgência Alimentar, desenvolvido nos últimos anos; tratava-se de não se limitar a fornecer alimento a pessoas que teriam sido reduzidas a seres biológicos, mas de trabalhar em torno de bens culturais com as crianças e suas famílias.[12]

Levar em conta o contexto, primordialmente, procurando "a forma de nele inserir o projeto", "a maneira de não ser estranho, de interpretar as necessidades do grupo e de cola-

---

[12] Cf. María Inés Bogomolny, "Salud y comunidad: pistas para pensar, leer y acompañar", *Punto de Partida*, Buenos Aires, 15, 2005. O Instituto Loczy foi criado em 1946 em Budapeste pelo dr. Emmy Pikler, inicialmente para acolher crianças separadas de suas mães tuberculosas. Uma grande importância é dada aos momentos de encontro individual com a governanta e a situações que favoreçam uma atividade autônoma: a vida da criança é pensada para deixá-la com grande liberdade de movimento, colocando à sua disposição um ambiente no qual ela tenha vontade de a testar, sozinha, em seu próprio ritmo, um grande número de atividades, sempre se sentindo acompanhada e protegida (cf. Agnès Szanto-Feder, org., *Loczy: un nouveau paradigme*, Paris, PUF, 2002 e http://www.pikler.fr/).

borar com os objetivos",[13] essa também foi a preocupação de Silvia Seoane, cujo trabalho evoquei anteriormente, no interior do Plano Nacional de Leitura argentino, particularmente com as mulheres que cuidavam das cantinas comunitárias. Mais do que impor uma voz, ela deu espaço ao conjunto da fala de cada uma, à troca. Para Silvia, o sucesso da oficina devia muito ao fato de que "aquelas mulheres não eram um grupo de vizinhas reunidas por acaso para seguir um curso":

> "Elas eram membros de uma ONG autogerida e tinham convicções muito claras sobre o trabalho que desenvolviam em um bairro pobre, do qual elas mesmas, também pobres — e enfatizo isso —, faziam parte, o que significa que aquelas mulheres não faziam caridade, mas um trabalho comunitário. Estavam dispostas a seguir o curso que os ministérios propunham se pudessem ter certeza de que não utilizaríamos o seu espaço para conseguir algum benefício oficial ou impor a elas linhas de trabalho diferentes das que julgavam necessárias".[14]

Sem ter combinado com esses argentinos, sem ao menos conhecê-los, os bibliotecários de Medellín, na Colômbia, agem de maneira semelhante em vários aspectos, como Gloria Rodríguez, que coordenou durante muito tempo a rede de bibliotecas.

> "Precisamos conhecer bem o contexto, [...] nos questionar e investigar permanentemente o que é requisitado pela população e a proposta mais adequada para uma sociedade complexa em permanente mudança. Por

---

[13] S. Seoane, "Narración oral y cultura escrita", conferência cit.
[14] *Idem.*

isso é importante criar canais de comunicação nos dois sentidos, e ouvir a voz dos frequentadores e não frequentadores, apoiando-nos em consultas, conversas, observações e trocas de todo tipo".[15]

Consuelo Marín, cujo trabalho em um bairro da cidade sob conflito armado evoquei anteriormente, também insiste nesse ponto:

"Não é possível entrar nessas zonas sem ser pela comunidade. O que nos salvou foi que havia no bairro uma organização comunitária bastante boa. Os líderes exigiram que fossem dados empregos às pessoas que moravam lá, e cinco pessoas se formaram como coordenadores ou promotores de leitura. Com eles, nos sentíamos em casa".

A partir das bibliotecas, Gloria Rodríguez usou de várias estratégias para desenvolver a leitura, mas se ateve em uma, "Sim, os bebês podem ler".[16] Referindo-se à experiência do Bookstart no Reino Unido,[17] da ACCES na França, e do Espantapájaros, na Colômbia,[18] ela buscou estimular as interações entre pais e filhos pequenos, por meio do canto, das

---

[15] Gloria Rodríguez, *Cara y cruz de las bibliotecas públicas y escolares y otros textos*, Biblioteca Pública Vital, 2, Comfenalco, Medellín, 2005, p. 39.

[16] *Fundalectura* desenvolveu a ideia no âmbito nacional e lançou, a partir de 2003, um programa intitulado *Leer en familia* (cf. *Leer en familia en Colombia*, Reporte de investigación y experiencias, Bogotá, Fundalectura, 2006).

[17] Cf. M. Moore e B. Wade, "Bookstart: A Qualitative Evaluation", *Educational Review*, 55, 1, 2003, pp. 3-13.

[18] Cf. Yolanda Reyes, *Yo no leo, alguien me lee*, México, Conaculta, Lecturas sobre Lecturas, 5, 2003.

quadras infantis, da leitura. Em parceria com os serviços de saúde, sugere-se às mulheres, durante a gravidez, que participem de oficinas, em diferentes lugares da cidade. Aqui como em outras experiências, o trabalho com os bebês é também uma forma de estabelecer uma relação com os pais e, particularmente, com as mulheres: "Não sei se o bebê se tornará um leitor, mas tenho certeza de que a mãe e a família terão mais oportunidades. E para essas mulheres é uma maneira de sair de casa, muitas nunca saem se não for assim". É também com as "mães comunitárias" que os bibliotecários de Medellín frequentemente se relacionam, essas mulheres que, em ambientes bem pobres, cuidam de dez, quinze crianças, enquanto as mães trabalham.

"O que mais me surpreende", observa Gloria, "é o potencial das pessoas, a receptividade, o interesse delas pela educação. Mesmo sem querer, temos preconceitos". Ela se refere às bibliotecas dos países anglo-saxões, onde os habitantes participam da administração. Segundo ela, esses aparatos não deveriam ser apenas intermediários de informações vindas de fora, mas deveriam também recolher, organizar e difundir o que é produzido localmente.

É o caso de certos lugares como São Bernardo do Campo, no estado de São Paulo, onde os moradores registram as suas histórias de vida ou as suas memórias nas "estações memória" das bibliotecas escolares; as gravações são, em seguida, passíveis de consulta, da mesma forma que as fontes de informação ou os bens culturais "universais".[19]

Ainda no Brasil, em A Cor da Letra,[20] nota-se o mesmo respeito por aqueles com quem a associação trabalha, por sua cultura, o mesmo desejo de incentivar a transmissão en-

---

[19] Edmir Perrotti apresentou esse programa de "biblioteca interativa" na França em várias ocasiões (http://www.saobernardo.sp.gov.br/secretarias/sec/rebi/).

[20] Sobre A Cor da Letra, ver capítulo 1.

tre as gerações, que existe nos profissionais argentinos ou colombianos mencionados anteriormente. A atenção dedicada a cada grupo social, a cada lugar, com as suas especificidades, é crucial: antes de começar um projeto, para adaptá-lo adequadamente ao contexto, este torna-se objeto de análise. As atividades nunca são impostas. É dada grande importância à atenção, à escuta dos desejos manifestados. Por exemplo, em uma plantação de café, primeiro se realizou um trabalho de mediação de leitura na escola; foram as mães das crianças, envolvidas nessa mediação, que pouco a pouco manifestaram o desejo de que houvesse um espaço cultural fora da escola. A associação projetou então, juntamente com o gerente da plantação, com o auxílio de um arquiteto inspirado e de mecenas escandinavos (Kaffehuset Friele), um belíssimo centro cultural dirigido por alguns jovens que deixaram a plantação para serem assalariados desse centro. Hoje, são eles que conduzem as atividades — e A Cor da Letra garante, por mais algum tempo, a supervisão mensal.

Patrícia Pereira Leite insiste muito na versatilidade que devem ter os que fomentam os projetos, a importância das apropriações, do inesperado ("Aquilo com o que você sonhou se transforma muito rápido", não se pode controlar tudo), e na necessidade de sempre prestar atenção nas possíveis contribuições dos moradores. Assim, nesse centro cultural, "rondas de prosa" permitem aos camponeses contar, todas as semanas, ora uma lenda, ora uma história de sua autoria, ora uma lembrança. Eles descobrem que são narradores, que carregam uma cultura, que são indivíduos que podem transformar a sua realidade. Com isso, tradições e festas que haviam sido abandonadas foram resgatadas; e vínculos lentos e progressivos foram armados no interior do grupo. "Estou convencida de que trabalhar com a leitura aproxima os grupos", diz Patrícia, com a segurança oriunda de suas experiências em contextos diferentes; no hospital, por exemplo, ela observa que as mães que se desentendiam passaram a se tratar melhor e a se ajudar; ler é também uma forma para os profissionais envolvidos estabelecerem outra relação com as crianças e com seus familiares.

É o que experimentam muitos dos que conduzem esses espaços de leitura, mesmo em contextos bastante difíceis. Por exemplo, Catalina Rodríguez escreve em seu diário, a respeito de algumas sessões em uma prisão na província de Tucumán, na Argentina: "Um espaço foi criado, onde nós nos olhamos nos olhos, onde estamos todos um pouco mais próximos".

O desenvolvimento de clubes de leitura

Fenômeno antigo, muito presente no mundo anglo-saxônico no século XIX, os clubes de leitura tiveram, durante algum tempo, uma imagem obsoleta. Interessavam pouco aos pesquisadores, com raras exceções.[21] A partir dos anos 1990, contudo, eles se multiplicaram em vários países e havia centenas, milhares, na Inglaterra, e outros milhares nos Estados Unidos. Hoje são atores influentes com os quais as edições e o comércio do livro devem contar. Longe de frear o seu progresso, o uso da internet o ajudou. Nos países de língua inglesa, esses clubes reúnem muito mais mulheres do que homens; dois terços delas têm mais de quarenta anos e, na maioria das vezes, fizeram curso superior.[22] Reúnem-se em diferentes lugares, privados e às vezes públicos, especialmente em bibliotecas.

---

[21] Ver, particularmente, Martine Burgos, Christophe Evans e Esteban Buch, *Sociabilités du livre et communautés de lecteurs*, Paris, BPI/Centre Georges Pompidou, 1996.

[22] Cf. Jenny Hartley, *Reading Groups*, Oxford, Oxford University Press, 2001; Elisabeth Long, *Book Clubs: Women and the Uses of Reading in Everyday Life*, Chicago/London, The University of Chicago Press, 2003.

Os clubes de leitores ou os cafés literários também se multiplicaram em outros países europeus, particularmente na Holanda, na Grécia e na Espanha (curiosamente, seu desenvolvimento parece refletir-se menos na França). Nesses países, os clubes também reúnem, em geral, mulheres de uma certa idade: "A ausência ou pelo menos a raridade dos homens nos grupos de leitura foi comprovada por estudos anglo-saxônicos, e os exemplos que dei corroboram esses dados. E, no entanto, os primeiros exemplos de grupos de leitura no Reino Unido eram círculos masculinos", observa Clotilde Ast.[23] Contudo, tais clubes envolvem, na verdade, sociabilidades multiformes. Alguns parecem estar fechados sobre si mesmos e a mexericos de vizinhos; outros, ao contrário, estão abertos ao mundo e reivindicam explicitamente tal abertura.

Na Espanha, por exemplo, onde essas experiências literárias compartilhadas foram muito desenvolvidas desde os anos 1990, os círculos de leitura têm, geralmente, quatro traços em comum:[24] são compostos de mulheres de meia-idade; possuem uma "vertente gastronômica"; organizam-se a partir de bibliotecas públicas ou em relação estreita com elas; relacionam-se com outros grupos do mesmo gênero em uma escala mais ampla. Ao associar a atividade da leitura com o sair de casa, esses círculos podem ser uma boa maneira de fazer com que as pessoas que gostam de viver na rua tenham prazer em ler. Eles permitiriam a integração de uma parte dos

---

[23] Clotilde Ast, "Les passeuses de livre. Étude comparative de trois groupes de lecture en Moselle, France", Journées d'Études Franco-Helléniques "Numérisation, lien social, lectures", Universidade de Creta, Rethymnon (Grécia), 3-5/6/2004.

[24] Cf. Blanca Calvo, "Clubes de lectura en las bibliotecas españolas", www.travesia.mcu.es/documentos/seminario_h_b/11blancacalvo.pdf. Ver também "Los clubes de lectura", *Educación y biblioteca* (Madri, 133, 2003); e "Primer encuentro de clubes de lectura", *Educación y biblioteca* (Madri, 113, 2000).

imigrantes (a participação dos latino-americanos aumentou muito rapidamente em alguns deles, acompanhando a crescente imigração), além da ressocialização de pessoas que se encontram em um momento delicado de sua vida, as quais se integram a eles em grande número. Blanca Calvo, que participou da concepção de muitas experiências de leitura compartilhada e observou seu funcionamento e seus efeitos, escreve: "Eu vi pessoas debilitadas, acometidas por uma desgraça familiar ou simplesmente afetadas pela partida de seus filhos se aproximar dos clubes de leitura, reencontrando uma vontade de viver ao compartilhar leituras e conversas".[25] Aqui também o vínculo entre crise e leitura é explícito.

Mas, além de sociabilidades reparadoras que permitem as pessoas saírem do isolamento e da tristeza, é com outro modo de "fazer a sociedade" que alguns grupos trabalham, em diferentes países. É o que sugere, em particular, a experiência do Leer Juntos, hoje reproduzida em outros lugares além da pequena comunidade rural espanhola onde nasceu. Encontramos nela características *a priori* parecidas com as que já assinalamos, mas também traços menos comuns, como o fato — que merece nossa atenção — de pôr em relação pessoas de meios sociais muito diferentes.

Ler junto, no Aragão rural[26]

Ballobar é uma vila de cerca de mil habitantes, situada no leste de Aragão, uma das regiões menos povoadas da Espanha: ela também, uma região "em crise". É uma vila tran-

---

[25] B. Calvo, "Deseos", *in Palabras por la lectura*, op. cit., p. 42.

[26] Apresentei essa experiência de modo detalhado em "Une expérience littéraire partagée au village: 'Lire ensemble' à Ballobar (Espagne)", Journées d'Études Franco-Helléniques "Numérisation...", *op. cit.*

quila, com poucas pessoas nas ruas, alguns pequenos comércios, entre os quais uma padaria onde, entre os pães, um cartaz surpreende: "Nesta padaria, podem-se trocar os livros do Leer Juntos".

No começo dos anos 1990, duas professoras, Mercedes Caballud e Carmem Carramiñana, tinham preocupações com o exercício de sua profissão. Diz Mercedes:

> "Como inúmeros outros professores, éramos filhas do formalismo e do estruturalismo. [...] Durante muito tempo, acreditamos que ensinar literatura, língua, leitura passava por esses minuciosos comentários de textos literários, bastante isolados do mundo e da vida, nos quais o poema e o parágrafo de um romance constituíam ilhotas particulares, iguarias artísticas prazerosas por si mesmas".[27]

A realidade as pegou de surpresa: o interesse dos alunos pela leitura deixava a desejar. Perguntavam-se sobre as causas desse desamor. Os alunos veriam seus mestres mergulharem nos livros? A família deles lhes transmitia o desejo de ler?[28] Segundo elas, era preciso "dar um contexto cultural à questão da leitura". Daí, a ideia de criar um espaço onde docentes, familiares e bibliotecários pudessem trocar experiências, modificar sua própria relação com os livros, desenvolver hábitos de leitura, mas também se formar literariamente — educação literária que, todavia, não pretendia excluir o "prazer" ou a "alegria" de ler.

Esta, notemos, não era evidente no meio rural: na Espanha como em outros lugares, corre o risco de passar por

---

[27] Leer Juntos, *Cuadernos de Literatura Infantil y Juvenil*, março de 2004.

[28] Carmen Carramiñana e Mercedes Caballud, "Leer Juntos: una complicidad con toda la comunidad educativa".

preguiçoso quem se dedica a essa atividade cuja utilidade não é bem estabelecida, e ainda por egoísta que se mantém à parte, ao invés de privilegiar os prazeres coletivos.[29] Todavia, como se tratava de uma experiência que privilegiava a formação escolar das crianças e o compartilhamento, a ideia foi muito bem recebida. A escola convocou o conjunto dos pais para lhes apresentar o projeto, e por volta de cinquenta pessoas vieram à reunião. Nos meses que se seguiram, um grupo mais restrito se constituiu. Doze anos após seu lançamento, são cerca de trinta pessoas que se encontram regularmente, das quais a maioria está ali desde o princípio.

O cerne do dispositivo é a *tertúlia*, reunião de pessoas para discutir ou conversar. Ela acontece à noite, uma ou duas vezes por mês, durante duas horas, nos espaços da biblioteca municipal. Dois outros grupos mais articulados, um na escola local, outro no estabelecimento secundário ali perto, foram criados ao longo dos anos, a fim de integrar novas pessoas.

Nos três grupos, encontram-se os moradores, uma parte dos educadores e a bibliotecária. Essencialmente mulheres, que, na tertúlia original, têm hoje por volta de quarenta ou cinquenta anos (já as que participam dos outros grupos são mais jovens). Um terço delas trabalha na agricultura e na criação de gado, um terço no comércio e no artesanato, as outras se repartem entre trabalhadoras, profissionais da saúde, aposentadas e professoras. Todas se afirmam, além disso, como "donas de casa". A maioria delas completou o ensino primário, uma dúzia fez estudos secundários, quatro chegaram até o ensino superior.

A participação na tertúlia é livre, bem como a fala, e a leitura dos textos propostos pelas animadoras, facultativa. O tempo é essencialmente consagrado ao comentário de obras lidas anteriormente de modo solitário: dois ou três livros de

---

[29] Cf. R. Ladefroux e M. Petit, *Lecteurs en campagnes*, op. cit.

literatura juvenil e um de literatura geral, que circularam entre os participantes. A reunião consiste em uma troca informal de comentários sobre o tema, as ideias, a recepção (a dos presentes assim como a das crianças), a relação dos livros lidos com diferentes aspectos da vida, mas também sobre a técnica literária, a qualidade da edição e da ilustração. A análise crítica se apoia em diferentes materiais inicialmente fornecidos pelas coordenadoras e, depois, trazidos também pelos(as) participantes e encontrados às vezes na internet.

Por sua vez, os educadores e a bibliotecária evocam a recepção que o livro teve e os comentários que suscitou. Momentos de leitura compartilhada em voz alta, de um poema, de um conto, de um artigo, são frequentes, no início ou no fim da reunião. As conversas tratam também da vida local, ou da deles próprios, sem que isso ocupe mais de um quinto do tempo.

Dos escritores cujas obras foram lidas, encontram-se, por exemplo, Camus (*A peste*), Dickens (*Oliver Twist*), Huxley (*Admirável mundo novo*), Henry James (*A volta do parafuso*), Javier Marías (*Coração tão branco*), Eduardo Mendoza (*O mistério da cripta assombrada*), Nabokov (*Lolita*), Manuel Rivas (*O que quer de mim, amor?*), Steinbeck (*As vinhas da ira* e *A pérola*) etc. — o único *best-seller* foi *O perfume*, de Patrick Süskind. Para os momentos de leitura compartilhada em voz alta, foram escolhidos textos de autores de língua espanhola como Cortázar, García Márquez, César Vallejo, poemas de García Lorca, Antonio Machado, Alberti, Cernuda, Miguel Hernández, mas também obras traduzidas, quer se trate de contos de Edgar Allan Poe, das *Mil e uma noites* ou do *Decameron*. Cantores que declamam textos são às vezes ouvidos, e artigos ou ensaios sobre leitura, lidos e analisados. Dito de outra forma, em Leer Juntos não se cede em relação à qualidade.

Ao longo dos anos, foram assim constituídas listas, hoje difundidas muito além da vila, pois esse grupo tem grande capacidade de se inserir em redes e mesmo de impulsioná-las. Na província, elas conectam professores, bibliotecários de escola, promotores da leitura, associações, e muitas tertúlias, pois Leer Juntos fervilhou: grupos de leitura se desenvolveram nas proximidades, retomando o mesmo dispositivo. Os participantes também procuraram ativamente se inscrever em uma rede nacional — e internacional — de escritores, contistas, críticos, editores, pesquisadores e ilustradores que passaram pela vila.

O grupo aspirou, de fato, a se abrir a uma "cultura sem limites": ao cinema, organizando projeções de filmes adaptados de obras literárias; a conferências, sobre grandes textos como o *Quixote*, sobre escritores tais como Alberti ou Pio Baroja, sobre aspectos sociológicos como os prêmios literários ou as mulheres na literatura; a viagens culturais, reunindo casais e crianças, como a visita a uma exposição de Goya em Zaragoza, a um palácio em Guadalajara etc.

Indubitavelmente, a literatura entrou na vida cotidiana dos que frequentam a tertúlia. A biblioteca municipal, cujos fundos progrediram de maneira sensível, teve, ao que parece, um aumento no número de inscritos e de empréstimos. Em Ballobar, alguns pais de família valorizam hoje a leitura e compram, nas cidades próximas, livros para seus filhos: estes dispõem de duas vezes mais obras do que a média das crianças espanholas. Os professores de Fraga, onde vão continuar seus estudos secundários, constataram que as crianças de Ballobar leem muito mais do que as que moram em outras vilas.

A literatura entrou também na escola primária, por meio das mulheres que ali contribuem algumas vezes para as animações, mas também por meio do grande número de contistas, ilustradores e escritores que a visitaram; e pelos professores que dão vida à biblioteca da escola, entre os quais alguns leriam mais livros, e de melhor qualidade, do que antes.

Para além da amizade,
um aprendizado da democracia

Hoje, as crianças cresceram, os livros e as amizades ficaram. E o que é mais frequentemente mencionado pelos participantes é a riqueza da sociabilidade que tanto as reuniões como os encontros com pessoas vindas de outros lugares propiciaram. O programa teria contribuído muito para uma melhora das relações interpessoais, indo além do tempo das reuniões, que se reflete também nos laços entre recém-chegados e antigos moradores. Como diz Carmen, "Os livros foram a desculpa para estabelecer centenas de amizades. Isso, eu nunca teria imaginado". E ainda: "Nós poderíamos nos sentir diferentes, por nossas convicções ideológicas, políticas ou religiosas, e somos capazes de nos entender e de fazer muitas coisas juntos, sobretudo de nos respeitar e de nos amar".

Para além da amizade, é um aprendizado da democracia, da tolerância, que é frequentemente mencionado. Trabalhar para uma democratização é, aliás, explicitamente reivindicado:

> "Leer Juntos não está isento de uma ideologia da democratização, segundo a qual cada pessoa que participa pode receber, mas também dar. [...] O que é importante é que se criam leitores abertos à escuta, a descobrir conhecimentos, a mudar de atitude, a contribuir para melhorar a qualidade da vida do mundo rural e de outros mundos, favorecendo o respeito, a justiça e a igualdade".[30]

---

[30] Leer Juntos, "La casa por el tejado".

Ou nas palavras da sorridente açougueira da vila, apropriadamente chamada Alegría:

"Leer Juntos demonstra [...] que outras formas de relação entre os seres humanos são possíveis; mas certas condições são indispensáveis, e, se elas não existem, é preciso criá-las. Leer Juntos demonstra que uma biblioteca municipal pode ser um espaço de encontro engendrando diálogo, comunicação, tolerância, respeito e, através dos livros e da literatura, dando nascimento a laços afetivos entre as pessoas que, de outro modo, em Ballobar, não existiriam. [...] Eu me engajei 100% porque Leer Juntos (entre outros projetos em Ballobar) me oferece a oportunidade de participar e influir ativamente no futuro de minha pequena vila, de apoiar com generosidade e trabalho projetos que me parecem importantes porque são pensados a partir das pessoas e com elas. [...] Leer Juntos me serve para ter a certeza de que um outro mundo é possível e, se ele não for possível, não será por minha causa".

Entre os participantes, é recorrente o elogio de um dispositivo que permite tomar a palavra, ser ouvido(a), respeitado(a), não temer exprimir opiniões diferentes, contrárias. Muitos se referem a uma confiança em si mesmo maior e mencionam com frequência o orgulho de pertencer a um grupo hoje reconhecido internacionalmente (Leer Juntos ganhou prêmios, universidades se interessam por ele), de ter se apropriado de textos de qualidade, de ter recebido escritores. Autoestima que recai sobre a vila em seu conjunto.

É, portanto, no sentido da invenção de outros modos de viver juntos, onde cada uma e cada um teriam voz e voto, que o grupo trabalha. Pois, se a prioridade dada ao compartilhamento relega à sombra o que poderia ser assimilado a um "cuidado de si", não se está aqui em um quadro comunitarista que frearia a expressão das singularidades. Nesse grupo onde se encontram mulheres dotadas de personalidade forte, os livros são, de início, o objeto de uma leitura solitária e silenciosa, não o esqueçamos.[31] E a pregnância da "educação literária" não impede apropriações singulares. O projeto reivindica, além disso, entre seus objetivos, tanto o "desenvolvimento pessoal", a construção da identidade própria dos participantes, quanto o "desenvolvimento sociocultural".

Enfim, em uma região onde o isolamento no qual a população rural vivia não é tão antigo, é frequente a ideia de que, através desse espaço de liberdade, desses encontros que se abrem para outros lugares ou para o longínquo, se terá vivido mais intensamente sua vida. Muitos participantes evocam as "lembranças que acompanham por muito tempo", em particular quando chega a hora de envelhecer, os livros que permitem "sonhar com esse mundo que vamos perdendo, quando, com os anos, ganhamos cabelos brancos", nas palavras de Ana; ou, nas de Alegría: "Não teremos apenas envelhecido, teremos acrescentado muita vida a nossos anos".

Nos bairros marginalizados de Bogotá

Atravessemos o Atlântico e regressemos à América Latina. Os clubes de leitura aí se multiplicaram há quinze anos, no México como na Argentina, ou na Colômbia, onde se tornaram uma verdadeira moda, sem dúvida em resposta à guerra. Em todos esses países, diferentes associações ou instituições foram empregadas para desenvolvê-los: assim, desde 2004, Fundalectura organiza com o Ministério da Cultura um concurso, graças ao qual 250 tertúlias já foram recom-

---

[31] É esse o caso na quase totalidade dos grupos de leitura que se desenvolveram recentemente na Espanha (cf. B. Calvo, art. cit.).

pensadas.[32] Para os fundadores do projeto, a conversa era uma das ferramentas mais potentes para promover a leitura; tratava-se, então, de encorajar e tornar visíveis as sociabilidades informais, que eram mantidas nas praças, nos jardins, nos cafés ou nas bibliotecas, e de reforçar os laços da população com esses equipamentos. Vivendo nas diferentes regiões do país, os candidatos são bastante diversos: professores, trabalhadores sociais, grupos de amigos, jovens cinéfilos, assim como pessoas impulsionando grupos entre detentos etc. Os ganhadores recebem uma bolsa com cerca de trinta livros (de autores latino-americanos, franceses, japoneses, de acordo com os anos), cuja chegada é frequentemente um acontecimento, algumas vezes saudado pelo prefeito... ou abençoado pelo padre.

Notemos que, diferentemente do que se observa na América do Norte ou na Europa, muitos desses clubes colombianos recebem tanto meninos quanto meninas, tanto homens quanto mulheres. Em Medellín, por exemplo, eles atraem sobretudo os jovens, e mais os homens do que as mulheres (as de cinquenta anos são as mais difíceis de convencer). Daí se vê por que nada predispõe esses clubes a receber seletivamente mulheres de meia-idade...[33]

---

[32] Realizado no âmbito do Plano Nacional de Leitura e das Bibliotecas, esse projeto foi apoiado pela Philip Morris Colombia e pelas embaixadas da França e do Japão. Alguns círculos de leitores teriam mais de dez anos de idade. Cf. Andrea Victorino Ramírez, Juan David Correa Ulloa, "Por el placer de tertuliar", Bogotá, *Nuevas hojas de lectura*, 7 (http://www.nuevashojasdelectura.com/p_07_porelplacerdetertuliar.htm).

[33] Na Palestina, em Nablus, o grupo Médicos do Mundo desenvolveu um café literário, para atrair... homens. Eles se recusavam a evocar transtornos psicológicos amplamente compartilhados (por conta da deterioração das condições de vida, da desestruturação da sociedade e do nível de estresse com o qual todos são confrontados), mas vividos com vergonha. Estes se traduzem em um forte aumento da violência intrafamiliar. O café literário deve permitir, de modo indireto, abrir aos homens uma cena onde

Também aqui, as sociabilidades são multiformes. E, como na Espanha, alguns não se impõem como objetivo apenas manter processos de aquisição da língua escrita, de ressocialização de pessoas marginalizadas de uma maneira ou de outra, ou oferecer às crianças um oásis de paz em contextos violentos (o que já é muito), mas também trabalhar, em profundidade, outras maneiras de "fazer sociedade".

A Asolectura (Asociación Colombiana de Lectura y Escritura), sob o estímulo de Silvia Castrillón, desenvolveu e coordenou, assim, diversos clubes de leitores (oitenta apenas na capital), nos municípios ou bairros pobres, ou marginalizados. Semelhantes aos círculos de leitura de Paulo Freire, eles se pretendem espaços "nem autoritários, nem elitistas", onde os participantes são os sujeitos ativos de um processo de apropriação da cultura escrita. Acontecem em bibliotecas públicas ou em diversos locais onde as pessoas se reúnem (cantinas populares, locais de reinserção de pessoas deslocadas, ou desmobilizadas, ou viciadas em entorpecentes etc.).

A partir de uma interrogação inicial a respeito da questão "por que ler", trata-se de revalorizar as palavras e as trocas de linguagem, e de estimular a oralidade nos debates, relatos de histórias, na análise de dados, assim como na escrita

---

se expressar e debater essas questões (cf. http://www.france-palestine.org/article6680.html).

Pensemos também nos círculos de poetas existentes em muitos países do Oriente Médio ou da Ásia. No Afeganistão, por exemplo, um círculo composto de treze homens e duas mulheres se reuniu clandestinamente durante anos, mudando de lugar a cada vez para frustrar a repressão dos talebãs (cf. *Libération*, 6/12/2001).

Em Bengala, centenas de milhares de funcionários, professores e comerciantes encontram-se depois do trabalho para ler e escrever poemas. As revistas se contam aos milhares: "é um estilo de vida, uma ética da tolerância e da responsabilidade na qual devemos estar totalmente implicados", escreve Ipshita Halder, 26 anos, que acaba de lançar uma delas, intitulada *Momentos de Crise* (*Libération*, 14/11/2002).

(ler e escrever sendo concebidos como momentos inseparáveis de um mesmo processo), contribuindo para que cada um seja "um indivíduo político que encontra na leitura um instrumento de reflexão que lhe permite ser mais ativo em seu destino e no destino de seu bairro, de seu local de trabalho, da comunidade onde vivem sua família e seus amigos".[34]

Se a dimensão política está explicitamente no cerne do projeto, é a leitura de obras literárias que é privilegiada (sem desvalorizar outros gêneros), particularmente a de livros ilustrados, poemas, contos, romances e ensaios sobre a leitura, quando se trata de adultos. Tais obras são, com efeito, o suporte por excelência "para uma busca de sentido", e seu caráter polissêmico as tornaria particularmente propícias a renovar os pontos de vista sobre o mundo. A escolha de textos é realizada com base em estritos critérios de qualidade: "Partimos do princípio de que 'só o melhor é bom' quando se trata de oferecer material de leitura às pessoas quando este falta em seus lares", escreve S. Castrillón, citando também o poeta Pedro Salinas: "O segredo está nos bons livros".

Cada clube é animado por um "assistente" remunerado, geralmente um estudante de literatura, linguística, filosofia ou comunicação. Ele cuida principalmente de orientar e, depois, formar aquele ou aquela que poderá se tornar "acompanhante" do clube, e permitir a este um dia conquistar a sua autonomia. Voluntários, esses acompanhantes são oriundos do bairro e se propõem a motivar e organizar seus vizinhos, seus amigos ou seus colegas (que poderão, por sua vez, transmitir a seus próximos o que terão vivido; encontramos, de novo, a ideia de multiplicação). Em sua maioria, são jovens de 22 a 28 anos, meninos e meninas. Os que participam dos

---

[34] Silvia Castrillón, "De la lectura de la palabra a la lectura del mundo", conferência no âmbito do II Convegno Internazionale di Editoria per l'Infanzia, Parma, Itália, fev. 2007. O programa dos clubes de leitores é desenvolvido com a Secretaría Distrital de Cultura y Turismo de Bogotá.

clubes são, majoritariamente, crianças (de sete a doze anos) ou jovens adultos; alguns agrupam pessoas mais velhas. Se cada clube é autônomo, seminários para os acompanhantes são organizados pela associação a fim de que eles se beneficiem de um espaço de reflexão aprofundada.

Ignacio é um desses "acompanhantes". Ele se tornou leitor dez anos antes, em uma biblioteca de Ciudad Bolívar, um dos bairros mais pobres de Bogotá:

> "Pela mão de Willy [o herói de A. Browne], aos dezessete anos, me afundei horas e dias na maravilhosa biblioteca comunitária de Semillas Creativas. [...] A minha descoberta foi dupla: não somente da leitura, mas também de um espaço onde me encontrei, onde comecei a me construir como um ser diferente. Deixei de fazer parte do grupo de jovens que quebravam constantemente os vidros da biblioteca. Agora eu estava do outro lado. [...]
>
> Graças a *Willy, o sonhador*, eu conheci Magritte, Dalí, Van Gogh — meu preferido —, e descobri que *Alice no País das Maravilhas* era uma obra escrita, e não um filme a mais que passava na tevê. Como João e Maria, que chegam esfomeados na casa com paredes de chocolate, eu devorei num único dia, sem parar, todas as histórias de Anthony Browne, Max Velthuis, Tony Ross e outros da sala para as crianças. [...]
>
> Assim como os livros ilustrados marcaram a minha vida, um romance contribuiu para forjar meu caráter, me forneceu as ferramentas para sobreviver nas ruas difíceis do meu bairro e da minha cidade: *Assim foi temperado o aço*, de Nicolai Ostrovski. Ele me deu força suficiente para enfrentar a virada decisiva de minha vida, aceitar que eu não era mais o mesmo, suportar sê-lo com meus amigos que não compartilhavam o que eu pensava, os quais tive que enfrentar para defender essa nova ma-

neira de ver a vida e que eu finalmente deixei para trás. Em seguida, foi o tempo da literatura juvenil. [...] Depois, a grande Katherine Paterson me mostrou a majestade do teatro *kabuki* e tudo que é vivido em torno dessa arte milenar".[35]

Hoje, Ignacio gostaria que outros pudessem viver a mesma aventura que ele (é exatamente o que Val, uma jovem mediadora de A Cor da Letra, também diz: "Eu gostaria que os milhares de jovens brasileiros pudessem viver o que eu vivi"). A cada manhã de domingo, na biblioteca onde havia encontrado *Willy, o sonhador*, Ignacio acompanha, então, um grupo de adolescentes de catorze a dezessete anos, vários dos quais aprenderam a ler ali. Após algumas sessões destinadas a modificar sua representação dos livros, a fazê-los tomar consciência da importância da leitura e da escrita para se formar como "cidadãos competentes", "capazes de fazer respeitar seus direitos", ele quis que o clube ouvisse suas preocupações, suas questões:

> "Elaboramos questões cada vez mais precisas e complexas, que iriam nos servir de guia para procurar livros e leituras a serem realizadas nesse espaço. As oito sessões seguintes foram centradas em duas questões: por que a pobreza e a riqueza existem? Por que há guerras no mundo? A primeira questão foi abordada com a ajuda de histórias curtas como *A morte madrinha*, dos irmãos Grimm, e *Venha à caça ao tesouro!*, de Janosch. Acrescentamos alguns conceitos fundamentais sobre a

---

[35] Citado por Marcela Chaves, "Exploración cualitativa de los clubes de lectura", *in Clubes de lectores: informe de una experiencia*, Bogotá, Asolectura, 2007. Segundo a autora, a biblioteca Semillas Creativas proporia uma das melhores coleções de literatura para a juventude da capital colombiana.

pobreza, a riqueza e o desenvolvimento integral. [...] Nos comentários, a riqueza e a pobreza foram de início associadas a uma visão monetarista e não às potencialidades do ser humano. Todavia, nas sessões posteriores, essa visão se transformou, pois eles não falavam mais em ganhar dinheiro pelo dinheiro, mas também de riqueza interior, de bem-estar...".

A partir do *Diário* de Anne Frank, o tema da guerra foi abordado. A escrita aparece ali, nota Ignacio, como o instrumento vital que permite à garota enfrentar tais situações. A projeção de filmes apresentando o contexto histórico, político e estético facilitou uma compreensão mais profunda do texto. Ao final dos encontros, essa compreensão "se deixava ver, não nos comentários, mas nos rostos entristecidos, nas expressões de solidariedade e de indignação e nos silêncios prolongados". No fim das sessões, eles não se levantavam imediatamente, mas ficavam pensativos, "respiravam profundamente e trocavam olhares sem pronunciar uma palavra".

Uma formação da sensibilidade

Na Argentina, Juan Groisman também trabalha, às vezes, a partir de questões, quando anima oficinas de literatura em um centro de detenção para menores.[36] Durante meses, as participantes se perguntaram sobre "as grandes questões da humanidade" que haviam elaborado: "O amor é eterno?",

---

[36] Cf. Juan M. Groisman, *Trabajo en el Instituto Femenino de Menores Inchausti*. Essas oficinas foram realizadas por Mercedes Pugliese, Lorena Di Vita, Gabriela Fradkin e Horacio Piñero no âmbito do Curso de Pós-Graduação em Literatura Infantil e Juvenil (CePA, Buenos Aires, 2004). Nesse instituto, essas são as únicas oficinas optativas, e elas recebem mais participantes do que as oficinas obrigatórias.

"Como começou o Universo?", "A vontade e o desejo são suficientes?" etc. Elas chegaram a ler numerosos textos, mitos em particular, tais como as diferentes versões que colocam em cena Teseu, Ariadne e o Minotauro. Em uma delas, *A casa de Astérion*, de Borges, o Minotauro sai do labirinto, mas a ele retorna:

> "Além do mais, certo entardecer fui para a rua; se voltei antes de escurecer, foi pelo medo que me infundiram os rostos da plebe, rostos desbotados e achatados, semelhantes à mão aberta. O sol já tinha se posto, mas o choro desvalido de um menino e as toscas lamúrias da multidão disseram que haviam me reconhecido. O povo rezava, fugia, prosternava-se; alguns se encarapitavam no estilóbato do templo dos Machados, outros juntavam pedras. Um deles, creio, escondeu-se no mar".[37]

Ao contrário do que Juan esperava, nenhuma das participantes falou do enclausuramento, mas muitas comentaram longamente o modo pelo qual o Minotauro sofria de solidão...

Os espaços coletivos de leitura tiram cada um de sua solidão, fazem-no compreender que esses tormentos são compartilhados pelos que estão a seu lado, mas também por aqueles que encontra nas páginas lidas ou por quem as escreveu. Em mais de um caso, essas experiências literárias contribuem para a formação de uma sensibilidade e uma educação sentimental: pensemos, por exemplo, nesses outros jovens detentos que, no México, veem em um poema que amar não é necessariamente se impor ao outro, mas descobri-lo; ou nesses adolescentes do Centro de Leitura para Todos, dos

---

[37] "La demeure d'Astérion", *in* Jorge Luis Borges, *L'Aleph*, Paris, Gallimard, 1988, p. 88 [ed. brasileira: *O Aleph*, São Paulo, Companhia das Letras, 2008].

subúrbios de Buenos Aires que evoquei no primeiro capítulo, comentando "A dama ou o tigre?". Como disse, sentimos nesses meninos e nessas meninas muita amizade e, ouvindo-os, pensei nesses pequenos círculos, na França, no fim do século XVIII, onde as mulheres e os homens tentaram inventar uma arte de viver juntos, uma arte de conversar, fundada na leveza e na profundidade, no talento de ouvir, no prazer recíproco, em ruptura com a brutalidade em redor, com as ruas onde não se parava de duelar por qualquer besteira. Aqueles que eu via eram de um meio social totalmente diferente, o mais distante dos salões, e sem qualquer afetação; da maneira mais simples do mundo, exploravam a sua experiência humana, entre riso e emoção. Domavam o tigre que havia dentro de si.

Norbert Elias descreveu o movimento histórico no qual, das camadas abastadas aos meios populares, uma modificação do comportamento e da sensibilidade ocorreu no sentido de uma regulação da violência, de um controle de si mesmo, de suas pulsões, e de uma valorização da interioridade. Essa transformação foi acompanhada por uma relação particular com a leitura e a escrita: "O aumento das necessidades literárias é já, em si, o índice de um forte impulso civilizador", escreve Elias. "Pois, para escrever livros e para lê-los, é preciso que a transformação e a regulação das pulsões tenha atingido um certo nível".[38] Daniel Fabre precisa: "As mulheres — e Norbert Elias dá muitos exemplos a esse respeito — se revelaram, na Europa, as iniciadoras e as agentes determinadas da 'civilização dos costumes'",[39] dessa mutação que elas traduziram, no cotidiano, "no plano do corpo, da linguagem e da construção deliberada de si".

---

[38] Norbert Elias, *La Dynamique de l'Occident*, Paris, Pocket, 1990, p. 241.

[39] Cf. Daniel Fabre (org.), *Par écrit*, Paris, Éditions de la MSH, 1997, p. 17.

Encontramos, hoje, algo dessa ordem, que atravessaria muitas dessas experiências compartilhadas em torno da leitura? Em vários lugares, são as mulheres que as animam e exercem aí um papel determinante, às vezes tendo a seu lado homens, frequentemente jovens, que não temem a sua companhia. Na Argentina, a propósito das que se ocupam dos refeitórios comunitários, Silvia Seoane observa: "Seus maridos nunca participaram dos encontros. A maior parte deles as apoiava, mas a leitura, aparentemente, não era para eles. [...] Foi isso que aconteceu com esse grupo, bem como com os demais grupos das outras províncias do país: o número de homens que tomavam parte era infinitamente menor que o de mulheres e, na maioria dos casos, simplesmente não havia homens".[40]

Do mesmo modo, no Aragão rural, os homens participam pouco das tertúlias: são quatro ou cinco e, assim mesmo, quando um escritor vem visitá-los. Em compensação, eles são mais numerosos entre os profissionais do livro com os quais as participantes de Leer Juntos estabeleceram laços de cumplicidade. Mas também são raros nas redes associativas: é com o grupo de mulheres da Associação de Pais de Alunos ou com a Associação de Donas de Casa da cidade vizinha que elas mantêm relações privilegiadas, ou com outras tertúlias, reunindo também essencialmente mulheres. Todavia, quanto a seu papel, elas são geralmente discretas e é excepcional que se designem como tais, "mulheres"; privilegiam antes o termo "mães" ou "donas de casa". E se lamentam a ausência dos homens, são muitas as que insistem no apoio que receberiam de seus próprios maridos, talvez preocupadas com que ninguém se sinta excluído...

Como diversos antropólogos sugeriram, a configuração social comunitária parece amplamente inseparável da domi-

---

[40] S. Seoane, "Narración oral...", conferência cit.

nação de um grupo sobre todos os outros: os "anciãos", "que são ao mesmo tempo homens e membros da geração mais velha", como afirma Claude Dubar,[41] que também escreve: "Para se liberar e poder estabelecer com os homens relações amorosas e cooperativas, que sejam ao mesmo tempo recíprocas e plenas, as mulheres se engajaram em combates que estão longe de serem ganhos, mas que provocaram avanços significativos em matéria de subjetividade e, potencialmente, de democracia". Ele lembra que existem "nós" que não assumem a forma comunitária tradicional; e assinala:

> "Essa grande passagem, sempre incerta, muitas vezes dramática, mas também potencialmente emancipadora, da dominação dos laços comunitários que constrangem, determinam, encerram as subjetividades individuais — 'capturadas' em identificações coletivas e relações de dominação temíveis (dos homens sobre as mulheres, dos velhos sobre os jovens, dos dirigentes todo-poderosos sobre os executantes subordinados etc.) e que constituem frequentemente 'identidades' ilusórias, ambíguas, até mesmo fatais — às relações societárias, que individualizam, separam, selecionam, às vezes exploram, não raro angustiam, mas tornam possível uma subjetividade autônoma que alguns chamam de liberdade".

Um projeto político

Na verdade, em muitos desses clubes de leitura — não em todos —, é sem dúvida um projeto político que está em jogo. Através de seu engajamento, esses professores, bibliotecários, escritores, psicólogos ou simples cidadãos se aferram

---

[41] C. Dubar, *La Crise des identités*, *op. cit.*, p. 22.

a um compartilhamento mais amplo da escrita, mas também, em profundidade, à construção de uma sociedade que seria ao mesmo tempo mais democrática e mais solidária.

"Para além da possibilidade da leitura solitária, e sem de modo algum menosprezá-la, a leitura nos interessa aqui como atividade social de negociação de significações, como prática polissêmica, coletiva, multívoca, polifônica", escreve S. Seoane.[42] Mas, se numerosos desses intermediários estão muito interessados, como ela, na leitura como atividade social, bastante zelosa com o espaço público e o bem comum, e respeitadora da cultura dos povos onde se desenvolvem os projetos, eles estão atentos também para que cada um possa encontrar lugar e se dizer, em sua singularidade. Cuidam para que o coletivo não barre o sujeito. "Contar histórias é uma forma de constituir de modo evidente uma comunidade e de conhecer e se reconhecer em uma cultura", escreve ainda S. Seoane, mas acrescenta: "Isso dito, não é que o coletivo cancele o sujeito".

Alguns desses programas propõem, além disso, a construção da autonomia no centro mesmo de sua abordagem, como vimos. A maior parte deles administra os tempos de intimidade, de troca pessoal com os livros. De resto, ler suscita impactos singulares, de diferentes ordens, que não haviam sido previstos (como retomadas de estudos). Ou algumas vezes... rupturas com pessoas próximas, como no caso de Ignacio.

Em muitos lugares, mulheres e homens se dedicam assim a empregar sua inteligência e sua imaginação para dar vida a espaços coletivos que permitem uma certa redistribuição dos recursos culturais, narrativos, reflexivos, linguísticos, um novo desdobrar das possibilidades, uma abertura, malgrado as adversidades, as opressões. Em certos países, é

---

[42] S. Seoane, "Tomar la palabra", conferência cit.

um movimento em plena expansão, muito vivo, frequentemente animado por jovens que se engajam de modo profissional ou voluntário, sem poupar tempo nem esforços. Frequentemente, já estão implicados num trabalho militante em seu bairro ou sua vila, o qual a leitura vem manter e, às vezes, modificar.

Ao final de minhas pesquisas, encontrei muitos leitores, de diferentes meios sociais, entusiasmados por ler sozinhos, que estavam felizes nessa solidão tão povoada desses espaços "seus", conquistados às vezes em grande luta contra seus próximos, onde não teriam de prestar contas a ninguém. Também conheci — e são por vezes os mesmos — leitores felizes, em certos momentos, por compartilhar seus achados, suas emoções, suas questões, suas reflexões. A leitura solitária, propícia à intimidade rebelde, se opõe à leitura coletiva e edificante: por exemplo, a essas cenas que Cavallo e Chartier mencionam, onde, em uma casa no campo, um pai de família lê a Bíblia às mulheres e aos filhos reunidos em torno dele, submissos e silenciosos.[43] Em compensação, ela não se opõe, parece-me, a esses pequenos grupos livremente constituídos, onde se compartilha tempo de leitura e de discussão e, em seguida, cada um se retira para sua casa, levando em seu devaneio trechos das páginas lidas, das conversas. Ambos os tipos de leitura desenham espaços de liberdade e, algumas vezes, de resistência, contribuindo para o desenvolvimento de outras formas de vínculo social, de espaço público, além daquelas em que nos mantemos encerrados como um único homem em torno de um chefe, de um campanário, de um único livro, ou de uma única tela.

Eu me uno aqui a Martine Burgos, quando escreve:

---

[43] Cf. Guglielmo Cavallo e Roger Chartier, *Histoire de la lecture dans le monde occidental*, Paris, Seuil, 1997, p. 35 [ed. brasileira: *História da leitura no mundo ocidental*, São Paulo, Ática, 1998].

"Parece-me que cada vez que os bibliotecários organizam prêmios, festivais do livro, manifestações de leitura em voz alta com os próprios interessados, eles participam dessa tomada da palavra pelos usuários em coletividade, reunidos por um projeto comum, um desejo de compartilhar e de trocar, que não vai contra o papel de individuação que assumem, historicamente, em nossas sociedades ocidentais, o livro, a leitura e os lugares que lhes são consagrados".[44]

Não se trata de idealizar essas sociabilidades ou de esperar mais do que elas poderiam oferecer. É evidente que, aqui como em outros lugares, há panelinhas, corporativismos, lutas de interesses, conflitos de reconhecimento, rivalidades entre associações, ou entre instituições, ofícios, correntes teóricas. Constitui-se mesmo, de modo bem interessante, uma espécie de rede flexível, ou melhor, de movimento. É claro, a diversidade dessas sociabilidades é tal que seria preciso refinar a análise, a partir de estudos de campo. Poderíamos então definir melhor de que modo, e em quais condições, essas leituras compartilhadas permitem reforçar os vínculos (e quais vínculos) e sustentar a construção de subjetividades. E avaliar se sua eficiência "reparadora" é maior, ou não, nos casos em que o grupo almeja, de um modo ou de outro, uma inteligência política.

Há alguns anos, a revista espanhola *Educación y Bibliotecas* publicou belas fotografias tiradas na cidade de Guadalajara quando da mudança da biblioteca.[45] Vemos ali homens e mulheres de todas as idades que saíram à rua, em um fim

---

[44] M. Burgos, "Entendre les usagers". Disponível em: http://www.abf.asso.fr/IMG/rtf/burgos.rtf.

[45] *Educación y Bibliotecas*, Madri, 143, set.-out. 2004.

de semana de verão, para formar uma corrente humana e encaminhar os últimos 1.001 livros dos antigos locais ao novo edifício. O que chama a atenção é que cada um examina o livro que passa por suas mãos, talvez "para não deixar passar aquele que, enfim, saberá tudo sobre ele", ou que pelo menos saberia algo sobre ele, ou sobre os objetos que lhe inspiram curiosidade. É também porque "em uma corrente humana, cada elo é diferente", como escreve Francisco Solano comentando essas imagens.

Elas são como o reverso dessa outra fotografia, bastante conhecida, que mostra a ponte de Mostar, na Bósnia, destruída pelas bombas em 1993. A destrutividade humana ataca frequentemente as pontes, os meios de transporte, os vínculos, as ligações de um ao outro, e o pensamento — que não é outra coisa senão estabelecer relações. A psicanálise nos ensina que a saída para essa destrutividade supõe a criação ou a recriação de um espaço de transição, de fantasia, a partir do qual a faculdade de jogar, de simbolizar, de aprender, de pensar, de criar poderá ser encontrada. Ensina também que ir em direção ao outro, em relações relativamente pacificadas, que não sejam demasiadamente cruéis, supõe um terceiro. A cultura, os livros, as bibliotecas são suscetíveis de exercer o papel desse terceiro. Eles não o fazem automaticamente: existem profissionais do livro odiosos, escritores fanáticos, leitores criminosos, textos que conferem legitimidade a tiranos. Entretanto, as bibliotecas, assim como numerosos círculos de leitores, trabalham talvez no sentido de intersubjetividades um pouco menos violentas.

Em *Nossa música*, de Jean-Luc Godard, vemos a ponte de Mostar sendo reconstruída graças à Unesco. E ouvimos o diretor dizer a uma jovem que lhe pergunta por que as revoluções não são feitas pelos homens mais humanos: "Por quê? Porque os homens mais humanos não fazem revoluções, senhorita. Eles fazem... bibliotecas, por exemplo".

5.
QUAIS LEITURAS?

> "Eu me lembro que depois da guerra restava na nossa vila apenas um abecedário. E o primeiro livro que encontrei era uma compilação de problemas de aritmética. Lia esses problemas como se lesse poemas..."
>
> Sacha Kavrous[1]

Parece que Rimbaud, ainda no ginásio, lia às pressas, sem nem cortar as páginas,[2] os livros que emprestava por uma noite de um livreiro, tentando provavelmente captar neles alguma coisa que se subtraía ao olhar, às palavras.

Era um leitor desenvolto, como se diria hoje. Um desses "leitores-consumidores", a respeito dos quais Armando Petrucci, na conclusão da *História da leitura no mundo ocidental*,[3] diz que se comportam "no mercado de uma maneira desordenada e imprevisível", "irracional", percorrendo tudo o que encontram ao alcance da mão, misturando os gêneros e os autores, as disciplinas e os níveis. Às vezes qualificados de "pós-modernos", são frequentemente objeto de uma suspeita: tratar-se-ia de consumistas, de pessoas instáveis zapeando ao sabor de seus caprichos, de preguiçosos em suas leituras narcóticas, seu gosto pelo fácil, seu capricho do mo-

---

[1] Citado por S. Alexievitch, *op. cit.*, p. 106.

[2] A autora se refere ao fato de que até meados do século XX era comum as páginas dos livros saírem da gráfica ainda dobradas, cabendo ao leitor separá-las, com a ajuda de uma lâmina. (N. dos T.)

[3] G. Cavallo e R. Chartier, *Histoire de la lecture dans le monde occidental*, *op. cit.*

mento. De toscos que se apropriariam das obras percorridas por meio de um uso intensivo e violento, manipulando-as, dobrando-as, amarrotando-as, o corpo não mais em posição de estudo, vertical, mas estendido, com os pés sobre a mesa, ou jogado no chão.

O que eles buscam? Minha hipótese é que estão em busca de algo vital, assim como Rimbaud o estava quando lia sem cortar as páginas. Minha convicção é que esses "irracionais" têm suas razões, das quais podemos nos aproximar se tentarmos captar o que se passa entre as linhas lidas, o que advém nesses momentos tão misteriosos em que um leitor tira os olhos de seu livro. Na verdade, talvez eles se dediquem a um verdadeiro empreendimento de resistência à adversidade, às provações que balizam o caminho. Da idade mais jovem à velhice, e com uma multiplicidade de suportes.

Quais são, com efeito, os textos que ajudam a viver em tempos difíceis? A resposta é complexa, evidentemente. Elementos múltiplos, vimos, contribuem para uma reconstrução de si: pode ser uma voz que é encontrada em um livro, e com ela uma presença, um ritmo que sustenta e embala; ou então um espaço que se abre, um horizonte; ou ainda a possibilidade de dar-se uma figuração, uma encenação distanciada do que se viveu, que relança o pensamento, a narração interior, e em certas ocasiões a conversa; às vezes, o que se encontra é uma vitalidade, ou um alimento que nutre, ou um olhar bem-intencionado que remete a uma imagem unificada e valorizada de si mesmo etc. Frequentemente, tudo isso anda junto, ao passo que, em certos casos, somente um desses elementos está em jogo.

Por outro lado, o que faz a felicidade de um entediará ou angustiará o outro, tamanha é a diferença entre os leitores: de idade, sexo, geração, contextos sociais e culturais nos quais eles vivem, a história própria de cada um e a qual eles devem enfrentar. Tamanho é o inesperado que aí se encontra: pois os relatos, as frases que lhes falam, que os revelam, que os ajudam a dar sentido à sua vida e a resistir são frequentemente muito surpreendentes.

Tendo isso em vista, não nos surpreenderíamos em encontrar um inventário ao estilo de Prévert quando se faz uma lista dos textos que citei nos exemplos dos capítulos anteriores: nos tempos de crise, alguns se voltam para os clássicos (a *Divina comédia*, de Dante, *Guerra e paz* ou *O vermelho e o negro*) ou para a literatura que lhes é contemporânea (*Uma barragem contra o Pacífico*, de Duras); outros para os contos de Grimm ou de Edgar Allan Poe, ou também para os poemas de Auden ou de Verhaeren, ou para um romance que pode enquadrar-se no "realismo socialista" mais característico (*Assim foi temperado o aço*, de Nicolas Ostrovski), para a literatura "juvenil" (*Pinóquio*, *Alice no País das Maravilhas*, *A cabra do senhor Séguin*, as obras de Jules Verne, Rowling, Tolkien, Maria Gripe, Federico Andahazi, Anthony Browne, Max Velthusijs, Katherine Paterson), para obras sobre os pintores Magritte, Dalí, Van Gogh, sem contar os jornais, um abecedário, biografias de aviadores... ou um livro de um padre apóstata.

Para unir certas escolhas *a priori* espantosas, poderíamos imaginar pontes: para quem está às voltas com a adversidade, a solidão e a determinação do herói lhe devolvem sem dúvida algum eco, quer este enfrente os elementos da natureza como Mermoz, a administração colonial e o oceano como a mãe de *Uma barragem* (ou sua filha, de uma outra maneira), quer este se encontre na linha de frente do combate revolucionário, tal como o herói soviético de Ostrovski. Mas isso é meramente suposição, e talvez o que tenha sido encontrado seja bem diferente, pois nunca conseguiremos expressar a contento o quanto os leitores têm razões que escapam às dos pesquisadores, dos críticos ou dos mediadores.

Estes, quando trabalham em contextos de crise, parecem ter opções mais convergentes. Para ficar ainda nos exemplos citados, privilegiam quase sempre a literatura e, nesse universo, as obras reconhecidas. Os contos e os mitos são recorrentes (quer venham da tradição oral, como a *Llorona*, a *Madremonte* e o *Mohán*, quer venham de escritores — dos irmãos Grimm a Juan Rulfo, Borges ou Bioy Casares). A poesia, muitas vezes, é também mencionada, tanto a da tradição oral (como a dos poemas indígenas), a clássica (de Soror Juana Inés de la Cruz a Baudelaire, César Vallejo ou Pessoa) e a contemporânea (como a de Langagne). A literatura "juvenil" desempenha o seu papel, seja a de *Till Eulenspiegel* ou de *Alice no País das Maravilhas*, de *Piko-Niko* e *Onde nascem os monstros* ou de Janosch. Notemos, enfim, a presença do *Diário de Anne Frank*.

Estendi o jogo e a recompilação de obras ao conjunto da documentação de que dispunha e encontrei essas grandes tendências, com algumas variantes.

Do lado dos leitores:
não poupar esforços

Do lado dos leitores, um pouco por toda parte, e qualquer que seja o meio social e cultural, a regra é o ecletismo. O mais espantoso é mesmo a sua capacidade de não poupar esforços, custe o que custar, para salvaguardar um espaço seu, construir sentido, responder à busca de palavras, de relatos, de metáforas. A ponto de que poderíamos perguntar, num primeiro momento, se qualquer material não está apto a servir a esse propósito. A sede de simbolização dos humanos é tal que eles tiram proveito do que têm, um pedaço de madeira ou um quarteto de Beethoven, para falar como D. Winnicott.[4]

---

[4] "Na área de espaço-tempo entre a criança e a mãe, a criança (e também o adulto) vive criativamente, fazendo uso dos materiais disponí-

Edward Said, quando criança, lia e relia três páginas mal impressas que contavam os feitos de uma menina faquir num circo... a fim de "sair das diversas jaulas" nas quais ele se sentia encerrado e criar um espaço de resistência ao que o circundava.[5] Uma de minhas colegas, que era responsável pelas tarefas domésticas, encontrava um tal espaço devorando as páginas de jornal onde caíam os restos de legumes, e Erri de Luca, estudando o aramaico antes de ir trabalhar: "Com isso eu tinha alguma coisa minha. Não me deixava roubar todo o dia [...] Eu me automediquei com belas leituras e com a escrita".

Era com imagens de animais que Volodia Tchistokletov, aos dez anos, conseguia se acalmar entre dois bombardeios: "Revejo, depois do enésimo bombardeio, uma pilha de livros entre as ruínas. Peguei um: *A vida dos animais*. É um livro grande, com belas imagens... Passei a noite lendo-o, não conseguia parar... Lembro que não peguei narrativas de guerra: não tinha mais vontade. Os bichos, os pássaros, era diferente".[6]

Ingrid Betancourt, então refém da guerrilha na Colômbia, sonha com um dicionário enciclopédico: "Faz três anos que eu peço um dicionário enciclopédico para ler algo, aprender algo, manter viva a curiosidade intelectual. Continuo a esperar que ao menos por compaixão eles me forneçam um, mas é melhor não pensar nisso [...] Tenho uma estante onde coloco minhas coisas, isto é, minha mochila com minhas roupas e a Bíblia, que é meu único luxo".[7] Os jovens suici-

---

veis — um pedaço de madeira ou um quarteto de Beethoven", *L'Arc*, "D. W. Winnicott", n° 69, 1977, p. 25.

[5] Edward Said, *À contre-voie*, Paris, Le Serpent à Plumes, 2002, p. 63.

[6] Citado por S. Alexievitch, *op. cit.*, p. 53.

[7] Carta de Ingrid Betancourt a sua mãe, *Le Monde*, 4/12/2007.

das (até os que estão fora da escola), nota Pommereau, se voltam para livros sobre o islã, conflitos religiosos, filosofia grega e reivindicam sempre mais poesia, notadamente contemporânea.[8]

Esta, com efeito, é privilegiada por muitos. "Recitando poemas para mim mesmo, eu conseguia esquecer a tristeza e a dor", explica Stéphane Hessel, referindo-se a sua deportação para o campo de Buchenwald, e depois para Dora. Ainda hoje, ele sabe mais de uma centena de cor: "A poesia desempenhou sempre um papel central na minha vida. Ela alimenta a memória e ressurge em momentos traumáticos, ajudando a superá-los".[9] "A poesia é o oxigênio, a luz, o reconforto absoluto", diz Angélique Ionatos:

> "Quando tenho ideias extremamente sombrias e me torno muito pessimista a respeito do mundo, a única coisa, mais ainda do que a música, que pode me fazer retomar a confiança no ser humano é a poesia, os poetas. Eu não os leio todos os dias, eu não sou alguém que vai fuçando sem parar nas livrarias para encontrar a poesia, mas, quando estou em sua presença, é a única coisa que me reconcilia com o mundo. Precisamos dela para viver, mesmo que não tenhamos consciência disso".[10]

A menção a romances é também frequente. Linda, uma leitora mexicana, invariavelmente lê romances antes de dormir: "Eles são como um aspirador, levam tudo e assim posso dormir tranquila". "Eu podia encontrar companhia, consolo e esperança num romance tirado quase ao acaso de uma es-

---

[8] Premières Rencontres Européennes de la Culture à l'Hôpital, cit.

[9] Cf. Stéphane Hessel, *O ma mémoire, la poésie, ma nécessité*, Paris, Seuil, 2006; e *Danse avec le siècle*, Paris, Seuil, 1997.

[10] Entrevista publicada em *Le Monde*, 2/2/2006.

tante", diz Jonathan Franzen.[11] No Egito, para escapar do medo que sentia quando seu pai foi preso, Samia Serageldin, quando criança, lia Stendhal.[12] E Samia Benramdane, que cresceu em Nanterre na época dos "barracos", se debruçava em determinada biblioteca municipal sobre Dostoiévski, Sade, Carson McCullers, Mahfouz: "Os livros me salvaram de Nanterre, quero dizer: da pobreza, do tédio, de toda essa infelicidade que já despontava e que se espalhou ao mesmo tempo que os condomínios populares e a droga".[13]

Dos romances policiais a Balzac, um mesmo poder reparador?

Todos essas pessoas que acabo de mencionar sabem o que procuravam — ou encontravam — na leitura ou na recordação de textos lidos. Para muitos outros, no entanto, essa busca parece mais inconsciente. Sigamos, por exemplo, os que se dedicam a uma leitura aparentemente de mero divertimento, a de romances policiais. Annie Collovald e Erik Neveu conduziram um estudo aprofundado sobre esses leitores, notadamente por meio de entrevistas.[14] Sua obra comporta múltiplas anotações que atestam que se trata de uma

---

[11] *Le Monde*, 30/8/2002.

[12] *Le Monde*, 16/6/2006.

[13] *Le Monde*, 20/7/2006. Samia tornou-se livreira.

[14] Annie Collowald e Erik Neveu, *Lire le noir*, Paris, BPI/Centre Georges Pompidou, 2004. Na mesma coleção, ver também o estudo realizado por Pierre Lagrange e Claudie Voisenat, *L'Ésotérisme contemporain et ses lecteurs*, publicado em 2005. O setor de esoterismo, grande produtor de mitos, se desenvolveu muito nos últimos anos nos grandes espaços de autoajuda. Nas livrarias de Buenos Aires, logo após a crise de 2001, o número de metros quadrados consagrados a este gênero era bastante elevado em várias livrarias.

leitura de crise, um empreendimento de resistência à destruição. É o caso de uma mulher que havia sofrido desgraças familiares brutais, sobre a qual eles escrevem: "É o assunto tratado que retém sua atenção, a morte, a violência de um desaparecimento, como se ela encontrasse ali, na reiteração imaginária das provações da separação que ela viveu, um recurso possível para realizar seu doloroso trabalho de luto".[15] Ou uma outra mulher, deprimida: "O romance policial acompanhou a sua decisão de 'retomar as rédeas de sua vida'; ela os lê no momento em que decide submeter-se à cura psicanalítica".[16]

De maneira mais ampla, os dois pesquisadores destacam a forte correlação entre acidentes biográficos e leitura de romances policiais, a "concomitância entre momentos de crise dos leitores e seu investimento na literatura policial".[17] "A literatura policial vem suprir suas expectativas de uma ordenação e de uma compreensão de sua história pessoal ancorada na história mais ampla do devir social", eles escrevem. Em particular, a leitura dessas obras daria novamente coerência ao que viveram. "A esses leitores atormentados por uma insegurança social e cultural que eles conseguem superar mais ou menos bem, [o aspecto codificado e convencional das histórias policiais] oferece a certeza da experiência de uma permanência: a permanência das histórias contadas e dos sentimentos que suscitam e satisfazem."[18] Seu efeito seria "reconciliador e unificador", e a apropriação de romances policiais poderia acabar por "recosturar vidas despedaçadas, produzir o sentimento ou a ilusão de uma continuidade existencial" (reencontramos aqui a metáfora da costura, tantas vezes vis-

---

[15] *Ibid.*, p. 231.
[16] *Ibid.*, p. 238.
[17] *Ibid.*, pp. 286 e 318.
[18] *Ibid.*, p. 239.

ta). Esse tipo de leitura permitiria também algum "jogo", impediria a pessoa de se sentir pressionada pela vida tal como esta se impõe. Longe de ser uma simples distração, a leitura frenética de romances policiais envolveria, portanto, muito mais que apenas o prazer, entrando em ressonância com buscas profundas. Ao final do percurso, Collovald e Neveu notam que "o acesso à realidade passa cada vez mais por uma representação ou uma narração".[19]

Pesquisadores que trabalham com outros suportes que aparentemente são mera distração, também sublinharam que os leitores encontravam nesse tipo de leitura uma continuidade tranquilizadora. É o que mostra Serge Tisseron a propósito das histórias em quadrinhos,[20] cujo sucesso hoje vai muito além das crianças. Segundo ele, toda imagem nos acolhe nela e confere a ilusão de unificar fragmentos esparsos. Mas, na HQ, o espaço e o tempo são solidamente compartimentados: cada imagem é cercada por um quadro e cada texto por um balão, cada quadrinho é tomado pelo duplo aperto de sua linha e de sua coluna; cada episódio é aberto com um resumo dos que o precederam, e termina com a inscrição "Continua".[21] Um pouco à maneira de um ritual, a HQ teria por função principal conter a inquietude: "Delimitando mais do que qualquer outro gênero um dentro e um fora, ela tende a reconstituir um invólucro".[22] É o que o oporia ao cinema, cada vez mais invasivo por conta do tamanho da tela ou do som *dolby-stereo*. Nas histórias em quadrinhos, o traço está lá, mais ainda quando se trata de um traço contínuo, nítido, que, "assim como a linha de chumbo o faz para

---

[19] *Ibid.*, p. 325.

[20] Serge Tisseron, *Psychanalyse de la bande dessinée*, Paris, Flammarion, 2000, p. 106.

[21] *Ibid.*, p. 9.

[22] *Ibid.*, p. 106.

um personagem de vitral", insere o herói na decoração. Ela viria "nos assegurar, para além de todo tumulto do espaço circundante, a estabilidade de nosso próprio espaço interior". A importância que assumiria em certos momentos da vida poderia ser atribuída à "tentativa de preservar uma certa estabilidade psíquica em um momento no qual esta é particularmente estremecida".[23]

S. Tisseron procede a uma análise complexa e destaca, entre muitos outros elementos, a frequência das metamorfoses corporais e psíquicas encenadas nas HQs mais lidas pelos adolescentes, e a permanência da identidade para além dessas metamorfoses. Os jovens leitores procurariam conceder a si próprios representações figuradas do que experimentam diante das transformações de que seu corpo é objeto e das mutações sociais que deverão enfrentar. As séries, que permitem reencontrar os heróis no mesmo lugar, sempre semelhantes a si mesmos, garantiriam particularmente uma permanência.

Policiais, histórias em quadrinhos, falamos já de gêneros considerados como "ilegítimos" desde muito tempo, ainda que tenham passado a formar parte dos bens culturais consagrados. Mas outras pessoas, que leem a grande literatura, estão sem dúvida em uma busca parecida, sem mesmo o saber (ou duvidando disso). Penso, por exemplo, em um homem apaixonado por Balzac, que literalmente vivia desse companheirismo. Tendo conseguido atrair sua mulher para essa paixão, todos os presentes que se trocam em família têm relação com o escritor, todas as férias são consagradas à exploração dos lugares balzaquianos. "Eu me apaixonei pela história desse homem extraordinário que, em quase todas as suas cartas, não fala senão de dinheiro, o dinheiro que deve ser encontrado, das sórdidas histórias de dinheiro e de dívidas inacreditáveis... Qualquer pessoa diria que, caso ele tivesse

---

[23] *Ibid.*, p. 115.

dinheiro, não teria jamais escrito uma linha e que, paradoxalmente, contrairia dívidas para se ver obrigado a escrever." Tudo isso não deixa, sem dúvida, de ter relação com o fato de que o pai de nosso leitor, alto dirigente financeiro em uma multinacional, nunca teve outro ideal senão o dinheiro, até conhecer um fim trágico. Como não imaginar que o filho encontrou em Balzac o meio de colocar em cena o universo paterno, sua desmesura? Como se lhe tivesse sido necessário apoiar-se em alguém da estatura desse autor para enfrentar seu pai com algum afastamento.

Entendamos: não ponho no mesmo plano Balzac e as histórias em quadrinhos (ainda que haja algumas delas belíssimas); não digo que toda leitura de "lazer" vise hoje compensar as loucuras que se conheceu em família, ou reparar a vida. A leitura é uma atividade muito complexa, que não poderia ser reduzida a um aspecto, seja esse ou qualquer outro. Por meio desses exemplos, eu queria apenas chamar atenção para o fato de que, lendo com frenesi obras variadas, muitos leitores se dedicam na realidade a uma atividade vital, mesmo que não estejam sempre conscientes disso. O que não os impede de também encontrar prazer, distração, informações, assuntos de conversa, algumas vezes ideias que apurem seu espírito crítico; e, de tempos em tempos, de se encantar com uma escrita, serem tocados por um estilo, sensibilizados por um ritmo.

Quanto a assegurar que a eficácia simbólica de uma obra está ligada, ou não, a sua qualidade literária, os materiais que reuni não me permitem atestar. É tanto mais difícil julgar na medida em que o essencial passe talvez de inconsciente a inconsciente...[24] Em *Os vasos comunicantes*, Breton escrevia

---

[24] É o que dizia Bourdieu: "no final das contas, os livros que agem mais são os livros que agem de inconsciente a inconsciente". Ver "La lecture: une practique culturelle", debate entre P. Bourdieu e R. Chartier, *in*

que "o espírito tem uma maravilhosa prontidão para captar a relação mais tênue que possa existir entre dois objetos tomados ao acaso". Parece também ter uma maravilhosa prontidão para estabelecer pontes entre todo material simbólico que encontra e a matéria de nossas experiências. À espreita de toda formalização que possa figurá-las, dar-lhes um fio condutor, tornar o mundo um pouco mais habitável, interpor entre si e a realidade algumas frases ou algumas imagens.

Sem poder verificá-la, eu formularia de bom grado a hipótese de que as obras que foram o objeto de uma elaboração estética por seus autores são mais capazes de provocar, em eco, uma atividade psíquica (contanto que sua forma não seja um obstáculo absoluto a seu deciframento). Examinando o material que reuni, formularia mais uma hipótese: quando acompanha esse trabalho sobre a linguagem e essa elaboração estética, o excesso na literatura tem com frequência um valor salvador. No *Elogio da leitura*, eu havia assinalado o episódio em que o narrador de *Frio*, de Thomas Bernhard, após ter contraído a tuberculose, encontra um apoio decisivo na leitura de *Os demônios*, de Dostoiévski: "A monstruosidade de *Os demônios* me havia dado força, mostrado um caminho, dito que eu estava no caminho certo para sair. Havia sido tocado por uma obra literária furiosa e grande que me fez surgir transfigurado em herói. Na minha vida posterior não tem sido frequente que a literatura tenha tido um ação tão imensa".[25]

Curiosamente, repetidas vezes, leitores viveram uma experiência similar à do escritor russo, como esta mulher cujo testemunho encontrei por acaso na internet:

R. Chartier (org.), *Practiques de la lecture*, Paris, Payot e Rivages, 1993, p. 285.

[25] Thomas Bernhard, *Le Froid: une mise en quarantine*, Paris, Gallimard/Biblos, 1990.

"Quando eu era pequena, meu desempenho intelectual era tão limitado que meus pais acharam inútil me mandar para a escola. Eu me vi cara a cara com o único livro presente na biblioteca do meu pai, *O tratado dos monstros*, de Buffon, cujas gravuras espantosas me fascinavam. Aprendi, portanto, a ler inteiramente sozinha e voltei à escola, até o momento em que um reumatismo me fez sair de novo. Do fundo da minha cama, foi Dostoiévski que dessa vez me deu gosto pela vida! E então, cada vez que me sinto cambaleando no caminho da vida, me isolo numa biblioteca com o primeiro (grande) autor que me vem pela frente... e assim vai!".[26]

Ou, no México, essa professora que me dizia que, em certo momento de sua adolescência, quando uma dura provação lhe foi imposta, ela atribuiu sua salvação à leitura de Dostoiévski. Sobre esse escritor, Chantal Thomas diz: "A sua leitura me ofereceu o extraordinário alívio de ver que os personagens podiam ser discrepantes, se conduzir de maneira sutil, cheia de nuances, aparecer como seres inteligentes, sofisticados, brilhantes, nos fazer sonhar, e, de repente, se comportar como bufões atrozes e que pediam para sê-lo".[27] Ela ainda observa: "[...] excessos manifestos, delírios e manias ferozes ao estilo de Hieronymus Bosch ou de Bruegel dão força".[28] O que redescobria talvez E. Said em face das proezas extremas da pequena faquir Kalita.

"Quando estou mergulhado na tristeza, não posso ler senão a prosa incandescente de Marina Tsvetáieva, todo o res-

---

[26] Monique Coudert, citada em: http://motcomptedouble.blog.lemonde.fr/2006/11/08, "Un mot sur Monique Coudert".

[27] Chantal Thomas, *Chemins de sable: conversations avec Claude Plettner*, Paris, Bayard, 2006, p. 28.

[28] *Ibid.*, p. 11.

to me parece insípido", observa Todorov.[29] Lembremos também as afirmações de L. Adler referindo-se à "determinação selvagem" da menina de *Uma barragem contra o Pacífico*.

É ao mesmo tempo uma força, um impulso decisivo e uma simbolização luminosa que são encontrados em certas obras "furiosas e grandes", que desdobram a desmesura e a transfiguram. O que, bem entendido, não poderia ser sistematizado ou transformado em receita...

A escolha dos mediadores, entre paixão e observação

Um esclarecimento complementar é trazido pelos mediadores que trabalham em contextos de crise. Suas opiniões, com efeito, não se devem apenas a seus caprichos e gostos pessoais, mas são também o fruto de anos de experiências, de observações, de levar em conta os desejos daqueles aos quais eles se dirigem, de confrontar-se com outros profissionais. Lembremos: a busca de um valor terapêutico, de uma eficácia simbólica, não é o critério prioritário, ou único, da maioria deles. Salvo exceções, mesmo quando trabalham em estabelecimentos de saúde, seus objetivos são plurais. Através da experiência pessoal, eles sabem o quanto a leitura ajuda a viver, mas também procuram facilitar a apropriação da cultura escrita por caminhos diferentes dos habitualmente seguidos em sala de aula, apoiar a construção de um espírito crítico e de uma cidadania ativa, compartilhar experiências estéticas etc.

É na literatura, sob múltiplas formas, que apostam. Há algumas experiências que tem como eixo a ciência, mas nos

---

[29] T. Todorov, *La Littérature en péril*, Paris, Flammarion, 2007, p. 71.

programas que conheci parecem ser a exceção.[30] E no âmbito literário, a escolha de textos "exigentes", cuja qualidade é reconhecida, é evidente para a grande maioria deles. Se as obras escolhidas diferem, os mediadores, de um modo ou de outro, elevam as expectativas, esforçando-se para não depreciar os gostos iniciais daqueles aos quais eles se dirigem.

Vimos, por exemplo, o caso de Leer Juntos, na Espanha: o grupo funciona de modo bastante flexível, mas há um domínio no qual as coordenadoras exercem uma função diretiva, a da escolha dos textos lidos e discutidos. Um princípio, que elas julgam essencial, foi o de "recusar a facilidade e a frivolidade", de nunca diminuir a qualidade literária para tentar seduzir o leitor com textos "fáceis". A seleção que operam sempre foi objeto de grande atenção, e elas eliminam em particular os *best-sellers* que julgam convencionais, a literatura juvenil de qualidade medíocre ou as adaptações de contos clássicos. Foram mantidos os textos, de dificuldade progressiva, que coordenadoras consideram de boa qualidade literária e que, além de serem "agradáveis, emocionantes e interessantes", favoreçam "a expressão de opiniões e a reflexão sobre o mundo contemporâneo". Obras dos séculos XIX, XX e XXI, em sua maioria, incluindo também alguns "clássicos" de épocas anteriores. Paralelamente, pede-se aos

---

[30] Por exemplo, destaquemos uma experiência conduzida na província de Antioquia, na Colômbia, pelo montepio Comfenalco, bastante ativo no domínio das bibliotecas e da cultura: em 2004, ele impulsionou um ciclo de encontros denominado "A ciência é um outro conto!", apoiando-se nas bibliotecas e nos museus. Outro exemplo é o dos clubes Ciência e Tecnologia, assim como das oficinas de invenção, que foram estabelecidos na Argentina pelo Centro de Estudios Interdiciplinarios (CEM), no âmbito de um programa destinado a adolescentes acolhidos em abrigos. Essas oficinas acontecem ao lado de outras, consagradas à comédia musical, ao cinema ou à escrita: todas devem fornecer instrumentos culturais e simbólicos que tornem possível o exercício do "direito de sonhar" (cf. http://www.cemfundacion.org.ar/).

participantes que respeitem vários compromissos, como o de comprar um jornal de circulação nacional aos domingos e afastar as crianças.... das revistas sentimentaloides.

Uma mesma exigência se encontra em Asolectura, na Colômbia, onde "'só o melhor é bom' quando se trata de oferecer material de leitura para quem sente falta dela em seus lares". Silvia Castrillón precisa: "Não somente esses jovens não querem ser excluídos das 'boas leituras' de modo paternalista e demagógico, mas fazem uma leitura rebelde e subversiva de obras canônicas, a partir das quais eles sentem que podem construir [...] identidades formadas por múltiplos pertencimentos, entre as quais a constituída pela herança cultural transmitida pelos clássicos".[31]

Lirio Garduño, que, no México, recorre amplamente a obras de arte (voltaremos a isso), condena os "generosos doadores" que se desfazem de livros obsoletos, em mau estado, que eles preferem "jogar na lixeira dos leitores desfavorecidos em vez de se sentirem culpados por tê-los verdadeiramente jogado no lixo", e acrescenta:

> "Estou firmemente convencida de que é precisamente a esses jovens deserdados que se deve fornecer um material belo, de boa qualidade, por diversas razões:
> 1. Dando-lhes acesso a tais belos livros, lhes dizemos implicitamente: você é digno deles, eu confio em você para que cuide deles; você os merece, e isso estimula o sentimento de autoestima, de orgulho, de ser capaz de ser confiado;
> 2. Trabalhamos de maneira mais eficaz com um bom material, tanto para a observação de obras de arte quanto para sua interpretação e sua reprodução;

---

[31] S. Castrillón, "La lectura de los clásicos", in *Clubes de lectores*, *op. cit.*, pp. 31-2.

3. Criamos um sentimento de curiosidade e de desejo. É contagioso: se vejo um belo livro, terei vontade de ver outros".[32]

De fato, várias pessoas notam que propor belos livros ou textos reconhecidos como "a boa literatura", e não concebidos sob medida para esses públicos, tem um efeito narcisístico sobre estes: eles se orgulham de ter podido, pelo menos em parte, se apropriar de tais textos, de expressar livremente a sua opinião sobre seu tema, assim como de conhecer a vida e as escolhas de quem os escreveram. (Mais amplamente, aliás, em muitos países, os mediadores ficam espantados com a mudança progressiva de aparência física das pessoas que frequentam os espaços culturais nos quais trabalham: quer se trate de "mães comunitárias" na Colômbia ou de camponesas no Brasil, elas se tornam mais asseadas, se vestem e se penteiam com mais esmero.)

Na França, a ACCES insiste também na qualidade estética das obras, à qual as crianças bem pequenas de todos os meios seriam sensíveis, o que as observações recolhidas pela associação confirmam ano após ano. Desde a mais tenra idade, uma grande importância é concedida à escolha dos pequenos participantes: as animadoras estão verdadeiramente atentas ao menor gesto, ao menor olhar pelo qual um bebê manifesta uma inclinação especial por um livro ilustrado mais que por outro.

De maneira semelhante, em muitos lugares, o acervo se constrói a partir da escuta dos participantes e das associações que surgem no espírito dos mediadores: entram aí um bom conhecimento de literatura e um tanto de intuição (como no caso de um livreiro que aconselha). Um pouco como um psicanalista que propõe uma interpretação, transformando o

---

[32] L. Garduño, *op. cit.*

que foi dito, eles levam uma obra, sugerem outra, percebem as reações. E são, às vezes, os próprios leitores que chamam a atenção dos mediadores quando o nível de exigência diminui. Juan Groisman, por exemplo, levou um dia cartões-postais nos quais anotou frases sobre o amor ou a amizade para as meninas infratoras que frequentam sua oficina (estas tinham pedido várias vezes "coisas curtas" que pudessem reproduzir nas cartas que escreviam): "Fizemos isso para nos aproximar do gosto delas, mas foi o contrário que aconteceu. [...] Como disse Brenda, uma das meninas, depois de terem sido lidas algumas cartas...: 'Bom, vamos ler alguma coisa ou o quê?!'".[33]

Todavia, se a vontade de oferecer obras de qualidade é amplamente partilhada, se, um pouco por toda parte, a escolha é refletida com muito cuidado e construída de acordo com os desejos expressos pelos participantes, realizar o trabalho de mediação de textos exigentes, até mesmo "canônicos", não é sempre fácil para quem trabalha com pessoas inicialmente muito distantes da cultura escrita, que decifram com dificuldade e cuja atenção é difícil de manter de modo durável. Por isso é frequente recorrer a textos curtos, pertencentes a diferentes gêneros e que podem ser lidos de uma só vez.

A RENOVAÇÃO DO INTERESSE
PELOS MITOS E PELOS CONTOS

A leitura de mitos e contos é amplamente praticada com crianças, adolescentes e adultos. Tomados de empréstimo ao patrimônio próprio de cada lugar, eles permitem um vínculo com a tradição oral, com as histórias ouvidas na infância.

---

[33] J. Groisman, *op. cit.*

Vimos isso no caso dos jovens desmobilizados do conflito armado colombiano; mas o encontramos também, por exemplo, na Argentina, neste outro lar onde Liliana Mabel Ruiz e Maria Eugenia Fernández trabalham com meninos de oito a dezoito anos. Estes solicitam de início lendas e "histórias de terror": "Pediam quase exclusivamente histórias provenientes da tradição oral, centradas em personagens da nossa mitologia: o *Pomberito*, a *Llorona*, o *Lobizón*.[34] [...] Eles as tinham ouvido quando eram pequenos e viviam no campo; variantes circulavam também na cidade sob a forma de lendas urbanas".[35]

Eles traziam suas próprias versões da *Llorona*, afirmavam ouvi-la chorar no lar, contavam como o Pomberito tinha levado embora seu irmãozinho, como sua mãe lhe dissera, e, de fato, o bebê tinha desaparecido da casa... L. M. Ruiz e seus companheiros liam também textos de autores latino-americanos, como Horacio Quiroga, que, para alguns deles, haviam retomado os personagens das lendas em suas ficções, ou contos de Edgar Allan Poe como "O gato preto", passando do conto de horror ao conto fantástico, das mitologias de diversas tradições às trovas fabulares e às histórias em quadrinhos. (Não sem proximidade com a mitologia, outros recorriam por vezes à ficção científica.)

Há cerca de quinze anos, em diversos países, mitos e

---

[34] A lenda da *Llorona* (a Chorona) circula do México à Argentina, em múltiplas versões. Ela perambula à noite pelas ruas, como um fantasma, chorando a morte de seus filhos em circunstâncias terríveis. Na Argentina, o *Pomberito* é um duende peludo que protege a montanha e os animais selvagens (atraímos suas graças oferecendo-lhe tabaco e bebidas); e o *Lobizón*, um lobisomem.

[35] "Proyecto de gestión y de promoción de la lectura literaria en un hogar de menores", *in* Congreso de Promoción de la Lectura y el Libro, 2003-2004, Ministerio de Educación, Buenos Aires. Ver também: "Mueve la columna vertebral brinda su aroma", *Imaginaria*, 149, 2/3/2005, disponível em: http://www.imaginaria.com.ar.

contos foram objeto de um renovado interesse entre os profissionais que tratam do sofrimento psíquico, e diferentes dispositivos terapêuticos recorrem a eles, o que demonstra sua força. "Mentira indispensável",[36] seria "um meio autoterapêutico que a sociedade oferece a si mesma, pelo qual deforma, durante um tempo maior ou menor, os fatos reais (daí a noção de mentira), de natureza traumática, para poder assimilá-los, introjetá-los".[37] Para Pierre Fédida, eles participariam dessa "tradição oral na qual o segredo do nascimento e da morte é dito em uma fala que apenas o inconsciente pode ouvir".[38]

Em especial, mitos e contos são empregados na psicopedagogia (com crianças ou adolescentes que evitam seu mundo interno a tal ponto que isso pode prejudicar a utilização de seu potencial intelectual e psíquico),[39] mas também na terapia familiar, ou com migrantes, ou com crianças que vivem em orfanatos (para promover sua capacidade de expressar e elaborar seus sentimentos mais dolorosos), ou até com psicóticos em instituições de saúde (o caráter organizador e criador de vínculos desses relatos pode se contrapor à confusão e à desorganização)[40] etc. Recorremos a eles, às vezes, quando as terapias clássicas funcionam mal, por uma razão ou outra, ou em paralelo com estas.

---

[36] Nos termos de Pascal Hachet, citado por S. Monzani, art. cit., p. 608. Ver também P. Hachet, "Le mensonge mythique, étape indispensable du processus d'introjection", *Imaginaire et Inconscient*, n° 7, 2002, pp. 11-6.

[37] S. Monzani, art. cit., p. 608.

[38] Citado por M.-A. Ouaknin, *op. cit.*, p. 107.

[39] Cf. Serge Boimare, *L'Enfant et la peur d'apprendre*, Paris, Dunod, 1999.

[40] Ver o trabalho desenvolvido por P. Lafforgue (cf. S. Monzani, art. cit.). Ver também: Dominique Friard, *Une approche thérapeutique de la psychose. Le groupe de lecture*, Paris, Éditions Hospitalières, 1997.

Dei anteriormente um exemplo no oeste da França. Eis um outro, que diz respeito à comunidade cambojana de Paris. Joséphine Anthoine-Milhomme, psicóloga clínica, tinha a intenção de "conhecer melhor as repercussões do trauma na geração Pol Pot". Parecia-lhe que os pais apontavam fatos desprovidos de afetos e emoções, e as vivências íntimas deles, que haviam se calado, eram objeto de transmissões silenciosas. Formulou então a hipótese de que estas poderiam se transformar graças à intervenção dos contos. Com dois psiquiatras, ela estabeleceu um "grupo conto" com pacientes cujo funcionamento psíquico estava empobrecido e que apresentavam graves distúrbios de memória, rememorando apenas o sangue e a guerra:

> "O conto oferecia a esses pacientes um meio de se lembrar das pessoas próximas em outras circunstâncias que não a morte e a tortura: os contos são tradicionalmente contados num momento calmo, quando toda a família e os vizinhos estão reunidos, especialmente logo após retornarem dos arrozais, quando o crepúsculo ainda permite ver o narrador.
>
> Uma referência a seu universo cultural deu a esses pacientes uma possibilidade de exprimir afetos esquecidos havia muito tempo, e o grupo permitiu a alguns deles se lembrarem de momentos agradáveis durante os quais a avó contava essa mesma história em tempos passados. O sofrimento não estava mais em primeiro plano, pelo menos dessa vez, como se a mediação do conto tivesse permitido "contornar" o nó psíquico que representa nesses pacientes a recordação da cena traumática".[41]

---

[41] J. Anthoine-Milhomme, "Des contes cambodgiens: un exemple d'utilisation du conte dans l'approche clinique", *L'Autre*, 4, 2001.

J. Anthoine-Milhomme relata também o modo pelo qual o conto foi utilizado como ferramenta terapêutica com um grupo de mulheres que eram objeto de violência física, no Camboja. Nesse país, ela observa, "com frequência é difícil exprimir diretamente afetos e emoções, tais como tristeza e raiva. O medo de 'perder o rosto' é bem presente": poucas mulheres se expressavam e J. Anthoine-Milhomme se perguntou como ajudá-las sem lhes infligir uma violência. "O emprego dos contos", ela escreve, "se mostrou uma experiência bastante conclusiva." No meio dos arrozais, à sombra das árvores, distante dos outros moradores da vila, pediu-se às mulheres que narrassem um conto e, em seguida, opinassem a respeito dos personagens. É sempre mais fácil falar em nome de um outro: as associações de ideias vêm mais facilmente. A psicóloga clínica dá o exemplo de uma mulher que dizia: "Eu gosto [do herói] porque é esperto e inteligente, mas não gosto dele porque é mau com as mulheres. Quando alguém é mau comigo, fico calma e vou embora. Outro dia eu olhei para o homem que me machucou, sem dizer nada, e fui embora. É como na doutrina de Buda, quando um búfalo ataca um monge, é preciso que este abra seu guarda-chuva e siga em frente".[42]

Mitos e contos permitem a uns e outros que as questões mais urgentes sejam reconhecidas, ao mesmo tempo que tornam possível manter uma boa distância delas. A interpretação é rara, pois essa distância seria abolida; o mito ou o conto equivalem, de resto, a uma interpretação ao propor um deslocamento do sentido latente.[43] Todavia, os que fazem uso deles insistem no fato de que não são somente esses gêneros literários que contribuem para um trabalho psíquico, mas um conjunto de relações humanas e de interações. Eles têm, por-

---

[42] *Ibid.*, pp. 159-60.

[43] P. Lafforgue, citado por S. Monzani, art. cit., p. 606.

tanto, valor terapêutico sob a condição de serem empregados em um contexto específico, onde o papel da intersubjetividade é primordial, tanto quanto pode ser fonte de angústias.[44]

Aos mitos, observemos, J. Anthoine-Milhomme diz preferir os contos, que "encenam nossos fantasmas de um modo mais familiar", evocando "o homem e seu ambiente social, mais do que seres divinos". Rémy Puyuelo, que trabalha com frequência com crianças que viveram precocemente eventos traumáticos graves, por sua vez, aponta: "No caso dessas crianças machucadas, maltratadas, aniquiladas, estragadas pela vida, não há 'era uma vez' que permita a cada uma sonhar a sua vida para poder vivê-la. Essas crianças são, na maioria das vezes, pouco interessadas por contos de fadas, humilhadas demais para acolher o maravilhoso ou o que é 'de brincadeira' e o que é 'de verdade'. Elas são, pelo contrário, atentas aos mitos, de Édipo, de Medeia, dos Átridas".[45] Puyuelo nota que Pinóquio encontra "sempre um eco neles" — assim como teve um efeito reparador para M. Soriano, Paul Auster ou Jean-Marc Roberts.[46]

Esses suportes não são, portanto, igualmente apropriados de acordo com os contextos, as problemáticas psíquicas e as pessoas. Difícil prejulgar a sua eficácia... É aí que a arte do mediador de leitura é em particular requisitada, feita de observação, curiosidade, intuição e cultura.

---

[44] S. Monzani, art. cit., pp. 628-9. Ver também: Christian Guérin, "Une fonction du conte: un conteneur potentiel", *in Contes et divans, op. cit.*, pp. 80-134.

[45] "Pinocchio: 'Qu-est-ce que je fais là?", em B. Lechevalier et al., *Les contes et la psychanalyse, op. cit.*, p. 239. Em compensação, no México, Karina Fernandez utiliza muito os contos com crianças maltratadas (elas diferem sem dúvida daqueles aos quais Puyuelo se refere).

[46] R. Puyuelo, *Héros de l'enfance..., op. cit.*, pp. 66 ss.

Detentos ou *cartoneros*, cativados pela poesia

A *poesia* também aparece muito nas escolhas dos promotores da leitura. Nós a havíamos encontrado tanto no Centro de Leitura para Todos, na periferia de Buenos Aires, quanto no Aragão rural ou no café literário com os jovens de rua na Colômbia. Na América Latina como na França, bibliotecárias frequentemente notaram o gosto dos detentos por poemas, e Xavier Pommereau observou esse mesmo gosto entre os jovens suicidas de que se ocupa.

No México, é por sua intensidade, pela condensação de elementos, pela tensão interior e pelos "pequenos terremotos emocionais" que desencadeia que Lirio Garduño recorre a ela, notadamente trabalhando em cima do célebre poema de Quevedo ("Pó serão, mas pó apaixonado"), "O passageiro", de Octavio Paz, ou as "Vogais" de Rimbaud, poeta que recomenda vivamente para quem trabalha com adolescentes: "[Rimbaud] é terrivelmente complexo e difícil de ler, mas há algo em sua poesia que faz com que os jovens o adotem e o apreciem de imediato". Ela lhes havia fornecido um resumo da vida do poeta, que escrevera, além de um retrato. O poema foi recebido "como algo natural, como uma evidência". Os jovens se apropriaram dele como se não fosse nada demais, e esse texto foi um desencadeador para vários exercícios de escrita.

A poesia desempenhou ainda uma função essencial entre os *cartoneros*, os catadores de papel que percorrem as ruas de Buenos Aires, na maioria das vezes em família, recolhendo papelões a serem revendidos, e que Nancy Yulán e seus companheiros acompanharam durante meses.[47]

---

[47] Nancy Yulán, Amalia Nociglia, Delia Marcchegiano, Cartoteka de Fores, Proyecto de Promoción de Lectura, Curso de Pós-Graduação em Literatura Infantil e Juvenil, CePA, Buenos Aires, 2003.

Após a crise de 2001, toda noite, de sua janela, Nancy os via esperar por muito tempo no frio o trem que os levaria para casa. Professora de Letras, sua própria situação estava muito degradada e era assombrada pela ideia de estar um dia entre eles. Uma noite chamou duas amigas, juntaram em uma caixa de papelão cerca de cinquenta livros (algumas antologias de poemas, livros ilustrados que pertenciam a seus filhos) e desceram para a rua. Tinha nascido a "*cartoteca* de Flores". Alguns *cartoneros* desconfiaram: por que elas vieram? O que pediriam em troca? Para qual partido político ou seita trabalhavam? Elas explicaram quem eram. As crianças se aproximaram; depois, pouco a pouco, seus pais, ou os jovens. Alguns lhes diziam: "Os papelões, para mim, são algo passageiro, sabe? Porque eu quero estudar, ser alguém na vida".

Nancy e seus companheiros me mostraram fotos e um vídeo. Vemos os garotos espremidos em torno de uma delas, que lê em voz alta o livro escolhido por uma criança. Vemos um jovem que recita Neruda. Em todos os encontros, a poesia esteve presente, e Neruda era o mais lido, o mais pedido. Nancy conta: "Quando Amália lia para eles os poemas de Girondo, os 'Caligramas', a 'Ode ao vinho', de Neruda, esses textos que eles pediram para fotocopiarmos, eu me lembro da atenção com a qual ouviam ou liam. Muitos se retiravam, sozinhos, num canto tranquilo, para poder saboreá-los". Ela também afirma:

> "Conheci tarde a literatura; não há dúvida de que foi fundamental numa época triste da minha vida e de que alguns textos me ajudaram, me deram ânimo. Quando pensava que não restava mais nada, encontrei a literatura. [...] Não sei se uma frase será decisiva para um deles como foram decisivos para mim alguns versos, uma história contada pela minha avó, as *Vozes* de Antonio Porchia, que me ajudaram a suportar a ausência de alguém que não voltaria jamais".

Quais leituras?

A literatura era para ela um "signo de resistência diante de tamanha desolação". Transmitindo-a, trabalhava para "instaurar uma realidade mais aceitável, na qual os direitos culturais se exerçam, sejam conhecidos por todos e colocados em prática", para "ser parte integrante de uma sociedade mais igual, mais humana, que tolera as diferenças e, sobretudo, que inclui, democratizando os saberes, promovendo buscas, uma realidade poética".

Nancy se tornou em seguida bibliotecária e me escreveu:

"Muitos jovens vêm ler poesia na biblioteca onde eu trabalho. Alguns são pedreiros, outros carpinteiros, um deles pintou as paredes da biblioteca sem exigir pagamento, simplesmente porque queria que a nossa biblioteca ficasse bonita. Muitos deles são filhos de *cartoneros* e, depois da escola, recolhem papelões com seus pais. E, ainda que eu more longe da biblioteca, a duas horas de viagem (um trem e dois ônibus, imagine), são eles que me dão vontade de trabalhar lá, em vez de procurar algo mais perto de casa.

Têm entre dezessete e vinte e um anos e gostam muito de literatura. Pedem o tempo todo que lhes recomende um romance ou contos, copiam poemas para sua amada ou para sua mãe, e, graças a eles, meu trabalho de bibliotecária, sem título nem preparação universitária, tem sentido e vale a pena, dia após dia, porque eles me obrigam também a ler muito para poder lhes dar conselhos e entusiasmo".

Os soldados feridos
e as histórias em quadrinhos

A literatura juvenil de boa qualidade e particularmente os livros ilustrados[48] são mencionados de modo recorrente pelos profissionais; são apreciados não só pelas crianças mas também pelos jovens ou pelos adultos. Como estes adolescentes com os quais trabalha Claire Jobert, no Teerã, que exibem sua predileção pelas obras ricas em imagens, sem procurar "se afastar dos livros para crianças pequenas, como o fazem frequentemente, a altos berros, as crianças das classes médias ou abastadas, quer sejam francesas ou iranianas, mesmo que os apreciem secretamente".[49]

Ou como os soldados feridos, nos hospitais colombianos: porque se cansam muito rápido de outras leituras, os mediadores começaram a compartilhar livros para crianças que tinham em suas bolsas. "Era surpreendente ver como esses soldados graves, muito sensíveis em relação a tudo o que dizia respeito a sua imagem de homens duros, rudes, se deixavam seduzir e emocionar pelas situações e ilustrações desses livros que pensávamos ser apenas para crianças",[50] observa Patricia Correa, que coordena o programa Palabras que Acompañan. A seleção que lhes era destinada foi então repensada e, levando-se em conta seus interesses, chegou-se "a uma composição bastante singular: poemas, muitos poemas, contos curtos, contos contemporâneos ilustrados, mitos, lendas, quadras populares e provérbios colombianos, 'livros jogo', livros informativos temáticos com rico aparato gráfico e, finalmente, livros de textos [utilizados na escola]" — uma

---

[48] Com destaque especial para os do inglês Anthony Browne.

[49] C. Jobert, *op. cit.*, p. 79.

[50] "Palabras no convencionales", entrevista com Patricia Correa, *Nuevas hojas de lectura*, Bogotá, 4 (http://www.nuevashojasdelectura.com/p_04_palabrasnoconvencionales.htm).

composição que, de fato, é encontrada, com variações, em muitos outros lugares.

Patricia destaca ainda o gosto desses soldados pelas *histórias em quadrinhos*. De passagem, pensando no que S. Tisseron diz acerca desses suportes, formulei a hipótese de que essa predileção não deve ser atribuída unicamente ao fato de que estas demandam menos esforço do que textos não ilustrados. Para quem está ferido, ou mesmo mutilado, as angústias do dilaceramento, da castração, da perda da própria substância, da separação, devem ser reativadas. As HQs decerto permitem redesenhar seu contorno próprio, restaurar um contexto que abriga, uma continuidade (um pouco como os autorretratos puderam ajudar Frida Kahlo após seu acidente e suas múltiplas operações). Lendo histórias em quadrinhos, os soldados feridos trabalham sem dúvida pela recomposição de uma imagem mais unificada deles mesmos e pela cicatrização de suas feridas. Restará a eles realizar um imenso trabalho de reconstrução, pois a maioria baseou todos os seus projetos, assim como sua identidade, na vida militar, e não se sentem mais nada sem uniforme. (Um trabalho contínuo não pode infelizmente ser feito com eles porque são constantemente deslocados de um lugar para outro.)

Também os psicoterapeutas empregam o suporte de livros ilustrados, notadamente na terapia familiar. Na Suíça, por exemplo, Brigitte de Werra menciona o interesse que despertam entre adultos. Assim, a leitura de *Leïla*, de Sue Alexander e Georges Lemoine, permitiu a um homem que perdera seu filho num acidente demonstrar a sua tristeza e chorar, e à sua mulher deixar de se sentir sozinha:[51] "O trabalho feito na consulta dizia respeito sobretudo ao fato de ter direito a seus sentimentos e de exprimi-los — mas faltava o

---

[51] Disponível em: http://lsj.hautetfort.com/archive/2006/04/03/>>-livres-d'images-et-therapie-familiale.html.

elemento de ilustração e de surpresa que o livro com imagens pôde oferecer". Mesma coisa para sua colega Françoise Swine, na Bélgica: "Esses livros de literatura jovem ilustrada, eu os proponho num momento do processo terapêutico, geralmente quando há impasse ou agitação, quando as minhas intervenções mais clássicas, baseadas na troca de palavras, não ajudam mais, ou mesmo quando percebo que meus questionamentos criam angústia ou um sentimento de ameaça nos pacientes...".[52] É um livro com imagens como *Sozinha*, de Solotareff, que permite a uma mãe falar com sua filha de um modo que não havia podido fazer antes.

Mencionemos ainda a utilização por algumas pessoas de *livros de arte*, assunto que retomaremos no próximo capítulo.

Leituras a longo prazo

Se a maioria dos mediadores escolhe então textos curtos, combinando diferentes gêneros, diferentes suportes, isso não é, mais uma vez, sistematizável, e outros mantêm a opção oposta, ou seja, a da leitura integral de um livro ao longo de semanas (com adultos, é verdade). É, por exemplo, o que privilegiam os clubes de leitura espanhóis, ou ainda Judith Kalman, que conduziu com mulheres de um povoado ao sudeste da Cidade do México uma experiência de alfabetização que se pretende ancorada no contexto.[53] Além de diversos suportes escritos, quatro livros foram lidos e comentados

---

[52] Entrevista publicada em *Citrouille*, disponível em: http://lsj.hautetfort.com/archive/2006/04/03/%C2%BB-le-livre-illustre-em-consultation.html.

[53] Judith Kalman, *Saber lo que es la letra: una experiencia de lecto--escritura con mujeres de Mixquic*. México, SEP, Biblioteca para la Actualización del Maestro, 2004.

em grupo, escolhidos em comum acordo com os participantes. *As vacas de Martim* reunia testemunhos de pessoas que tinham participado de projetos de tipo cooperativo, e depois a autobiografia de Benita Galena, que, nos anos 1940, havia conduzido um combate social e pessoal, conhece um vivo sucesso e dará lugar a discussões éticas e políticas. Eles leram, em seguida, a autobiografia de Rigoberta Menchú, prêmio Nobel da Paz por seu trabalho em favor dos direitos de populações indígenas na Nicarágua. (Todas receberam um exemplar, e uma delas o apertou contra o coração, dizendo: "Toda a minha vida quis ter um livro meu".)

Achando "que tinham lido demais 'sobre o sofrimento e a pobreza'", pediram em seguida, explicitamente... um belo livro de amor: a leitura de *O amor nos tempos do cólera*, de García Márquez, foi por vezes árdua, mas elas avaliaram no fim que o esforço valeu a pena.

Notemos que, repetidas vezes, esses textos levam a outros: como Benita Galeana se referia a Diego Rivera, J. Kalman trouxe obras com fotos de pinturas murais, que o artista tinha realizado; os ritos em torno da puberdade apontados por Rigoberta Menchú foram a ocasião de folhear manuais de anatomia etc.

A FORÇA DA METÁFORA

Vários mediadores, vimos ao longo dos capítulos precedentes, escolhem de início propor textos que não fazem referência direta ou explícita à situação dos participantes. Alguns deles, num primeiro momento, propuseram textos "espelho" remetendo a imagens próximas desse vivido, mas tiveram frequentemente de mudar de opção. Na Argentina, Gloria Fernández dá assim o exemplo de uma oficina na qual os mediadores haviam, no começo, se esforçado para apegar-se à experiência e aos supostos gostos de adolescentes infratores.[54] No primeiro contato, estes se mostraram entusiasmados a respeito de uma parte dos livros propostos. Entretanto, desde o segundo encontro, pediram para ouvir outra coisa ou ir embora, para grande espanto dos mediadores: os personagens estavam, no entanto, muito próximos deles; viviam em situações similares. Cada vez que os mediadores tentaram, nos anos posteriores, propor mais uma vez esse *corpus*, o fracasso se repetiu. Os protagonistas dos textos escolhidos eram pobres e, com exceção de uma autobiografia de Maradona que havia recebido a aprovação desses jovens, os livros só falavam de infelicidade e desgraças, empregando um léxico cru, próximo do que utilizavam esses jovens: era proximidade demais. Diante de tanta desolação, eles davam meia-volta ou interrompiam a leitura, perguntando: "Você tem aquele da fada que transforma uma abóbora em carroça?" ou "Leia para mim aquele do 'Gato preto' e aquele da barata que era um homem".

Quando foram iniciados nos diferentes "gêneros", a rejeição ao realismo foi explicitamente formulada: "O realismo já compreendi o que é, e não me agrada. Mas o fantástico? Não é a mesma coisa que o maravilhoso?".

No centro de detenção para menores onde trabalha, Juan Groisman faz a mesma observação: "O que lhes fazia vir à oficina era sobretudo o fato de que a literatura tinha coisas a lhes dizer, e quando ela desapareceu ou deu lugar a uma literatura *ad hoc*, isso deixou de acontecer. Nem ao menos funcionou quando quisemos lhes propor situações 'semelhantes' às que viviam. Não, esses poemas sobre jovens marginais, perseguidos pela polícia e aos quais a sociedade virava as costas, não lhes interessaram".[55]

---

[54] Gloria Fernandez, *Dónde está el niño que yo fui?*, Buenos Aires, Biblos, 2006, pp. 57-8.

[55] J. Groisman, art. cit.

Todavia, se a rejeição ao realismo parece amplamente compartilhada quando este não permite nenhum distanciamento, nenhum exílio, nenhuma saída (diferentemente das autobiografias de Maradona ou de Rigoberta Menchú), em certos contextos nos quais, combinado a outros escritos, contribui para uma formalização do que foi vivido, não é absoluta: Beatriz H. Robledo usava lendas quando se ocupava de jovens desmobilizados, mas recorre ao mesmo tempo a metáforas e a textos "próximos" das pessoas deslocadas para ajudá-las a construir e escrever o relato daquilo por que passaram.

Entretanto, nunca ouvi falar, entre os mediadores cujo trabalho acompanhei, no recurso a textos explicitamente "intencionais", escritos sob medida para ajudar a enfrentar esta ou aquela crise, "cujo papel é estritamente programado para uma interpretação por demais evidente", para falar como Joëlle Turin.[56] Como os terapeutas que recorrem à leitura, eles são muito reticentes em relação a esses livros escritos com um projeto preciso: sem deslocamento, como ser surpreendido, interpelado? É o inesperado que confere de novo movimento à história do leitor, impedindo-o de se congelar, de se transformar em destino escrito de antemão, imutável, que pode apenas ser sofrido.

Examinando materiais sobre experiências levadas a cabo em contextos de crise, fiquei impressionada pelo fato de que pessoas de formações muito diversas (literatos, psiquiatras, antropólogos, bibliotecários etc.) redescobriam, em diferentes pontos do mundo, que a leitura de um conto, de uma lenda, de um poema, de um livro ilustrado podia permitir falar as coisas de outra maneira, a uma certa distância — particularmente no caso daqueles que viveram uma guerra, uma catástrofe, um trauma. Um pouco por toda a parte, di-

---

[56] Cf. Joëlle Turin, "Une littérature intentionelle?", *Parole*, n° 1/06, mar. 2006.

ferentes profissionais sublinham a importância da mediação de um texto estético reconhecido, compartilhado, de modo a objetivar a história pessoal, a circunscrevê-la do exterior, e destacam a força da metáfora, do desvio mediante o distanciamento temporal ou geográfico.

Mira Rothenberg não teria obtido o mesmo movimento psíquico com os jovens adolescentes de que se ocupou, caso lhes tivesse lido testemunhos de refugiados da Europa oriental que viveram o mesmo drama que eles. E se Beatriz H. Robledo evoca os raptos com jovens desmobilizados, não são os que a guerrilha opera, mas os do Mohán, um ogro sedutor que rouba crianças ou jovens lavadeiras. As lendas ou o poema indígena que leem para eles oferecem uma encenação complexa, distante no tempo ou no espaço, de suas próprias provações; são outras tantas metáforas que recorrem a um movimento ativo de apropriação e permitem tomar distância, dar forma — estética e compartilhada — ao que lhes atormentava.

Nesses exemplos, o desvio através de um outro lugar (a terra perdida dos índios) ou de um outro tempo (a época mítica das lendas colombianas) abre a possibilidade de simbolização. Não estamos aqui diante de histórias que refletem como num espelho a imagem de pessoas semelhantes a si mesmas, exprimindo-se da mesma maneira, mas em uma dimensão que, a princípio, distancia: um símbolo, mais que um reflexo. Dito de outro modo, algo que permite se representar, se situar, pensar (o que um espelho não permite). Algo que, por causa disso, é suscetível de domesticar um pouco a violência das pulsões e, ao mesmo tempo, abrir para laços com os outros, mais do que confinar alguém ao convívio com seu semelhante, a estar face a face com o mesmo, o idêntico a si.

Quando não é sentida como algo imposto, uma história pode muito rapidamente se tornar parte de si e, criando ao mesmo tempo uma distância protetora, permitir evocar sua própria história. Pensemos no gosto de certos moradores de vilas colombianas pela *Ilíada*, que uma bibliotecária citada por Alberto Manguel testemunha:

> "Houve uma única vez que um livro não foi devolvido, ela me contou. Tínhamos selecionado, além dos habituais títulos práticos, uma tradução em espanhol da *Ilíada*. Quando chegou o momento da troca, os moradores da vila se recusaram a devolvê-la. Nós decidimos lhes dar de presente, mas perguntamos por que queriam guardar esse título em particular. Eles nos explicaram que o relato de Homero reflete exatamente a sua história: trata-se ali de uma região dilacerada pela guerra, onde deuses loucos e caprichosos decidem a sorte de seres humanos que nunca sabem muito bem por que lutam entre si, nem quando serão mortos".[57]

Uma metáfora permite dar sentido a uma tragédia e evita, ao mesmo tempo, que ela seja evocada diretamente; permite também transformar experiências dolorosas, elaborar a perda, assim como restabelecer vínculos sociais. Ela leva ainda outras pessoas a criar suas próprias metáforas, como o fez a jovem cambojana ao falar do monge que abre seu guarda-chuva quando é atacado, ou como fizeram esses jovens infratores durante uma oficina conduzida por Íris Rivera, um dos quais afirma:

> "Sabe o quê? É como se dentro de nossas cabeças, antes os pensamentos estivessem misturados e espessos como a água do Riachuelo [um rio que atravessa Buenos Aires, que é um dos mais poluídos do mundo], você vê?

---

[57] Alberto Manguel, *La Bibliothèque, la nuit*, Arles, Actes Sud, 2006, p. 211.

E agora que falamos e que lemos, a gente podia dizer que aqui e ali a água está se tornando mais limpa, não? Em alguns lugares. E há um pouquinho de sol que pode entrar, você viu? E você viu que no Riachuelo os peixes estão todos mortos? Bom, agora eu tenho a impressão que alguns de meus peixes começam a se agitar".[58]

Outros meninos e meninas levaram adiante a metáfora, e Iris comenta: "Para mim, o que aconteceu de mais forte foi o fato de que eles metaforizaram a sua situação: o Riachuelo, o sol, o mar, a gota d'água. Falavam de si mesmos com palavras que ninguém lhes havia ditado. Evitavam lugares-comuns com os quais se pensavam anteriormente. Estavam criando um pensamento, construindo sentido".

Essa é uma dimensão familiar aos psicanalistas, que, como S. Tisseron, insistem precisamente na importância da metáfora. Para superar um trauma, reconstruir sua história e fazer um relato constituiriam apenas uma parte do caminho. A etapa seguinte consistiria, apoiando-se na presença calorosa de um outro, em elaborar não uma reconstituição realista desse trauma mas uma metáfora que dê acesso às emoções, na qual o corpo esteja implicado.[59] Estas retomam a possibilidade de expressar-se e se tornam compartilháveis, permanecendo ao mesmo tempo controláveis. "Ali onde a compreensão intelectual resseca e isola, a metáfora nutre e socializa", ele diz ainda:

> "A metáfora tem o poder de transformar as sensações e os estados traumáticos em representações evolutivas, modificáveis e combináveis com outras. Produ-

---

[58] Citado por G. Fernandez, *op. cit.*, p. 117.

[59] Cf. sobretudo S. Tisseron, *Comment Hitchcock m'a guéri*, Paris, Albin Michel, 2003. Ver também: *Psychanalyse de l'image*, Dunod, Paris, 1997, pp. 114-7.

zi-la é reintroduzir a dimensão da criatividade ali onde o trauma a havia abalado.

Como todos os mecanismos psíquicos implicados na resistência aos traumas, a capacidade de dotar-se de metáforas não depende apenas das possibilidades psíquicas pessoais de cada um, ela é, de igual modo, consideravelmente ajudada — ou incomodada — pelas representações sociais disponíveis".[60]

UMA ARTE DISCRETA E ESSENCIAL

Em seu prefácio a *Contos de Kolimá*, Luba Jurgenson cita uma frase de Varlam Chalámov: "As metáforas, a complexidade do discurso aparecem em certo grau da evolução e desaparecem quando esse grau foi transposto em sentido inverso".[61] As crises atuais estariam também ligadas a colapsos simbólicos, a impasses na capacidade de metaforizar? É o que temem alguns psicanalistas. "Quando somos sem parar expostos a imagens que não deixam lugar algum à imaginação, a realidade se torna caótica e indiferenciada", escreve Hannah Biran.[62] Para Tisseron, a pornografia, em particular, que recusa qualquer jogo do desejo, qualquer pano de fundo à encenação do ato sexual, seria uma verdadeira "máquina de guerra contra a capacidade de produzir metáforas".[63]

Também parece crucial dedicar-se ao que René Diatkine chamava "a persistência de alguns elementos discretos que

---

[60] *Ibid.*, p. 99.

[61] V. Chalámov, *Récits de la Kolyma*, Lagrasse, Verdier, 2003, p. 8.

[62] Hannah Biran, "La dificulté de canalises la rage en dialogue", *L'Autre*, 3, 1, 2002, pp. 127-36 (H. Biran é psicanalista e professor na Universidade de Tel Aviv).

[63] S. Tisseron, *Les bienfaits des images*, Paris, Odile Jacob, 2002, p. 197.

trazem algo de diferente e que têm efeitos consideráveis para o futuro do mundo: a capacidade de reflexão, a elaboração de segundo grau e a dimensão poética mantêm uma pequena chama que não se extingue e permite à espécie humana sobreviver, mesmo quando está submetida às piores atrocidades". E completou: "Estou cada vez mais convencido de que são os efeitos discretos que permitem à espécie humana sobreviver, mesmo se a sua eficácia não é imediatamente perceptível".[64]

São precisamente esses efeitos discretos, parece-me, que os mediadores de leitura que trabalham em contextos de crise pretendem suscitar. Compreende-se o quanto sua arte é preciosa, mas também o quanto é sutil, para manejar essas surpresas, esse imprevisto, cuja importância muitos sublinharam; como Karine Brutin, que observa: "Esse encontro, ninguém pode antecipá-lo ou prevê-lo, ele se produz ali onde menos se espera, em um espaço entre duas psiques, no qual o leitor não tem de prestar contas a ninguém".[65]

Aqui ainda, eles encontram o que os psicanalistas apontam: o trabalho de simbolização é sempre imprevisível, diz Danon-Boileau;[66] ou E. Cabrejo-Parra: "Estamos continuamente na expectativa do aleatório, do imprevisto, que desencadeia a atividade psíquica, às vezes sem que o que a desencadeou o saiba".[67] O que sabem os poetas, como Juan Gelman: "Há em todos zonas adormecidas que a obra mais inimaginável pode despertar".[68]

---

[64] Citado por R. Puyuelo (2002), pp. 35-6.

[65] K. Brutin, *op. cit.*, p. 90.

[66] L. Danon-Boileau, *La Parole...*, *op. cit.*, p. 215.

[67] Evelio Cabrejo-Parra, "Littérature et construction de soi", *op. cit.*, p. 4.

[68] Citado por Mirta Colangelo, *in* "Fábrica de libros Benteveo", *Punto de Partida*, Buenos Aires, 17, set. 2005, p. 22.

Quais leituras?

6.
LER, ESCREVER, DESENHAR, DANÇAR

"Todo traço é uma cicatriz."

Henri Michaux[1]

Só a leitura pode nos proporcionar essas metáforas que nos surpreendem no momento que menos as esperamos. Em *O que eu amava*, de Siri Hustvedt, o narrador perde seu filho, um jovem adolescente, e se encontra em estado de morte psíquica. Durante meses não chora, continua a dar seus cursos. Um dia precisa fazer um seminário sobre natureza-morta, entra na sala, se senta; sobre a mesa, à sua frente, encontram-se suas anotações e uma reprodução da tela *Copo d'água com um bule de café*, de Chardin. Começa a falar, depois contempla fixamente o copo d'água do quadro, perde a respiração e se põe a soluçar durante muito tempo, pela primeira vez:

"Eu tinha trazido centenas de copos d'água para pôr ao lado da cama de Matt e já tinha tomado vários deles depois que Matt morrera, pois também tinha o hábito de dormir com um copo d'água ao meu lado. Um copo d'água de verdade nunca fizera com que eu me lembrasse do meu filho, mas a imagem de um copo d'água pintada duzentos e trinta anos atrás me catapultara súbita e irrevogavelmente para a dolorosa consciência de que eu ainda estava vivo.

---

[1] H. Michaux, *Les Commencements*, Paris, Fata Morgana, 1983.

Depois daquele dia na sala de aula, minha dor tomou uma forma diferente. Eu vinha vivendo fazia meses num estado autoimposto de *rigor mortis*, interrompido apenas nas horas em que eu tinha de representar meu papel de profissional dedicado, o que não atrapalhava em nada o sepultamento que eu escolhera para mim mesmo. Mas uma parte de mim sabia que o desabamento era inevitável. Chardin se transformou no estopim do desmoronamento porque aquela pequena pintura me pegou de surpresa. Eu não estava preparado para o seu assalto aos meus sentidos, e simplesmente ruí".[2]

Por vias complexas, as obras de arte nos fazem, algumas vezes, sentir o que ainda não havia sido experimentado "em razão de um encerramento brutal da experiência traumática em uma espécie de 'gaveta' mantida à distância do resto da personalidade",[3] como diz S. Tisseron. Segundo ele, como vimos anteriormente, o importante não é tanto rememorar o trauma, nem mesmo finalmente senti-lo, mas "criar para si uma imagem dele", uma metáfora, apoiando-se na presença calorosa de um terceiro. Ela não é necessariamente de natureza visual, afirma ele: "O papel exercido em mim por uma imagem pode ser assumido em outros pela música, pelos livros ou pela pintura. [...] Em compensação, o que é central em cada uma dessas experiências é que provoquem significações secundárias, dito de outro modo, que funcionem como metáforas".[4]

Além disso, sabe-se que a companhia das obras de arte, se desfrutamos delas "sem pudores", fornece apaziguamento

---

[2] Siri Hustvedt, *Tout ce que j'aimais*, Arles, Babel, 2005, p. 187 [ed. brasileira: *O que eu amava*, São Paulo, Companhia das Letras, 2004].

[3] S. Tisseron, *Comment Hitchcock...*, op. cit., p. 79.

[4] *Ibid.*, p. 84.

ou vitalidade, ajuda a reencontrar um sentimento de continuidade ou a instalar ordem e harmonia: "Quando me sinto danificado em meu interior", diz esse homem, "certos lugares particularmente harmoniosos, certos edifícios bem-proporcionados, me põem de pé mais uma vez". É o que encontra Catherine, assim como muitas pessoas, nas exposições:

> "Quando estou muito deprimida, vou ver uma exposição, procurar outra coisa, em outro lugar. Quando o exterior é belo, me imagino bela no interior, é uma espécie de reflexo. Uma coisa bela apaga todo o resto, é um modo de esquecer as mesquinharias, as vicissitudes. Eu poderia ficar ali por horas. Estou num mundo de equilíbrio, numa harmonia, você respira melhor. Isso me traz muita paz e tenho uma necessidade vital disso. Para a minha mãe era a decoração: ela refazia o tempo todo o seu 'interior'!".

"A arte não é somente algo que vem substituir uma realidade debilitada, é também algo que resiste ao caos [...] que resiste à desordem geral. [...] Cria-se um espaço insubstituível", afirma o escultor Jean-Paul Melet.[5] Segundo Michel Ledoux, a arte (quer ela assuma uma forma pictórica, musical ou literária) suscita em nós cadeias associativas que "vão reunir nossos 'eus' parciais e sucessivos em uma unidade recomposta", uma compreensão unificadora e excitante. Particularmente, ela permite restabelecer, entre uma experiência corporal e as representações de coisas ou de palavras, "laços que estavam quase apagados, ou mesmo perdidos".[6]

Em contextos de crise, a leitura é sem dúvida a ativida-

---

[5] Citado por Michel Ledoux, *in Corps et création*, Paris, Les Belles Lettres, 1992, p. 56.

[6] *Ibid.*, p. 128.

de cultural mais frequentemente proposta, por conta dos investimentos múltiplos ligados à apropriação da cultura escrita; mas não é a única. Para dar apenas um exemplo, no Colégio do Corpo, em Cartagena das Índias, na Colômbia, jovens vivendo nos bairros marginalizados aprendem, por meio da dança, a respeitar seu próprio corpo, assim como o dos outros, e a exprimir a raiva e a dor de modo não violento.

Artistas ou mediadores culturais estimulam assim atividades que, para além da arte-terapia, produzem algumas vezes obras culturais de qualidade. Seria estimulante explorar mais minuciosamente o que é específico à mediação pelo texto literário, pelo desenho, pela realização audiovisual etc., precisar a contribuição de cada uma dessas atividades, de cada um desses modos de simbolização, a partir da experiência dos que a eles se entregam. Existe aí matéria para muitas observações, e ganharíamos em fazer circular mais as aquisições e as questões entre os diferentes campos disciplinares. Ganharíamos também em pensar e facilitar as passagens de uma prática ou de um meio a outro, pois não se trata de um contra o outro, pode ser um depois o outro, ou um somado ao outro.

A título de contribuição, trarei aqui alguns materiais e reflexões retirados, mais uma vez, do que me ensinaram os mediadores culturais que conheci. A leitura está no centro dos programas que eles desenvolvem, mas há diferentes modos de fazer isso: uma parte deles dedica inteiramente o tempo dos encontros a essa atividade e às trocas orais que ela suscita; outros, bastante numerosos, intercalam leitura e escrita, vistas como "dois momentos inseparáveis de um mesmo processo", para falar como Paulo Freire;[7] alguns alternam, ou combinam, a leitura, a escrita e outras práticas — visitas

---

[7] Citado por S. Castrillón, *in* "De la lectura de la palabra a la lectura del mundo", conferência cit.

a museus, teatro, música, dança, realização de obras gráficas ou audiovisuais etc.

"Você muda uma letrinha..."

Perguntando-se qual caminho pode conduzir ao predomínio do livro nas sociedades pouco letradas, Daniel Fabre responde: "Simples assim: a escrita. O poder da letra torna-se nosso quando a reproduzimos num caderno próprio. Aqui, a cópia, longe do exercício escolar, não é senão uma submissão aparente; docilidade astuta, ela permite se apoderar do texto, incorporar essa força que oprime o leitor comum, aquele que se contenta, às suas custas, em ler. É portanto escrevendo que se conjura o malefício do livro".[8] Fabre formula a hipótese de que a cópia teria, assim, um lugar central nas práticas populares de apropriação da escrita — o que se verifica facilmente em muitas épocas, muitos países, e se confirma também no que observei; mas ela possibilita, a quem a ela se entrega, outras transformações.

Como nessa oficina realizada na Argentina, em um centro para menores, meninos detidos que, em sua maioria, nunca leram um conto, uma história em quadrinhos, menos ainda um poema, encarado como "coisa de meninas". Ela é impulsionada por Floria Fernández e realizada com seus alunos, futuros professores de Letras. Para Gloria, que se refere aos trabalhos da psicologia cultural, entre os quais os de Bruner ou Vigotsky, a literatura pode ativar funções intelectuais específicas, contrariamente a uma representação corrente segundo a qual a construção da inteligência só poderia ser sustentada por textos argumentativos e a ficção seria limitada

---

[8] Daniel Fabre (org.), *Écritures ordinaires*, POL/BPI/Centre Georges Pompidou, 1993, p. 20.

ao registro do prazer. Esta, ela sublinha, também ampara a subjetividade e alarga de modo vital o universo cultural.

A poesia, em particular, permitiria conversar sobre um tema que distancia esses jovens do discurso em que eles se colocam como vítimas do sistema ("a pobreza engendra o crime"). Secretamente, com a ajuda de poemas, Gloria espera ver surgir neles uma representação de si mesmos que contradiga a ideia reducionista do "carente" em múltiplos domínios: no plano intelectual, Gloria insiste nesse ponto, eles não são carentes.

"Longe do anonimato que supõe toda instituição, talvez as oficinas contribuam para a constituição da subjetividade pelo simples fato de reconhecer a individualidade essencial dos adolescentes", lembra. Além disso, foram eles que solicitaram esse reconhecimento, pois as expectativas iniciais dos futuros professores e dos participantes se chocaram: quando os primeiros se dirigiam ao grupo, os segundos queriam que se ocupassem deles de modo individualizado. Após várias tentativas para trabalhar com instruções dirigidas ao coletivo, certo dia os mediadores tiraram de suas bolsas poemas, contos, histórias em quadrinhos, imagens, fotografias. Os adolescentes se lançaram então na busca de um texto *para eles* e de um interlocutor com o qual dialogar. Eles cercaram individualmente, ou em duplas ou trios, uma das "mulheres dos livros", como eles diziam. Uma delas observou a cena:

> "Todos pegaram alguma coisa. Eu finjo que estou lendo, enquanto observo o espetáculo: dispersão completa dos garotos e dos livros sobre as cobertas. De repente, ouço a voz de alguém ao meu lado lendo para si mesmo, não sem dificuldade: 'Verde que te quero verde...'[9] Juan Carlos me pergunta se não há outros poe-

---

[9] Trata-se de um trecho do poema "Romance sonâmbulo", de Gar-

mas, porque é bom esse 'Verde que te quero verde', e me pede um lápis e um papel para copiar o poema para sua amada. Nós todos nos pusemos a copiar e a procurar poemas, seja para a mãe, seja para a noiva, ou para o pai... Uns copiam sozinhos, outros pedem que copiemos para eles".

Sublinhando a importância do direito de roubar frases ou textos, Gloria Fernández conta, entre outras, a cena que se segue:

"Depois de ter lido 'Virá a morte e terá teus olhos', de Pavese, eles quiseram reproduzi-lo, porque se tratava dos olhos das noivas que os esperavam. Então, modificando um pouco o verso, as noivas pensariam que eram eles que o tinham escrito. 'Teus olhos serão uma palavra vã, um grito calado, um silêncio', diz o poeta. E os meninos falam do silêncio da noite, no instituto, e do grito abafado das mães e das noivas, na visita do domingo. 'Velho remorso', diz o poeta. E fala-se da culpa de estar ali porque se fez uma 'besteira'".[10]

Como em outros lugares, a leitura engendra a fala, desencadeia o fio das associações, reativa uma atividade de simbolização, de narração. Permite colocar palavras em regiões dolorosas de si. E o que é escrito de modo belo incita ao compartilhamento com o ser amado. Na Argentina como em outros lugares, muitas pessoas notaram o gosto dos detentos por poemas, assim como com frequência observaram

---

cía Lorca: "Verde que te quero verde. Verde vento. Verdes ramas. O barco vai sobre o mar e o cavalo na montanha...".

[10] G. Fernández, *op. cit.*

o desejo de reproduzir versos para a noiva, o amigo, a mãe, fazendo-se passar pelo autor.

Para além do universo carcerário, há muitas gerações roubam-se trechos de poemas para seduzir o objeto de seu amor. Com o desejo de que a bela obra repercuta sobre si mesmo, que deslumbre o outro, que ele ou ela o veja com um outro olhar e descubra em você o que não imaginava encontrar. Decerto, é sobretudo essa valorização, essa modificação da própria imagem que são procuradas por aquele que copia — mais ainda quando essa imagem é muito negativa, como no caso desses adolescentes que se julgam "bons em nada", cuja vida não tem valor.

Entretanto, nessa pulsão tão frequente de roubar rimas para o outro, a noiva, a mãe, o amigo, há ainda outra coisa além do desejo de ser reconhecido, além dessa utilidade: uma felicidade em encontrar palavras à altura do sentimento que se experimenta. Um desejo de compartilhar, de levar correndo ao outro o que se descobriu. "Quantas palavras eu não roubei da literatura para te levar, como se leva uma oferenda preciosa a um altar", escreve Xabier Docampo a sua amada.[11] Do mesmo modo, esses jovens têm de imediato vontade de revelar seus achados a seu (sua) noivo(a). Aqui, de novo, a literatura, a poesia, a arte impelem ao compartilhamento, abrem ao outro.

Mas, nos gestos da mão que copia, há uma incorporação das palavras no sentido literal do termo, bem como um desvio da força da escrita, cuja eficácia se tenta captar. Gloria Fernández dá um belo exemplo disso, o de Carlitos, que chega à oficina de literatura com um objetivo explícito: roubar a escrita (também para sua noiva). Para que seu plágio não seja facilmente notado, há um truque: ele toma emprestado de vários escritores. Eis uma parte do resultado:

---

[11] Xabier Docampo, *Cuatro cartas*, op. cit.

"*Tantas varandas ao meu redor e não tenho nenhuma flor para ti*" (extraído de Baldomero Moreno)
"*Eu sei que a morte chega e me olha com teus olhos*" (recriado com base em Pavese)
"*E teu nome de mulher me dói em todo o corpo*" (inspirado em Borges).

E ele assina com um pseudônimo: Carlitos Gotán.

Como nota Gloria, Carlitos não introduz mudanças significativas, não muda as palavras, mas consegue fazer uso delas e imbricá-las de tal modo que é a *sua* própria ideia que sobressai, uma ideia que não se encontra em nenhum dos textos "fontes".

Mais amplamente, essas frases copiadas que se combinam, das quais se muda por vezes algumas palavras, esses florilégios de citações, esses fragmentos de livros pilhados que se misturam para dar forma a seus devaneios, a seus desejos, a seus pavores, é um ato de nascimento do sujeito, que encontra pouco a pouco sua voz: copio, logo sou.[12] Em um outro centro de detenção que abriga jovens mulheres, é o que realça Juan Groisman: "Uma das realizações mais fortes desses meses de trabalho foi construir um espaço no qual reconheceram que suas vozes tinham importância, e que elas tinham um lugar"[13] (vozes que elas tinham um vivo prazer em ouvir e reouvir em um gravador). Passando, aqui também, por frases roubadas para seus amados, tais meninas começa-

---

[12] Cf. Jean-Pierre Albert, "Je copie, donc je suis. Quelques bénéfices marginaux d'une practique illégitime", *in* C. Barré-de Miniac (org.), *Copie et modèle: usages, transmission et appropration de l'écrit*, INRP, 2000, pp. 195-206.

[13] J. Groisman, *op. cit*. Gabriela Fradkin, com quem ele realizou a oficina, insiste em seu desejo de "fazê-las sair do papel passivo que elas têm dentro do instituto, onde tudo o que realizam é regrado do exterior, permitindo a elas assumir um papel ativo e criador, pelo menos em relação à literatura". E escapar da vergonha.

ram a falar em nome próprio e não apenas repetindo temas convencionais.

De maneira semelhante, Jony, um jovem garoto que frequenta o Centro de Leituras para Todos mencionado no primeiro capítulo, copiou muito durante um tempo e atualmente escreve com talento seus próprios poemas: "Eu copiava... eu escrevia... Você vê, as coisas que eu via, ali... e depois eu as passava num caderno de notas. Mas meu pai diz que é assim que se começa. Há muitas pessoas que hoje... eles começaram assim. Você muda uma letrinha e já forma uma coisa que parece sua".[14]

Notou-se frequentemente que o plágio ou o pastiche eram bons meios de passar à escrita, a ponto de certos programas escolares recomendarem explicitamente seu uso. Eles permitem também à pessoa encontrar sua própria voz, seu próprio estilo,[15] como se o texto de um outro fosse uma terra de nascimento para si mesmo, para a sua própria escrita. O pai de Jony tem razão, muitos escritores começaram assim; eles "mudaram uma letrinha", mexeram em um parágrafo ou modificaram o fim de uma história. Tal como Geneviève Brissac: "Líamos no colégio o poema 'Le Lac', de Lamartine, e eu me pus a reescrevê-lo à minha maneira, em revolta contra meu tédio na sala de aula". Ou Agnès Desarthe: "se eu lia livros de tempos em tempos, era para reescrevê-los, melhorando-os".[16] Isso vale também para as artes plásticas ou para a escrita cinematográfica: Jacques Demy contou como, em sua adolescência, cansado dos filmes de Charles Chaplin

---

[14] Citado por Martín Broide, "Una playa, un poema: una aproximación poética a la idea de espacio poético", a ser publicado em María Inés Palleiro, *Creencia y mundos posibles: hacia una poética de las identidades*, Instituto de Ciencias Antropológicas, Universidade de Buenos Aires.

[15] É o que reencontra K. Brutin, *op. cit.*, p. 181.

[16] Citados em *Le Jour du Livre*, Quotidien du Salon du Livre de Paris, 3, 21/3/1999.

a que assistia sem parar, acabou mergulhando a película na água e dissolvendo a gelatina; foi nessa película tornada virgem que ele gravou seu primeiro filme.

Adolescentes que escrevem como respiram

"É sob a proteção das palavras de um outro, da sintaxe de um outro, até da paginação de um outro, que o sujeito que escreve se constrói, mimetizando com aplicação alguém mais autorizado que ele, emprestando desse outro seu virtuosismo, mas também sua legitimidade", nota Marie-Claude Penloup.[17] Ela evoca os relatos de infância de escritores, como Sartre, que pululam de anedotas de copistas, e cita uma adolescente de doze anos, Martine, que diz: "Eu reproduzo as pequenas histórias de que gosto. Quando abro meu caderno e as leio, é como se as tivesse escrito. Não vejo diferença".

Muitos adolescentes, de ambas as partes do Atlântico, se afeiçoam a essas práticas fora de qualquer contexto escolar. Ao cabo de uma pesquisa realizada com cerca de 1.800 colegiais de Rouen, M.-C. Penloup comenta: "Presente de maneira geral na vida desses colegiais, a escrita se reveste, para um número não negligenciável deles, de uma enorme importância".[18] Muitos deles (e, mais ainda, delas) "escrevem como respiram". Alguns são bons alunos, outros não. As formas de escrita são múltiplas: correspondência, redação de canções, poemas, comentários em álbuns de fotos, diários íntimos, fichas de documentação, começos de narrativas, listas, dedicatórias, cópias etc.:

---

[17] Marie-Claude Penloup, "Écrire en classe: le 'dejà-là'". Trechos das atas do seminário nacional "Perspectives Actuelles de l'Enseignement du Français", Paris, 23-25/10/2000.

[18] M.-C. Penloup, "Et pourtant ils écrivent!", *in* Pascal Sévérac (org.), *Lire et écrire*, Paris, Éditions Sciences Humaines, 2007, p. 248.

"Ao lado de práticas mais inventivas, observamos também numerosas práticas de cópia, cuja importância e, em certos casos, intensidade foram reveladas pela pesquisa: cópias de receitas, de canções (58%), de piadas (54%), cópias de frases, de máximas, de poemas (39%), de palavras "agradáveis" (28%), e até, em proporções tão assombrosas quanto não desprezíveis, de romances inteiros. [...] Quantitativa e qualitativamente mal conhecida, essa atividade de cópia [...] se revela complexa e fascinante".[19]

Carlos Sánchez Lozano e Uriel Rodríguez tecem comentários semelhantes nos bairros pobres da periferia sul de Bogotá, entre estudantes de onze a dezoito anos. Carlos me escreve: "Creio que a escrita — assim como a leitura —, sobretudo em ambientes terríveis, marginalizados e oprimidos, como aqueles onde vivem tantas pessoas na Colômbia, pode ser uma boia salva-vidas para evitar a desintegração total, a loucura e o suicídio". Ele e seu colega, interessados pelos textos que circulam sob as carteiras e recolhendo amostras deles, ficaram surpresos ao descobrir que esses jovens escreviam frequentemente sobre "temas que tocavam a sua subjetividade". Eles também se consagram a formas de escrita múltiplas, muito próximas das que os jovens normandos praticam, às quais seria preciso acrescentar os horóscopos e as receitas de amor, os "pensamentos", os textos de reflexão sobre temas religiosos, sociais, sexuais, políticos, ou os contos que misturam o realismo cotidiano ao fantástico.

Como no oeste da França, o gênero epistolar é privilegiado e dá lugar a uma "infinita variedade de tipos de cartas, cores, ideogramas e outros elementos criativos". Os dois professores observam: "As palavras em si mesmas não contêm

---

[19] *Ibid.*, p. 247.

plenamente a carga de expressividade que eles querem criar. É por isso que transformam o escrito numa folha preenchida por figuras, de desenhos [...]".[20] Poemas também são muito praticados: "Constituem uma espécie de catarse, um ato liberador". Os textos tratam da liberdade desejada, da solidão — essa "irmã do adolescente", dizem Carlos e Uriel —, da incerteza em relação ao futuro, do amor, da amizade. As canções "são conselheiras de cada momento e pontos de referência para compreender muitos aspectos da realidade"; eles as ouvem, as copiam e as escrevem. As *coplas* (uma forma poética muito difundida na América Latina, geralmente composta de quatro versos) os fascinam e são copiadas ou escritas em cadernos anteriormente consagrados a disciplinas escolares, transformados em *copleros* e ornados, aqui também, com desenhos, cores, caligrafias. Notemos ainda seu gosto pelos acrósticos (também ornados), pelos caligramas e pelos grafites recopiados num caderno onde são igualmente anotados pensamentos, canções, piadas — com cores e diferentes elementos gráficos, como sempre. Diferentemente do diário íntimo (que alguns também têm), esses cadernos passam de mão em mão.

A materialidade dos suportes tem toda sua importância. Pensemos no caderno próprio que evocava Daniel Fabre, no caderno de notas do qual falava Jony. A propósito desse objeto, Martin Broide escreve:

> "o caderno de notas é [...] um suporte perfeito. O que é um caderno de notas? Um caderno comum, de um modelo corrente, onde copiamos textos de que gostamos, onde inventamos poemas, onde desenhamos, entre outras coisas. Na minha experiência numa escola e bi-

---

[20] Carlos Sánchez Lozano e Uriel Rodríguez, "Subliteratura y adolescencia: los textos que circulan por debajo del pupitre", inédito.

blioteca do bairro, vi diversas vezes pessoas com esse tipo de elemento onde se conjugam, habitualmente sem referência aos autores, textos de proveniências diversas. É um dispositivo onde se inscrevem diferentes práticas literárias nas quais a distinção entre ler, copiar, inventar e escrever não é tão estabelecida quanto em outros sistemas".[21]

O caderno de notas é um objeto próprio, "um lugar para estar sozinho e se conhecer".[22] "É como a sua casa", ouvi muitas vezes: uma pequena casa de palavras cujos tijolos nós reunimos. Simplicidade mágica: assim como um livro, o caderno de notas, por sua forma, suas folhas encadernadas e contidas pela capa, dá a ideia de um conjunto, de uma continuidade, de um desenrolar. Mesmo disparatados, os elementos aí reunidos remetem ao esboço de uma imagem em conjunto de si mesmo, o que é tranquilizador: uma das maiores angústias humanas é talvez ser apenas caos, corpo em pedaços, fragmentos descontínuos, perder seus limites; o sentimento de continuidade, de unidade consigo mesmo, não é dado no nascimento, mas conquistado por um processo muito complexo de ligação, de reunião progressiva de diversos episódios vividos.[23]

Contaram-me a respeito de uma mulher brasileira que, na vila onde morava, não tinha acesso a livro algum. Então, ela havia recolhido todo tipo de papéis impressos e os havia reunido, ordenado, depois colado, justaposto de modo estético a vegetais, sobre grandes folhas de papel que ela havia cozido. Ela fabricou para si mesma seu próprio livro. Cada

---

[21] M. Broide, art. cit.

[22] *De la lectura a la escritura*, Caracas, Banco del Libro, 2006.

[23] Ver notadamente B. Golse e S. Missionnier (orgs.), *Récit...*, *op. cit.*

um de nós faz talvez seu próprio "livro", reunindo os fragmentos esparsos de que nos apropriamos, para aí morar. Além da metáfora da casa, conservemos a da gruta de Ali Babá, que traz Pierre Michon, para o qual o caderno de notas é um dispositivo que permite acelerar potencialidades:

> "É a estabilidade física do caderno de notas que lhe confere sua força. A possibilidade de reunir nele coisas disparatadas que conspiram em direção a um mesmo projeto. O caderno de notas são potencialidades abertas e dispersas, reunidas num dispositivo que permite conservá-las e acelerá-las: eis um operador de aceleração para as potencialidades! [...] O caderno de notas serve para construir o espaço de um sistema de inter-relações entre ideias. Uma sinergia e reciprocidades inéditas. É uma reserva de coisas que, acumulando-se, produz mais que a soma das coisas que aí se encontram. [...] É um espaço produtivo que, por si próprio, pelos simples recursos da contiguidade, aproxima materialmente coisas que eu não teria necessariamente imaginado associar pelo espírito. Uma certa forma de acaso na utilização do caderno de notas tem, a esse respeito, um papel essencial. [...] É uma espécie de gruta de Ali Babá que eu visito o mais frequentemente de maneira indeterminada".[24]

Nascimento do texto, nascimento do sujeito

Para além de uma apropriação facilitada dos suportes textuais, a passagem à escrita contribui nessas experiências

---

[24] Pierre Michon, *Le Roi vient quand il veut: propos sur la littérature*, Paris, Albin Michel, 2007, pp. 237-8.

para uma melhoria da autoestima e uma saída da posição de vítima (como esperava Gloria Fernández). É o que encontra, do outro lado do Atlântico, Élisabeth Brami nas oficinas de escrita no hospital-dia, com adolescentes: ela também insiste na restauração da autoimagem, frequentemente danificada pelas "feridas escolares", que essa prática torna possível. Bastante hostil ao texto livre, que julga perverso,[25] ela lhes propõe por exemplo treze palavras escolhidas ao acaso, que serão como uma coluna vertebral: sem constrangimento não há sujeito. Produzindo textos diferentes com essas mesmas palavras, os participantes se autorizam a ser únicos e rompem com sua situação de alunos e de doentes. Mesmo se demoram meses para escrever uma única frase, "o nascimento do texto é o nascimento do sujeito", diz ela, citando Duras: "Escrever é criar sem barulho".

Para Mona Thomas, que conduz oficinas com colegiais em aulas de recuperação em Paris, o mais importante, talvez, é que "eles descobrem, espantados, que são capazes de produzir algo com uma forma, que pode ser recebido por outro". E completa: "Eles se dizem nulos, sobretudo os rapazes. Descobrirem-se capazes subverte a identidade pela qual são atravessados: não são eles, é o outro. Ilumina-se o fato de que o que lhes faz mal, a dor, as dificuldades, tudo isso pode ser remediado".

Quando ela lê em voz alta os textos que os estudantes acabaram de escrever, "eles ficam siderados, deslumbrados" e logo protestam: "É porque você lê bem, você faz com que soe como poesia *slam*... — Se valorizo o texto, é porque ele existe", ela responde. Mas se ela lhes devolve, frequentemente eles o rasgam, amassam-no com raiva, jogam-no na lixeira (no começo do ano, eles se apresentavam a ela dizen-

---

[25] "É a regra que permite escrever, superar essa liberdade louca da linguagem", escreve Cécile Wojnarowski, *op. cit.*

do: "Nós somos o lixo"). Ela também fotocopia os textos, com a autorização deles. No fim do ciclo de trabalho, eles comporão uma antologia de todos aqueles que foram conservados. E aí ainda a autocensura, virulenta, voltará, com questões a respeito do desejo e da inibição: "E se meu pai ou minha mãe vir isto?".

"Se vamos adiante respeitando as suas fragilidades e mantendo o projeto de fazê-los descobrir do que são capazes, pode-se ir longe. Eles são cheios de histórias novas, fortes, surpreendentes, e eu tive vontade de conhecê-las". Ela lê para eles textos dos alunos dos anos anteriores, alternados com poemas eróticos de Rimbaud ou versos de Apollinaire que soam como rap ou *slam*. Seus textos próprios são muito violentos, "sempre fortes, ou mesmo aterrorizantes" — sobretudo os das meninas. Eles falam de sexo de modo cru, falam de sua vontade de incendiar a escola, de matar os pais. Trabalhar com os que têm raiva não a assusta: por mais agitada que tenha sido a sessão, eles se preocupam em saber se ela voltará. Por outro lado, é muito mais difícil com aqueles que padecem de uma apatia e uma tristeza patológicas, que acordam ao final de duas horas... para lamentar que tenha acabado.

Os alunos medíocres em francês são às vezes excelentes na oficina (o que faz os professores refletirem). Alguns gostam de desenhar: e nenhum deles, diz Mona, é obrigado a fazê-lo; ela lhes sugere, todavia, legendar seu desenho, e a escrita desliza por toda a parte. Escritora e crítica de arte, leva algumas vezes as turmas ao Louvre ou ao Museu d'Orsay, onde escolhe obras para sugerir propostas de escrita.

O silêncio é o primeiro signo de que a escrita "anda", de que a proposta foi compreendida. "Momentos de graça", diz ela, nos quais os alunos, que pararam de estar agitados ou abatidos, exprimem o desejo de outra coisa, de uma profissão, por exemplo. As antologias dos anos anteriores funcionam como uma biblioteca que os exprime: "Não há mentiras aí, senhora". Mais tarde, alguns que detestavam a escola e estão como aprendizes num trabalho ou se meteram em encrencas, retornam às oficinas: "Minha namorada não acredita que fui eu que escrevi o texto". M. Thomas observa: "Mesmo que eles não escrevam mais, estão em condição de dizer a si próprios: 'Um dia escrevi coisas boas, sou capaz, isso pode acontecer. E fui ao museu, posso voltar lá'. Eles reconhecem a imagem de um quadro impressionista na televisão, podem falar sobre ele. Adquiriram um certo desembaraço na discussão de temas e verificaram intimamente as palavras de Marguerite Yourcenar: 'Escrever é esclarecer'".

Escrever é também deixar uma cicatriz e é ainda uma "maneira ativa de tomar posse do mundo", para falar como Hanif Kureishi, que observa:

> "Em vez de me comportar como vítima, eu serei todo-poderoso; escrever me permitia tratar, ordenar, o que me parecia ser apenas caos. Se me pus a escrever para imitar meu pai, não tardei a descobrir que, no terreno da escrita, eu era meu próprio mestre: instalado em minha mesa, como que encolhido numa matriz, bem aquecido, concentrado, independente, com música, caneta, papel, máquina de escrever sob a mão, eu dava vida a um mundo cujas dissonâncias podia dominar e esvaziar de seu veneno. Eu escrevia para me sentir melhor, pois sentia frequentemente uma espécie de mal-estar. Escrevia para me tornar um escritor e fugir da periferia. [...]
>
> Se o eu é em parte formado por golpes, feridas e cicatrizes do mundo, escrever se torna então uma espécie de automedicação".[26]

---

[26] H. Kureishi, *op. cit.*, p. 25. Ele ainda destaca: "escrever é um procedimento para integrar numa vida um material inaceitável" (p. 357).

Bartolomeu Campos de Queirós, por sua vez, diz escrever para suportar a vida cotidiana, "como o caracol, que deve deixar um rastro para não danificar seu corpo".[27] E David Grossman:

> "Quando escrevemos, sentimos o mundo se mover, ágil, transbordando de possibilidades, nem um pouco congelado. Enquanto escrevo, mesmo agora, o mundo não se fecha sobre mim, não se torna mais estreito: ele faz gestos de abertura e de futuro.
> Eu escrevo. Imagino. O simples fato de imaginar me dá novamente vida. Não estou nem congelado nem paralisado diante do predador.
> Eu escrevo e percebo que o emprego correto e preciso das palavras é como um remédio para uma doença. Um meio de purificar o ar que respiro dos miasmas e das manipulações dos criminosos da linguagem. [...]
> De repente, não estou mais condenado a essa dicotomia absoluta, falaciosa e sufocante, a essa escolha desumana entre ser vítima ou agressor sem que haja uma terceira via mais humana. Quando escrevo, posso ser *humano*. [...]
> Eu escrevo também o que não podemos fazer reviver. Escrevo também o inconsolável. [...] Ponho o dedo na ferida e no luto como se toca com as mãos nuas a corrente elétrica, e entretanto não morro. Não chego a captar como se opera esse milagre".[28]

---

[27] B. Campos de Queirós, conferência cit.

[28] David Grossman, conferência no Pen Club, 29 de abril de 2007 (www.nouvelobs.com).
D. Grossman escreveu essa conferência após seu filho ter sido morto durante a última guerra do Líbano.

Uma poética do cotidiano
misturando múltiplas artes

Antes de elaborar seus próprios livros, os jovens argentinos dos quais vou falar folhearam muitos textos e muitas imagens. E observaram muito o mundo que os cerca. A cena que segue se desenrola no Museu de Arte Contemporânea da cidade de Bahía Blanca. Ali, as crianças apresentam ao público livros artesanais que fizeram. Mirta Colangelo conta:

> "As crianças leram textos, nós passamos um CD com as imagens de livros, pois, como cada um é único, me pareceu oportuno que se pudesse conhecer pelo menos uma centena deles — são fantásticos; ouvimos música de câmara e repartimos as penas de papagaios e de pombos como lembrança. No domingo anterior, com as crianças, nós as havíamos apanhado num parque. Sabia que eles mudam de penas no outono e que podemos encontrá-las sob os eucaliptos, onde eles têm o hábito de dormir? [...] Vendemos quase todos os livros acabados, cerca de sessenta, e as crianças receberam um pouco de dinheiro, proporcional a seu trabalho. Compramos papel e muitas tintas coloridas chinesas. Estamos muito felizes".

Também fiquei muito feliz quando li essa carta, porque não sabia que os papagaios dormiam nos galhos dos eucaliptos. Graças a algumas palavras, sua autora me conduziu a um espaço de devaneio. Sua mensagem era testemunho de uma relação alegre e criativa com os livros por parte de crianças que, entretanto, estavam no começo muito distantes deles. E quando recebi como presente dois dos que elas haviam fabricado, sua qualidade me maravilhou — tanto a dos textos quanto a das imagens. Efetivamente, "cada exemplar é único e não se repete (como a vida)", como diz essa mulher que animou durante onze anos uma oficina literária no abrigo para onde esses meninos e meninas são levados após decisão dos tribunais. Com idades entre sete e catorze anos, eles vêm de famílias pobres, numerosas, dilaceradas. Perto de cem deles vivem no abrigo, cerca de sessenta voltam para suas casas à noite.

Quando começou a trabalhar aí, eles liam e escreviam com dificuldade e não encontravam nisso nenhum prazer. Incapazes de manter sua atenção, falavam todos ao mesmo tempo. Mirta se lembrou então de Paulo Freire evocando a própria infância: ele dizia ter aprendido a linguagem das mangueiras ao longo das estações, dos ramos das árvores, da voz do vento, de muitas outras coisas, e essa leitura do mundo é que lhe facilitara o acesso à leitura da letra. Para ela, ler já implicava começar a reunir os indícios necessários para construir sentido. É essa construção de sentido que, por meios diversos, ela tratou de suscitar.

Com pequenos grupos de crianças, procurou traçar "um caminho de trabalho e de prazer, com as palavras e os silêncios, com as imagens", pouco a pouco, sem pressa. Desde o início, diferentes artes, diferentes linguagens foram cruzadas; grande quantidade de reproduções iluminaram as paredes, livros de pintura foram compulsados; ela leu muitos mitos, poemas, entre os quais *coplas*:

> "Dar livre vazão ao desejo. E que o desejo aumente com as leituras estimulantes que nos levarão de início a ler o mundo e suas criaturas, procurando e dando lugar às leituras que eles já fizeram e que antes não verbalizaram. Eu queria trazer à luz o que até então permanecera escondido. [...]
>
> Por meio de uma seleção cuidadosa de textos breves, a leitura da letra foi se tramando com as outras leituras. [...] Muitos mitos, suas tensões e pulsões. Muita poesia. [...]

E começamos a aprender *coplas* e pequenos poemas que dizíamos uns aos outros em tons diferentes. [...]

E saímos para o jardim do abrigo para fazer outras leituras. Leituras de linguagens não verbais. Aquela de uma tília que se lê com os olhos no outono e com o nariz na primavera. Aquela das violetas que, no inverno, oferecem a todos nós pequenos raminhos. Ou aquele dos barquinhos de papel que jogamos nos riachos para que corram nos dias de chuva.

Quando passam os papagaios de chilreio verde ou os bem-te-vis em contraponto, ficamos em silêncio. Nós os ouvimos".[29]

"Que [as crianças] percebam as relações, os elos entre as linguagens verbais e não verbais e o silêncio, sem lhes dar muitas explicações e ressaltando o caráter provisório das descobertas", isto seria o essencial para Mirta. Ela cita a frase que um adolescente pichou numa parede: "No céu te leem poesia, no inferno a explicam". Para ela, não é necessário, nem mesmo desejável, fazer os leitores logo de saída interpretarem ou indagarem os textos em busca de seus significados objetivos, que são tomados como provisórios e arbitrários.

Pouco a pouco, as crianças se puseram a escrever *coplas*, passaram muito tempo trabalhando nelas, a ponto de ganhar um dia um concurso nacional. Elas recriaram as obras pictó-

---

[29] Mirta Colangelo, "En el cielo te leen poesía, en el infierno te la explican", conferência durante o VI Congresso Internacional de Leitura, 29ª Feira Internacional do Livro de Buenos Aires. Disponível em: http://www.mariacristinaramos.com.ar/lecturayescritura/colangelo.html.

Podemos encontrar alguns desenhos e *coplas* realizados pelas crianças em: http://www.imaginaria.com.ar/20/7/arte-de-los-chicos.htm.

O ateliê se desenrolou no Patronato de la Infancia de Bahía Blanca, instituição privada que se beneficia do apoio financeiro da província de Buenos Aires. Uma nova direção pôs fim a ela...

ricas por meio da cópia ou da colagem, empregando materiais que encontravam nas praias ou nos jardins; pintaram pássaros sobre um globo terrestre que foi mostrado em um museu durante uma exposição em que seus trabalhos estavam ao lado dos de artistas renomados.

Um dia, Mirta leu para as crianças um livro de Graciela Montes, *Historia de un amor exagerado*. Seu último capítulo narra a preparação de um envelope onde o herói enviará a si próprio como presente de aniversário para a pessoa amada. O final do livro fica em aberto. A história desperta nas crianças o desejo de escrever cartas. Mirta lhes propõe então realizar uma experiência de arte postal com destinatários desconhecidos — pois muitas delas não têm a quem escrever —, com os quais vão trocar desenhos e colagens. Os primeiros a receber esses objetos são artistas ou ilustradores que aceitaram participar da experiência.

Em suas cartas, as crianças se apresentam, contam um pouco de sua vida, de seus gostos. Os artistas respondem com cartas personalizadas acompanhadas de pequenos presentes. Por exemplo, Sofía, uma garota de doze anos, voltou de sua casa muito traumatizada depois de uma violenta briga entre os pais. Sua mãe estava sob tratamento psiquiátrico e seu pai na prisão. Sofía passou dias sem pronunciar uma única palavra. Vejamos o que Mirta nos conta: "Quando o carteiro trouxe um envelope com o nome dela, contendo um incrível gato-pantera dedicado por Juan Lima, Sofía recuperou a palavra e veio me contar o que tinha acontecido em sua casa. Depois foi escrever para Juan. Por muito tempo, o gato foi seu talismã". Uma outra garota, Yamila, recebeu do artista Hernán Haedo uma máscara que lhe permitia ver o Cruzeiro do Sul, com o recado: "Quando Hernán olhar para o Cruzeiro do Sul, vai pensar que você também está olhando para lá. E se você colocar a máscara, ele sem dúvida vai estar com você, te fazendo companhia".

Mais uma vez encontramos o longínquo, e o outro com

o qual nos encontramos por meio de um longo desvio que passa pelo Cruzeiro do Sul. De vez em quando, Mirta Colangelo leva as crianças para a praia e aí elas lançam garrafas com mensagens para encontrar amigos:

> "Ao final de um mês, uma das garrafas foi encontrada em uma praia 80 quilômetros distante de Puerto de White, lugar de onde partiu, por uma família que leu a carta. E não apenas eles responderam para a criança que a havia escrito, mas também vieram ao abrigo, e como Cristian havia dito que gostava de linguiça e de laranja, eles os trouxeram e almoçaram conosco. Cristian mantém sempre uma correspondência regular com a família".

Na oficina impulsionada por essa mulher, é por meio de toda uma poética do cotidiano que as palavras escritas, no começo tão distantes, se insinuam na vida dessas crianças ou desses adolescentes. A leitura é atenção delicada aos seres e às coisas, que começam a ser nomeados. Todos os sentidos são revelados e artes múltiplas se mesclam "naturalmente" à leitura: o desenho, a colagem, o cinema, aonde ela lhes leva algumas vezes, a música, a escrita. Todas participam de uma mesma experiência.

Outros mediadores, cada um com sua inventividade própria, conjugam leitura, escrita e artes plásticas — como Lirio Garduño, que é pintora e poeta, com os jovens infratores de Guanajuato, no México. Ela os faz trabalhar com a obra de Frida Kahlo graças a uma pequena caixa que contém várias fotos da artista e de sua obra: "Esse foi o catalizador: eles são levados a olhá-las lentamente, a trocá-las e comentá-las. Eu lhes pedi que escolhessem uma e escrevessem algo sobre ela. Todos o fizeram com muito prazer e as perguntas começaram: quem era ela, onde vivia, se era lésbica, se era louca, se Diego a amava de verdade etc.".

Ou então Lirio propõe aos jovens folhear livros de arquitetura para que cada um escolha uma casa que lhe agrade, e um opta por um *kasbah* no Marrocos (em um catálogo sobre as arquiteturas da terra), outros pelo imóvel de Hundertwasser em Viena, uma construção de estilo colonial no México ou ainda uma casa em miniatura de papel; alguns fazem planos. Ou ela os incita a fazer colagens, de palavras e de imagens, com base nas leituras realizadas na oficina:

> "Essa atividade particularmente me agrada, e creio que não sou a única. É uma explosão de imaginário, uma liberação. Durante um ano, há uma busca constante da imagem ideal, de imagens que poderão ser combinadas. Há também uma destruição-construção que não deixa de ser perturbadora. Fazer o novo com diferentes elementos antigos; construir a partir da destruição, dar livre vazão aos sonhos, ao que gostaríamos que o mundo fosse".[30]

Ela assume assim o hábito de alternar literatura e arte, propondo os artistas mais variados e pedindo aos participantes que escolham uma imagem, ou várias combinadas, para reproduzi-las ou recriá-las (e reencontramos a cópia), o que suscita "um estranho frenesi" no qual todos trabalham com fervor, sem dizer uma palavra (o que é mais espantoso ainda). Após uma sessão folheando livros sobre Gauguin ou a *pop art*, Lirio comenta: "As duas horas passam rapidamente, com uma atividade intensa e, devo dizê-lo, com alegria. Como podemos ser alegres na prisão? Pois bem, pode-se ter aí momentos de alegria. Eles são preciosos e únicos, e penso que é preciso conservá-los conosco para sempre".[31]

---

[30] L. Garduño, "Collages de palabras, collages de imagenes", Taller de Lectura del SETMI, abr. 2006.

[31] L. Garduño, *Memorias...*, *op. cit.*

Um corpo cultural,
alternativa ao corpo guerreiro

Para ela, como para Mirta Colangelo, é desde o início, a partir de uma prática pessoal plural, que arte, leitura e escrita foram espontaneamente conjugadas. Em outros casos, é o desenrolar do programa, seu movimento próprio, suas dificuldades, que conduzem os mediadores, como em *Eu escolhi a fala*, realizado com os jovens desmobilizados do conflito colombiano.

Ele havia sido concebido com o objetivo de levá-los a recompor sua história, a alargar e transformar suas referências reais e imaginárias; a desenvolver suas possibilidades de expressão e a compartilhar espaços de fala onde cada um tivesse voz ativa e fosse respeitado; e a lhes permitir atingir uma autonomia, pensar e se representar como indivíduos dotados de uma personalidade singular e como sujeitos com direitos, já que vinham de um contexto onde toda expressão pessoal, toda exploração de si haviam sido impedidas.

O programa, complexo e muito bem estruturado, se desenrolou segundo diversos eixos temáticos: a memória, a identidade, a viagem. Mas aquelas e aqueles que o aplicaram se deram conta rapidamente de que inúmeros de seus pressupostos não se sustentavam e que deveriam inventar, semana após semana. Por exemplo, se a oralidade havia sido considerada no início do projeto, foi preciso levar em conta o fato de que os adolescentes não estavam habituados a ouvir por muito tempo e que não tinham bagagem cultural e linguística suficiente para seguir certos textos. E a escrita resultou providencial, por meio de textos simples vindos da tradição oral, que foram, mais uma vez, parafraseados e depois reelaborados.

Por conta de suas grandes dificuldades de concentração e de expressão oral, apareceu assim a necessidade de introduzir a dimensão audiovisual. Contos tradicionais como *A princesa e o pirata*, ou *O asno e a figueira*, ou textos como *Willy, o tímido* de Anthony Browne, *Tocotoc, o carteiro apaixonado* de Clarisa Ruiz, *O sequestro da bibliotecária* de Margaret Mahy foram transformados pelos participantes para servir de argumento para um filme. Cada um deles se tornava o herói de alguma narração, sujeito ativo de uma história própria, que seria filmada em vídeo. A história propiciava a escrita de cenários e de *story-boards* e a criação de personagens, favorecendo um distanciamento em relação a sua própria experiência, a realização de máscaras com a técnica da colagem e, por fim, uma distribuição entre eles dos diferentes ofícios ligados à filmagem.

Foi ainda ao longo das oficinas que se impôs a necessidade de incluir os trabalhos manuais, que estimulam a motricidade fina. Foram assim articuladas, conjugadas, diferentes práticas culturais que fazem intervir o corpo (pela atuação do ator, o gesto da mão, a dança), a imagem (pelo desenho e a escrita audiovisual) e a linguagem verbal (pela leitura, a escrita, as discussões).

"Os que acabavam de chegar (à oficina) diziam quase sempre: 'Eu não posso', 'Não sou capaz', 'É muito difícil'..."[32] Aos dezesseis anos, um lápis na mão, John falava assim: "Eu não sei desenhar, eu não sei escrever — Mas você pode colorir", propuseram-lhe.[33] Com alegria e medo de não conseguir, John se põe a cobrir uma grande folha de papel com um

---

[32] B. H. Robledo, "El lugar...", art. cit.

[33] É o que reencontra C. Jobert no Teerã: "Como o ato de colorir não intimida ninguém, eu podia ocupá-los assim todos ao mesmo tempo, sem questões nem apreensão, mais disponível então para passar nas fileiras e explicar o que eu esperava deles: uma pequena história inspirada no motivo a ser colorido, mesmo bem pequena, mesmo cheia de erros.

O objetivo era antes de tudo dissipar uma apreensão com o escrito — sempre esses 'Eu não sei fazer', 'Eu não vou conseguir' — que aparecem também, ainda que em menor grau, na leitura" (*op. cit.*).

Ler, escrever, desenhar, dançar

amarelo gritante. Pouco a pouco, eles mesmos se espantavam por poder fazer algo, ganhavam confiança. "Por isso", diz Beatriz, "foi muito importante compartilhar as produções de todos no fim das sessões. Eles tiveram de aprender coisas tão elementares quanto ouvir e valorizar o outro em um espaço de liberdade, por convicção e não por medo; aceitar as diferenças, arriscar-se a dar uma opinião pessoal e respeitar a dos outros".

Ela escreve:

> "Hoje, não sabemos qual caminho tomou cada uma dessas crianças e desses jovens, não sabemos bem com quais bagagens eles saíram desses abrigos para a vida adulta e para a dura realidade. É provável que uns tenham retornado à guerra, que outros tenham reencontrado seus familiares e que alguns tenham obtido sucesso em montar um comércio ou encontrar um emprego. Os demais estão ainda ali, passando de um abrigo a outro, aguardando sua suposta maioridade para serem jogados em um mundo, talvez, ainda mais duro do que a guerra. Nós não sabemos nem se essas crianças e esses jovens são leitores, se escrevem — sem dúvida pouco. [...] Mas, se temos certeza de algo, é de que durante alguns meses para uns, um ano para outros, uma tarde por semana, eles habitaram um mundo que lhes era até então desconhecido, o mundo do possível e do desejável, e eles se sentiram criadores, mas mais ainda capazes, como disse uma menina após uma apresentação de dança no teatro do parque, enquanto respondia a um educador que lhe perguntava: 'Como vocês se sentiram? Como artistas?' 'Não', ela disse, 'nós nos sentimos capazes'".[34]

---

[34] B. H. Robledo, "El lugar...", art. cit.
De modo semelhante, Babeth Forest, animadora de uma oficina de

Por meio do desenho, da ilustração relacionada aos contos, da reescrita de relatos lidos, da criação de histórias próprias, esses adolescentes adquiriram confiança em si mesmos, descobriram-se sujeitos capazes de criar e de sonhar. Ao propor ferramentas que permitem construir, pouco a pouco, um corpo cultural como alternativa ao corpo guerreiro, aquelas e aqueles que impulsionaram essa oficina abriram aos participantes uma possibilidade de ter com o mundo uma relação que não seja apenas de predação, de domínio ou mesmo de utilidade. Maturação psíquica evidentemente suscetível de conhecer todas as regressões, ao sabor dos acasos da vida dura que os espera na saída. Nada pode ser considerado definitivamente ganho, sobretudo em contextos tão conflagrados, onde a segregação social é tão violenta. E o mediador só pode dar o que ele tem, não pode reparar as desordens e as desigualdades do mundo, nem lá nem aqui.

Pois, evidentemente, morar em determinado bairro de Medellín ou alistar-se nas fileiras da guerrilha tem causas sociais que ultrapassam a literatura e a arte. Estas não são, entretanto, um ópio. O que está em questão aqui é a abertura de um espaço para que eles não percorram todo o caminho que vai da pobreza aos grupos armados e depois à delinquência, e desta à morte precoce ou à prisão. Uma margem de manobra que redesenhe um pouco as fronteiras e esboce passagens em direção a um outro lugar.

---

escrita no serviço social Samu, em Paris, observa: "Quando eles descobrem que esse mundo lhes concerne, o mundo da beleza, da literatura, da poesia, há uma espécie de alegria, eu penso, da qual devem tomar posse, é como uma conquista. Portanto, na verdade, a escrita os conduz a uma tomada de consciência de seu talento, e creio que é verdadeiramente isso que é central" (IV Encontro Nacional da Rede Wresinski Cultura, 3/12/2004, Paris, ATD Quart Monde, p. 12).

Religar o corpo e a linguagem verbal

Longe de todo dogmatismo, a busca de propostas apropriadas conduziu esses profissionais a inventar ao longo de todo o caminho e a conciliar diferentes modos de proceder. Talvez eles sentiram que com esses adolescentes era necessário agir simultaneamente em vários níveis, pelas três vias complementares que nos seriam dadas para tomar distância em relação a uma experiência (particularmente a uma experiência traumatizante) e transformá-la: o corpo, as imagens, a linguagem verbal.[35] Pensemos na biblioteca onde os jovens praticam boxe e fazem grafites, no centro que acolhe jovens suicidas em Bordeaux, ou nos "cuidados culturais" múltiplos administrados na Casa de Solenn, em Paris.[36]

Em certos contextos, a combinação, o casamento de várias "artes" é talvez desejável: foi a hipótese que me veio após ter ouvido Patricia Correa, coordenadora de um programa de leitura nos hospitais colombianos, observar que os soldados feridos pediam frequentemente emprestado histórias em quadrinhos (já as evoquei anteriormente). Sua observação me havia impressionado: em muitas ocasiões, não eram obras cheias de palavras que eu tinha levado para recém-operados ou convalescentes, mas histórias em quadrinhos ou livros ilustrados com reproduções de pinturas, desenhos ou fotos, com a ideia, mais ou menos consciente, de que tais páginas os apaziguavam, lhes ofereciam um espelho harmonioso nesses tempos em que a imagem deles próprios estava danificada. Em certos contextos, as palavras talvez não fossem suficientes, ou pelo menos requeriam a companhia de imagens.

Evocando o prazer que ela tivera com essas histórias em quadrinhos, uma amiga me diz algum tempo depois: "Creio

---

[35] Cf. S. Tisseron, *Comment Hitchcock...*, op. cit., pp. 54-5.

[36] http://www.mda.aphp.fr/soinsculturels.html.

que isso tem muito a ver com a coexistência do desenho e do texto". Sua observação me lembrou que muitos artistas, feridos ao extremo, haviam justamente sentido a necessidade de casar o desenho e as letras. Proporei aqui um pequeno exemplo, para levar um pouco mais adiante nossa exploração.

Durante a Segunda Guerra Mundial, em janeiro de 1941, Matisse, com 72 anos, deve enfrentar não somente os anos negros por que passa a França, mas também outras provações: descobriram um tumor em seu intestino, e ele deve sofrer uma pesada intervenção cirúrgica, à qual vão suceder duas embolias pulmonares. Tendo agora de vestir um espartilho de ferro que torna penoso ficar parado em pé por mais de uma hora, limitado nas posturas de seu corpo, ele vai no entanto atravessar todas essas provações, e muitas outras, e viver cerca de catorze anos. No curso do que qualificará de "segunda vida", inventará outras formas.

Alguns meses depois da intervenção, ele escreve a seu amigo Rouveyre dizendo que retomou o trabalho, a começar por desenhos de si próprio.[37] Durante algum tempo, pensa em escrever suas memórias, mas logo desiste e, para recompensar o editor, lhe propõe ilustrar um livro, *Os amores*, de Ronsard. A Rouveyre, escreve: "Ronsard está sempre perto de mim. [...] Ele canta a sua canção em todos os tons e é preciso que eu faça algo". Envolvido completamente nessa leitura, ele começa a recopiar poesias, que envia a seu amigo, dizendo-se literalmente "habitado" e "absorvido na presença física do gesto que resulta de sua escrita". Ao longo dos dias, ele elabora um florilégio no qual retém apenas os versos que celebram as mulheres amadas, sentindo-se mais capaz de ilustrá-las do que quando era mais jovem: "Por quê? Já que a minha sensação de frescor, de beleza, de juventude perma-

---

[37] Henri Matisse, *Écrits et propos sur l'art*, Paris, Hermann, 1972, p. 187 [ed. brasileira: *Escritos e reflexões sobre arte*, São Paulo, Cosac Naify, 2007].

nece a mesma de há trinta anos em relação às flores, um belo céu, uma árvore elegante, deveria se modificar diante de uma jovem mulher?... porque eu não posso mais tocá-la!".[38]

Durante todo o ano de 1942, crises hepáticas se multiplicam e Matisse teme uma nova operação, cujo desenlace seria incerto. Então ele trabalha, na cama, em seu Ronsard, que o ajuda a retomar seu equilíbrio moral. "Espetei na parede à minha frente todas as ilustrações com as quais eu vivo dia e noite. Eu acrescento, suprimo e creio que raramente as circunstâncias favoreceram desse modo o nascimento de um trabalho que, de secundário por essência, se tornou algo essencial."[39]

Antes que complete o Ronsard, ele começa a trabalhar na obra de outro poeta, Charles d'Orléans, com quem se sente "na maior intimidade". A apropriação tem início nesse gesto tão próprio à leitura, cortar e, depois, reunir, colar de outro jeito: "Eu passeio através de Charles d'Orléans abrindo caminho com o facão".[40] Ele se identifica com d'Orléans, também recluso em seu quarto. Como remédio a suas preocupações e a seu cativeiro em terra inimiga, ele tinha inventado baladas de grande leveza. "Eu encontro constantemente novas satisfações", escreve Matisse. "Como se encontram violetas sob a relva. Se eu ilustrasse, seria fascinante encontrar uma expressão de desenho à altura da música. Eu me vejo lendo-o na manhã de cada dia como ao saltar da cama se enche os pulmões de ar fresco".[41]

Para incorporar mais ainda as baladas, ele as caligrafa e as endereça a seu amigo em grande número de envelopes

---

[38] *Ibid.*, p. 220.

[39] *Ibid.*, pp. 221-2.

[40] Citado por Pierre Schneider, *Matisse*, Paris, Flammarion, 1992, p. 632.

[41] H. Matisse, *Écrits et propos sur l'art*, *op. cit.*, pp. 225-6.

decorados. Rouveyre lhe responde: "O que decorre dessa espécie de jorro espontâneo que são teus envelopes é um casamento estreito e delicioso entre a letra e o desenho".[42] Matisse passa noites fazendo As, Ms, as letras se fazem troncos, folhas enroladas, serpentinas, rendas. Esse voo da letra o acalma, encher páginas de escrita o permite esquecer o sentido das palavras "para ser penetrado apenas por seu gesto". Ele até aconselha o remédio para um amigo deprimido: "Faça páginas de escrita, você dominará o nervosismo. [...] Encontre então algumas lendas em linguagem antiga de seu país".[43]

Eu poderia evocar também Apollinaire, o poeta ferido, de cabeça enfaixada, que compôs poemas-desenhos que figuram jatos de água (mas também de sangue), cujos textos evocavam, explicitamente, uma ferida:[44] para dizê-la, as palavras deveriam assumir uma forma gráfica, brotar elas mesmas de uma chaga primordial, para recair em um conjunto equilibrado, simétrico. Ou Charlotte Salomon, que, perseguida pelos nazistas, teve de enfrentar a revelação de um terrível segredo familiar: no decorrer das gerações, todas as mulheres de sua família se suicidaram. "Tenho às vezes a impressão de que o mundo está em pedaços e que seria preciso refazê-lo inteiramente", ela escreve. Então, para conjurar a fatalidade, ela se compromete a contar sua vida, a representá-la e a ligá-la a episódios em uma espécie de imensa história em quadrinhos, um conjunto de 1.325 guaches, frequentemente cober-

---

[42] *Matisse: une seconde vie*, Paris, Musée du Luxembourg/Hazan, 2005, p. 250, nota 24.

[43] Citado por P. Schneider, *op. cit.*, p. 633.

[44] Um deles, "La colombe poignardée et le jeu d'eau", seria publicado no ano de 1918; outro ilustra o catálogo de uma exposição em 1917. Embaixo está escrito: "Como uma flor morrendo nas mãos de um pálido soldado ferido" (cf. Pascal Pia, *Apollinaire par lui-même*, Paris, Seuil, 1954).

tas de palavras: uma "peça cantada".[45] São todos os sentidos que precisa, de modo vital, reunir.

Se artistas tão diferentes sentiram em momentos nos quais corriam risco de morte uma mesma necessidade de inventar formas que conciliassem o desenho e a letra (e atrás desta, a música), é por puro acaso? Eu ousaria aproximar suas invenções do prazer que os soldados feridos têm de ler histórias em quadrinhos ou livros ilustrados? Talvez isso seja compreendido no pano de fundo do conflito que opõe corpo e linguagem. Em *Corpo e criação*, Michel Ledoux escreve:

> "Nós temos, sobretudo há um século, desenvolvido em um ritmo vertiginoso nosso domínio sobre o mundo exterior. Temos também tentado estabelecê-lo sobre nosso mundo interior, como manifesta o desenvolvimento da psicanálise.
>
> Nesse trabalho a linguagem, seja matemática, seja verbal, foi-nos de um auxílio imensurável. Mas não teria ela deixado escapar todo um domínio que não pode ser elaborado apenas por meio desse instrumento? Algo do corpo que não pode ser dito senão por meio de outra linguagem, mais próxima, mais concreta, mais adequada, uma linguagem no entanto que conhecemos bem, pois ela foi a de nossa tenra infância, antes do uso de palavras com as quais deveríamos moldar nossa experiência concreta, não sem dificuldade nem prejuízo.
>
> Essa linguagem do corpo era rudimentar demais para permitir as aquisições culturais e científicas posteriores. Mas, nas mãos do artista, é suscetível de uma grande elaboração, restituindo-nos então toda uma ex-

---

[45] Charlotte Salomon, *Vie ou théâtre?*, Paris, Paris-Musées/Musée d'Art et d'Histoire du Judaïsme, Prestel, 2006.

periência viva da qual nos arriscaríamos, sem isso, a ficar privados".[46]

O artista, diz Ledoux, nos permite unir "os espaços fragmentados e os tempos estratificados da nossa experiência psíquica, que se põem a funcionar de modo harmonioso, mediante um fenômeno de indução, ou melhor, de ressonância, que nos confere esse sentimento de plenitude e de felicidade em uma unidade reencontrada".[47]

Mais ainda quando o corpo é atingido, quando a vida é ameaçada, talvez nos seja preciso reencontrar, entre este e a linguagem verbal, passagens que haviam sido perdidas. Cada um a seu modo, é o que procuram, mais ou menos conscientemente, muitos profissionais que impulsionam espaços de leitura compartilhada, não submetidos à utilidade imediata. Como Janine Méry, psicanalista, que há muito tempo recorre aos livros no seu trabalho terapêutico e que anima atualmente um clube de leitura: "Na escolha dos textos, dos poemas ou jogos que proponho, tento suscitar ou estimular as ligações psique-soma a fim de restabelecê-los quando elas não puderam ser mantidas ou de estimular quando elas o foram. Procuro conferir novamente às palavras a sua sensorialidade, devolver 'a carne às palavras'".[48] Ela apresenta, então, ao grupo "textos curtos que representam de algum modo quadros". Próximos a esse respeito dos sonhos, eles mobilizam "o pensamento em imagens", ela diz; sua construção e sua forma mobilizam o pensamento em ideias.

---

[46] M. Ledoux, *op. cit.*, p. 109.

[47] *Ibid.*, p. 128.

[48] Janine Méry, "'Allumez les bougies!': une séquence de lecture plurielle", *Revue de Psychothérapie Psychanalytique de Groupe*, 2003/2, p. 133.

Na esteira de vários daqueles que eu conheci, privilegiei aqui os "casamentos deliciosos" entre leitura, escrita e artes gráficas, e evoquei de passagem algumas ligações com a música ou o cinema. Seria preciso dizer uma palavra sobre os enlaces entre leitura, escrita e teatro, que reaparecem em diversas experiências, como na que foi levada a cabo por Adriana Flores na província de Catamarca, na Argentina. Quando ela se encontrou num abrigo para adolescentes onde havia lugar para a leitura, pensou que o teatro facilitaria a apropriação da literatura. Foi preciso frustrar os deboches e a agressividade de uma parte dos meninos, "lutar contra sua baixa autoestima, seu medo do ridículo e da exposição" pública passando muito tempo falando com eles e ouvindo suas histórias pessoais. Cada ano, os alunos participam agora de um festival entre colégios, no qual apresentam peças que misturam heróis e elementos inspirados em leituras múltiplas (das lendas regionais aos contos maravilhosos europeus, da mitologia grega às *Crônicas das Índias*) e incluem uma crítica política muito viva (contra o genocídio dos índios, a venda duvidosa de terras ou os abusos e a discriminação que sofrem as crianças). E é, aí também, uma notável melhoria da autoestima que Adriana observa. A leitura exerceu um papel "protetor", "salvando-os da apatia, da indiferença, da exclusão e do esquecimento", e favoreceu a troca de experiências artísticas e humanas.

No final das contas, é a uma "cultura sem limites" que esses mediadores convidam, para falar como as mulheres de Leer Juntos na Espanha: eles gostariam que cada um se apropriasse, da maneira mais bela, do que foi composto há séculos ou anteontem: lendas, canções, pinturas ou danças próprias de um lugar, mas também obras "universais". Nessas atividades plurais, "a leitura reaparece à maneira de um refrão numa canção", como o expressa Patrícia Pereira Leite.

7.
LEITURA E EXÍLIO[1]

> "Nunca tente guardar coisas nos seus bolsos, porque podem tomar tudo o que você tem neles. Guarde as coisas sempre na cabeça, porque ninguém poderá roubar o que você tiver."[2]

Um dia, os pais de Samir trocaram a Tunísia pelo leste da França, onde ele nasceu, dezenove anos antes de eu conhecê-lo. Quando o ouço falar, tenho a impressão de que ele literalmente não sabe onde se situar, onde encontrar lugar. Na família, ele se sente mal, sob o controle de um pai tradicionalista que está "sempre no seu pé". Quando vai à cidade, uma grande quantidade de coisas lhe indicam que não há ali lugar para ele: os olhares desconfiados no ônibus, os restaurantes ou as discotecas onde é impedido de entrar, sob o pretexto de que as mesas já estão todas reservadas. Pouco antes de nossa entrevista, o resultado das eleições lembrou-lhe que uma parte daqueles com quem cruza queria vê-lo expulso. Na Tunísia, durante as férias, é zombado, invejado por sua família, explorado pelos comerciantes; ele se sente ainda mais rejeitado do que na França. É um menino fino, sensível, infeliz. Sozinho no mundo.

Estudante, ele trabalha muito para tentar não decepcionar o pai. Lê pouco, mas leu com frequência quando era

---

[1] Este capítulo retoma algumas passagens de "La lecture, c'est mon pays", *Lecture Jeune*, Paris, 106, jun. 2003, pp. 13-6.

[2] Uma mulher citando a sua avó, após uma conferência que dei em Buenos Aires sobre o tema do exílio, em 14 de maio de 2005.

criança, e depois no colegial. Uma bibliotecária lhe dava conselhos. Ele evoca alguns títulos: quando se lembra de *O castelo de minha mãe*, de Marcel Pagnol, sua voz se torna mais doce, ele sorri. Conta que o leu maravilhado e fala, feliz, dessa morada que esperamos ao fim de um longo trajeto. A hospitalidade do livro deu continuidade à da bibliotecária, e a história alimentou sua fantasia de um Sul onde imagina que possa viver um dia, a meio caminho entre o país de origem e a região onde mora. Um Sul onde as vozes cantam como no livro de Marcel Pagnol (ele toma sempre cuidado de pronunciar o nome do escritor antes de seu sobrenome, enfatizando o "Marcel", como se fosse um amigo). Pouco antes da entrevista, o livro ainda acenara para ele: estava em um trem, entediado; uma mulher sentada à sua frente colocou de lado seu livro antes de dormir. Ele o pegou, folheou: "E era Marcel Pagnol, *O castelo de minha mãe*...".

"As histórias me ajudam a recuperar-me porque não tive uma infância muito feliz: minha família, originária da África do Sul, arrancada de sua terra, em 1961, correu o mundo. Nos livros e nos folhetins, pelo menos eu estava em casa." Essa frase, que Samir poderia ter dito, é pronunciada por Martin Winkler, cujos pais também deixaram a África do Sul, após ele ter passado ali sua infância.[3] É um pouco a mesma coisa para Christine, cujas lembranças são assombradas por separações em plataformas de estações, em trens rodando pela Europa; depois, ela passou muito tempo procurando o lugar, a cidade, a casa, onde, finalmente, pudesse chegar. Exceto nos tempos, apaziguados, cada noite antes de dormir, em que ela reencontra seus livros: "A leitura é meu país, nada me falta quando eu leio. O tempo desaparece. E eu não dependo de ninguém para isso".

---

[3] Entrevista publicada em *Télérama*, 8/12/1999.

Encontrar a felicidade... ou a desilusão

Hoje, um grande número de pessoas como Samir, Christine ou Martin Winkler vive em lugares diferentes daqueles nos quais seus pais, ou eles mesmos, passaram sua infância. Estão entre diversos lugares, diversas línguas, diversas culturas. E em tempos de globalização, será cada vez mais assim. As migrações internacionais alcançam, com efeito, uma grande extensão na maioria das regiões do mundo — mesmo se 97% da população é sedentária. Alguns desses deslocamentos são verdadeiras deportações, outros, êxodos voluntários, e a fronteira entre os primeiros e os segundos não é sempre clara.

Todavia, a maior parte daqueles e daquelas que enfrentam a adversidade e, às vezes, os maiores perigos para ir a outros lugares o fazem porque estão convencidos de que em outro lugar viverão melhor e porque, por muito tempo, sonharam com isso, como o jovem Ramiro, que foi do nordeste da Argentina a Buenos Aires "para encontrar a felicidade", como diz a Nancy Yulán.

Nos países ou regiões de chegada, muitos deles se revelam obstinados, inventivos, particularmente dispostos a aproveitar as oportunidades e abrir caminho. Além disso, o retorno definitivo ao país de origem é bem pouco frequente. Todavia, se alguns se entusiasmam com as novas possibilidades e podem tirar proveito delas, outros são confrontados com uma grande perda de ilusões e de *status* social. É preciso insistir neste ponto: eles sofrem menos com o exílio do que com a opressão econômica, o desemprego, a xenofobia, o desprezo. Nos lugares de chegada, com efeito, é raro que sejam bem-recebidos, pois a figura do estrangeiro suscita numerosos temores coletivos. A porção de violência que coube a uma parte deles é pouco conhecida ou mesmo negada, qualquer que seja a sua gravidade — particularmente no caso das populações deslocadas, expulsas pela guerra ou pela violência.

As responsabilidades coletivas são raramente assumidas; as instituições que assegurariam, bem ou mal, a sua integração estão frequentemente em crise e, em muitos lugares, a dificuldade de se inserir no mercado de trabalho diminui as esperanças de alcançar uma nova vida, melhorar sua autoestima e sua capacidade de se projetar no futuro.

Fragilizados, eles ou elas podem cair na melancolia e na nostalgia dos entes queridos e da terra natal, às quais se acrescenta a culpa pela ideia de que se afastar do lugar onde viveram seus ancestrais é uma falta: a despeito da extrema banalização da migração na época contemporânea, expatriar-se ainda é na maioria das vezes malvisto. E os que permaneceram no país de origem não deixam, aliás, de lembrar aos migrantes sua "dívida".

Para construir uma vida no exílio, "é preciso amar as suas origens", escreve Rojas-Urrego;[4] mas "é difícil querer bem às suas raízes quando a violência lhe obriga a abandoná-las, quando não a negá-las". E em muitas famílias que migraram, não há transmissão da história familiar nem da cultura de origem, porque os pais não podem reavivar suas lembranças, porque eles estão separados há muito tempo da terra que deixaram ou porque pensam que isso prejudicaria a integração das crianças no país de chegada. Este é frequentemente percebido com ambivalência, assim como sua cultura. E, temendo trair seus pais, uma parte das crianças mantém com tal cultura uma relação de desprezo amoroso em que o fascínio se mistura com a rejeição.

Para a maioria, encontrar-se entre duas culturas é, portanto, uma questão a ser sempre retomada, na qual eles se chocam com a história colonial, cuja memória é reativada pelas humilhações de hoje. Ora, sobre essa história e sobre as guerras de independência, os pais silenciam, capítulos in-

---

[4] A. Rojas-Urrego, art. cit., p. 388.

teiros são censurados porque são dolorosos demais. Mais que uma perda de "tradições", uma parte dos migrantes e de seus filhos sofre assim de um passado violento, impossível de ser colocado em palavras, socializado, compartilhado. Alguns vivem perseguidos, prisioneiros de episódios marcados pela crueldade, pelo mistério, vividos pelas gerações anteriores. E a dificuldade de representar o passado com frequência os impede de se projetarem em um futuro.

Entretanto, quando encontram respostas a suas questões graças a mediações culturais, quando pensam a vida de seus pais no interior de uma história mais ampla, compartilhada, eles estão mais aptos a se distanciar e construir identidades flexíveis, abertas.

Tecer a epopeia familiar

A possibilidade de contar sua história, de dar-lhe uma coerência, de tecer uma narração a partir de experiências descosturadas, que abordamos no capítulo 3, assume aqui todo o seu sentido. De resto, a eficácia dos relatos é familiar a diversos profissionais que trabalham com filhos de migrantes; a certos ortofonistas, por exemplo, que se dedicam à elaboração de um relato da vida familiar com o apoio de um "genograma", uma representação que inclui os espaços e os tempos de vida de cada filho;[5] ou a sociólogos como Catherine Delcroix, que concebeu a hipótese, confirmada em cada uma de suas pesquisas, de que, "todo o resto sendo igual, os filhos que crescem em uma família cuja história lhes é contada por seus pais são mais conscientes das razões que os fizeram aportar nessas margens, mais aptos a referir sua presença a um projeto de futuro formulado por seu pai ou seus pais,

---

[5] Cf. Francine Rosenbaum, "Clinique orthophonique et migration", *L'Autre*, vol. 4, 3, 2003.

mais seguros de seu lugar no mundo, mais armados talvez contra o inevitável encontro com preconceitos racistas, mais orientados para uma atitude pragmática de inserção na sociedade francesa".[6] Como disse Daniel Bertaux, "os pais dispõem também de recursos morais, de capacidades de educar, de encorajar e dar confiança, de recursos intelectuais não sancionados por um diploma, mas bastante presentes no cotidiano: em suma, de recursos subjetivos, um imenso arquivo que é finalmente aberto. A capacidade de contar aos filhos a sua pré-história, isto é, a história de seus pais, constitui apenas um exemplo entre mil".[7]

Às vezes, as instituições educativas, culturais, e os mediadores de livros e histórias ajudam muito a construir tais relatos. Assim, em certos liceus da periferia parisiense, oficinas de "relatos de exílio e autobiografias" foram estabelecidas. No liceu Jean-Jaurès da cidade francesa de Montreuil, em duas classes de primeiro colegial, ajudados por um professor, um escritor e um fotógrafo, os adolescentes coletaram arquivos familiares, fizeram pesquisas na internet, estudaram os fluxos migratórios e a urbanização na região, realizaram pesquisas nos arquivos departamentais, entrevistaram os pais, colheram fotos. Seguiu-se um trabalho de escrita, e depois o material recolhido foi passado para o computador para criar páginas da web, o que implicou aprender um programa, a pesquisa de imagens, a paginação etc. Uma antologia em papel, *2004: a odisseia das memórias*, também reuniu os textos dos alunos; todos escreveram, mesmo os mais agitados, mesmo os mais desleixados. Todos contribuíram com um enorme acréscimo de trabalho para corrigi-los, sem nunca resmungar. A professora destaca a transformação radical das

---

[6] Evocado por Daniel Bertaux, "Du récit de vie dans l'approche de l'autre", *L'Autre*, vol. 1, 2, 2000, p. 253.

[7] *Ibid.*, p. 254.

relações dos alunos entre si e com ela: "Mais escuta, menos tensões, mais solidariedade, vontade de compartilhar, mais motivação, mais prazer de estar ali". E sublinha, no final das contas, "o sentimento de um grande orgulho e a retomada da autoestima".[8]

É o que constatam igualmente, na outra margem do Atlântico, no Canadá, os que impulsionaram ações de prevenção com as crianças mais jovens. Inspirado por uma equipe de psiquiatria transcultural, uma oficina de expressão criadora foi, assim, estabelecida em uma escola primária de Montreal que acolhe imigrantes e refugiados recém-chegados de diferentes países envolvidos em situações de violência.[9] Foi pedido às crianças, notadamente, que recolhessem em sua família um mito ou uma história e depois a contassem em sala de aula. Encontrando-se na posição do saber, elas tiveram muito orgulho em trazer e compartilhar o que trouxeram de casa. E manifestaram grande atenção ao ouvir as narrações de seus pares, sobretudo porque cada mito era em si uma metáfora parcialmente reportável à situação particular de cada menino ou menina presente. Muitas das histórias contadas foram, aliás, retomadas por crianças originárias de outros contextos culturais, que, sob a forma de desenhos e histórias, apropriaram-se de um tema ou de um personagem que tinha que ver com suas preocupações.

O sucesso da oficina o confirmou: mitos ou contos estabelecem um "sistema de sentido" que pode ser transformado para melhor refletir uma experiência vivida, sem que a coerência do "sistema inicial" se perca.[10] As que o aplicaram

---

[8] *La Lettre*, Centre de Promotion du Livre de Jeunesse Seine-Saint-Denis, 6, jun. 2004.

[9] Cécile Rousseau, "Le défi des écoles acueillant les enfants de la guerre", Colóquio Intégration et Scolarisation des Élèves Immigrants: "Dessine-moi une école", Montreal, 23/5/2003.

[10] *Ibid.*

recuperaram uma dimensão que nos é familiar: uma metáfora permite dar sentido a uma tragédia, evitando, contudo, que ela seja evocada diretamente, permite transformar vivências dolorosas, elaborar a perda, assim como restabelecer laços sociais.

Tanto em Montreuil como em Montreal, essas experiências foram a ocasião de lançar uma ponte entre a escola e os pais. Ora, ali onde a cultura escrita foi por muito tempo, ou ainda é, privilégio dos que estão em posição dominante, apropriar-se dela é frequentemente percebido como uma traição aos seus, uma violação de sua própria condição, uma renúncia de si. Mais ainda quando a aquisição da escrita constrange a renunciar à língua falada na infância, à cultura dentro da qual crescemos. É uma reação familiar aos antropólogos da educação, assim como a muitos professores que se chocam com a recusa ou com o muro de silêncio que lhes opõem às vezes aqueles aos quais eles tentam ensinar a leitura e a escrita:[11] alguns resistem a aprender a ler ou rejeitam os livros por medo inconsciente de se apartar de seus pais, quando estes temem que a cultura escrita leve seus filhos para um mundo estranho, do qual se sentem excluídos. Em compensação, se os pais podem ser associados à descoberta desse universo, conquistados pelo prazer de ler ou de ouvir os outros lendo, e compartilhar suas próprias riquezas, especialmente narrando contos e lendas que lhes foram transmitidas, seus filhos experimentam um sentimento de legitimidade e se sentem mais autorizados a entrar na cultura escrita. E as conversas e trocas em família se enriquecem.

---

[11] "A ambivalência em relação ao ensino é um tema constante nos testemunhos das comunidades indígenas. Atitudes similares ao ensino foram descritas a respeito de outros grupos nativos nos Estados Unidos", escreve Elsie Rockwell ("Indigenous Accounts of Dealing with Writing". Trabalho apresentado na American Anthropological Association Conference, Chicago, Illinois, 17-20/11/1999).

Dar lugar a uma pluralidade de vozes, de culturas

Com populações situadas entre vários universos culturais, cada mediador explora e é às vezes levado a questionar suas hipóteses da véspera, se não for travado demais por seus pressupostos. Um programa privilegia mitos transmitidos oralmente, extraídos da cultura de origem das famílias, que são em seguida compartilhados.[12] Outro recorre às transcrições escritas de lendas próprias ao país de origem. Outro ainda insiste no fato de que as crianças se apropriam igualmente dos contos elaborados em um universo diferente. Ora a experiência tem lugar em um contexto coletivo, ora interindividual. Frequentemente, ela está associada a outras práticas culturais: a escrita, o teatro, o desenho, a realização de um vídeo etc.

De minha parte, não tenho nenhum dogma em relação ao assunto, na medida em que os contextos específicos devem ser levados em conta. Entretanto, as pesquisas que coordenei, assim como o que pude ler e ouvir, me levaram a ter algumas convicções.

Evoquei no primeiro capítulo a importância-chave da recepção. A esse respeito, as instituições culturais, e particularmente as bibliotecas, ou as seleções de obras propostas pelos mediadores, não deveriam apresentar um fundo monolítico, mas aparecer como o lugar de uma multiplicidade de vozes. Quando a história do país de origem dos pais, suas obras de arte, sua literatura, até mesmo suas línguas, estão ali representadas e encontram lugar nas estantes ou nas me-

---

[12] Geneviève Patte lembra que, desde o começo do século XX, nas grandes ondas de imigração aos Estados Unidos, contadoras vinham às bibliotecas e pediam às imigrantes, bastante isoladas, que contassem lendas de seu país; elas as recolhiam e faziam um livro — o que valorizava muito essas mulheres, que anteriormente se sentiam bastante rejeitadas.

sas, as crianças, os adolescentes, os adultos tirarão daí motivos de orgulho, mesmo se eles não tocam nelas. Em compensação, se as obras propostas valorizam apenas a cultura dominante, fracassamos em estabelecer pontes.

Penso, por exemplo, em uma cena que se desenrolou na ocasião de um primeiro encontro em uma escola da grande Buenos Aires, onde membros do grupo Miradas acabavam de propor atividades para desmistificar autores "difíceis":

> "Procuro na minha biblioteca algo para levar para ler na escola. Mitos e lendas da Argentina, contos populares italianos, um livro de poemas de Paul Éluard. [...]
> Apresento os livros e deixo-os escolher o que eles querem que eu leia. Foi escolhido *Mitos e lendas da Argentina* e, nesse livro, a lenda 'O presente da lua'. [...] Era uma lenda guarani sobre a origem do mate. 'Yaci, a lua, estava entediada no céu. Às vezes, ela conversava com as estrelas...' O texto estava cheio de palavras guaranis. Algumas eram traduzidas no rodapé, outras não — 'Araí', 'Yacî', 'Caá'. No final da narrativa, nós nos olhávamos todos, contentes, em silêncio. Só Romualda me olha com os olhos grandes abertos e sorri. Ela se vira, olha seus companheiros e a professora e diz: 'Entendi!' Ela conta que 'Araí' quer dizer 'nuvem', 'Tupá' é um deus bondoso; 'Caá' é o mate. Não parava de falar, entusiasmada. Ela é paraguaia. Houve um clima de festa de vila, de intimidade, de lembranças, de gosto de mate compartilhado em roda. Era como se estivéssemos todos sentados em frente de Yacî e Araí".[13]

Outros mediadores argentinos evocaram momentos desse gênero, nos quais os imigrados paraguaios ou bolivianos,

---

[13] Grupo Miradas, "Diario de encuentros", 2002.

ou membros de comunidades indígenas, se sentiram orgulhosos de serem portadores de uma cultura e felizes por compartilhá-la quando a possibilidade lhes foi dada, saindo, finalmente, de seu mutismo e de sua contenção habituais. O que não os impede, muito pelo contrário, de se abrir em seguida a outras narrativas e, um dia, de tornar suas as palavras de um escritor "legítimo", como nessa outra cena que teve lugar alguns meses depois, ali onde tinha sido lido "O presente da lua":

> "Tínhamos escolhido projetar um documentário sobre Julio Cortázar e intercalá-lo com leituras de suas cartas. Conhecê-lo como uma pessoa. Nós já conhecíamos seus contos. Todo o colégio se reuniu no refeitório. As luzes se apagaram e Cortázar entrou. Lemos algumas cartas. Falamos dele e com ele. Ficamos bastante impressionados quando ele falou do exílio. Não tanto o exílio físico quanto o exílio intelectual ao qual ele se viu constrangido. As palavras escritas proibidas, a exclusão. O rosto dos alunos mostrava o espanto, a compreensão, a identificação e a tristeza. Suas palavras se tornaram as nossas. Os professores participaram muito e todos, alunos, leitoras, educadores, compartilhamos sensações e lembranças. [...]
> Tudo o que foi vivido nessa sala, na quase penumbra, foi memorável. Tínhamos um sentimento de pertencimento. Ao longo de todo o vídeo, ele exprimia muitas coisas que nós não tínhamos sabido exprimir. Ele nos deu voz".

Entrelaçar possibilidades, entre história e rupturas

Na França, quando eu ouvia filhos de migrantes evocarem seus percursos como leitores,[14] ficava impressionada com o fato de que a articulação de diferentes universos culturais era espontânea. Mais do que guerrearem entre si, estes universos se imbricavam. Se intercessores tivessem sabido lhes abrir um caminho em direção aos livros, se eles mesmos não penassem demais para decifrá-los e se não temessem o sarcasmo de seus amigos, eles se apropriavam de fragmentos encontrados tanto nos grandes textos clássicos estudados em sala de aula quanto em romances contemporâneos ou em ensaios históricos retirados da biblioteca. Uma passagem de Voltaire sobre a escravidão formalizava a revolta de um jovem, uma demonstração de Descartes encantava um jovem turco que sonhava ser advogado, e figurava entre suas leituras favoritas, ao lado dos romances de Yachar Kemal que lhe permitiam reencontrar as paisagens, as lendas, a história de um país perdido. Para outro, era um livro de fotos que restituía as cores da terra de origem, enquanto obras de literatura juvenil eram uma passagem para o aprendizado autodidata do francês. E às vezes, eram textos escritos do outro lado do mundo, ou em outras épocas, que vinham lhes trazer notícias deles mesmos.

Obras que esclareciam a história tinham tido igualmente um papel decisivo para muitos deles, levantando o véu de épocas sobre as quais os pais (e a escola, a maior parte do tempo) silenciava, como evoquei mais acima. Pois, como nota Olivier Douville,

---

[14] Cf. M. Petit, C. Balley *et al.*, *De la Bibliothèque au droit de cité*, *op. cit.*, pp. 158-69.

"poder ouvir outros falarem de violências e de silêncios da história [...] é, para o sujeito, um grande auxílio. Ele participa então de uma tecelagem aberta que entrelaça memórias e possibilidades. A migração do pai se torna então um elemento de uma história plural que concerne a mais de um homem, mais de uma mulher e mais de um país. O efeito desinibidor é ainda mais claro se esse passado tem relação a violências e guerras de independência".[15]

(A esse respeito, notemos de passagem, nenhum conto maravilhoso oriental dispensa de oferecer *também* acesso a obras, ensaios e ficções de qualidade sobre capítulos quentes da história...)

Por meio de tais descobertas, de tais apropriações, aqueles que eu encontrava haviam compreendido que uma cultura não é algo congelado, mas vivo e permanentemente em movimento. E eles tinham sentido algumas vezes (muito raramente) que as diferentes culturas haviam se encontrado, fecundado, influenciado, que o Sul desempenhara a sua parte na elaboração das culturas do Norte, e o Norte nas do Sul.

De modo muitas vezes insólito, ler permitia assim a uma parte deles constituir um país interior que deviam apenas a si mesmos, construir pontes entre episódios, entre culturas que guerreavam entre si, dar um pouco de continuidade a um percurso; mas igualmente dar saltos, descolar-se da origem, inscrever-se em uma história e, ao mesmo tempo, realizar mutações em relação ao que viveram seus ancestrais. Desidentificar-se das representações associadas ao bairro onde viviam, distanciar-se em relação às designações sociais, comunitárias,

---

[15] Olivier Douville, "Qu'entend l'élève à l'école de ses appartenances et de ses indéterminations", *Diversité*, dez. 2002. Disponível em: http://www.cndp.fr/revueVei/hs6/13614511.pdf.

familiares. E se apropriar de uma cultura *a priori* estrangeira em vez de considerá-la um domínio hostil. Os achados que eles encontravam na biblioteca abriam para outros círculos que não o dos parentes, da localidade ou da "etnia", e eles se alegravam de aceder a um mundo ampliado.

Todas essas coisas eram insuficientes para compensar as exclusões e reclusões de que eles eram objeto, mas lhes permitiam resistir melhor a elas.

Em *França: relato de uma infância*, Zahia Rahmani conta a vida de uma filha de *harki*[16] transportada para a França no fim dos anos 60 e que, não sem choques e sofrimentos, se constrói graças a um triplo aporte: a epopeia familiar que sua mãe lhe transmite, a hospitalidade que lhe demonstram alguns agricultores vizinhos, as imagens e textos radicalmente estranhos que ela descobre nos livros. A narradora compreenderá mais tarde o valor dos relatos maternos que às vezes a aborrecem:

> "Você começa pelos seus relatos familiares. Agradáveis e belos, eles me transportam. [...] você me diz que esses personagens inofensivos, mesmo mortos e longínquos, não se apagam. Essa filiação, você diz, eu não posso negá-la. É preciso conhecê-la, ela me será útil. Preocupando-me pouco com a verdade de seus relatos, eu queria compreender a sua obstinação em contá-los para mim. Eu ignorava, até esse dia, que foi me colocando no caminho das origens, nessa investigação, que você fez a minha vida durar. Na França, nós emergíamos de um

---

[16] *Harki*: argelinos muçulmanos que, durante a guerra de independência da Argélia (1954-1962), serviram no exército francês. Após a conquista da independência, o termo *harki* adquiriu conotação negativa, equivalente a de "colaboracionista" durante a Segunda Guerra Mundial. (N. dos T.)

vazio, de uma proveniência sem genealogia e é ao preço dessa negação que devíamos ser acolhidos".[17]

Com os vizinhos que a acolhem, ela toma parte nos trabalhos cotidianos, entra e sai como em sua casa: "Eu me sentia sufocada, passava pelas portas como um gatinho procura a sua mãe." E nos livros, ela se joga sobre algo radicalmente diferente desse universo próximo: uma pintura de Modigliani, *A judia*, ou essas "leituras norte-americanas" que ela compartilha com seu irmão e que inspiram todo um espaço imaginário, concretizado em um celeiro que lhes dá lugar, no sentido próprio do termo:

"Sobre as paredes desse pedaço do celeiro estão inscritos em tinta preta alguns desenhos que meu irmão fez durante o que chamávamos, ele e eu, de nossas leituras norte-americanas. Vemos ali cavaleiros ianques ao lado de caubóis saindo a galope de um *canyon*, espadas em punho, como que para ir a uma batalha que desabava diretamente sobre nós. À sua frente, estão índios momentaneamente parados em torno do fogo, projetando suas sombras sobre o couro das suas tendas. Emana dessa parede uma atmosfera calma e serena que me faz pensar que meu irmão se identificava com eles. Num outro lado está pintada a figura de um suplicante estendendo as suas mãos, copiada de um álbum fotográfico de esculturas chinesas. [...] Meu pai não vinha nunca a esse local. Ele nos recriminava, todavia, por ficarmos demais ali para escapar dele. Isso não era para ele senão um nada cujo trabalho ele ignorava. É um milagre que esse refúgio que acolheu cada criança como em seu reino tenha

---

[17] Zahia Rahmani, *France: récit d'une enfance*, Paris, Sabine Wespieser, 2006, p. 37.

guardado esses traços da nossa adolescência, essa decoração de sombras que se pretendia uma homenagem a nossas leituras".[18]

Depois das histórias de índios, é na literatura norte-americana que ela "procura semelhanças", pois esta "se votou ao corpo do desenraizado, ao homem desarraigado e a suas andanças". Tennessee Williams, Hemingway, Fitzgerald, Steinbeck, Melville e Faulkner lhe emprestam a voz:

> "A literatura norte-americana me ensina, e não sem atribulações, sobre todo um povo. [...] Acerca desse povo e da violência que o colocou no mundo, eu queria saber tudo. Se eu não tivesse encontrado seu destino trágico, aquele das crianças negras e de todas as suas mulheres e seus homens arrancados de seu lugar, em luta consigo mesmos, eu teria feito da minha vida um único e constante desarranjo.
> [...] É à literatura que eu devo o fato de ter rompido com esse estado. Ela me ensinou sobre o homem negro e o pária. Desde então, acredito nas virtudes da ruptura".[19]

O livro, morada "natural" dos exilados

Quer se devam a escritores ou a "simples" leitores, esses relatos me convenceram: tanto pode ser estruturante para um filho de migrante elaborar um vínculo com a história de seus pais, quanto isso não significa encerrá-lo em sua cultura de origem, fixá-lo em uma posição de estrangeiro. Se cada um

---

[18] *Ibid.*, p. 60.
[19] *Ibid.*, pp. 60 e 110.

tem direito a uma história, tem igualmente direito a se apropriar de outras terras, de outras vozes, de alargar radicalmente seu universo cultural, de sair da sua morada.

De modo mais amplo, para todo mundo, os livros vêm manter a construção do que chamamos, depois de Freud, o "romance familiar", essa pequena fábula que cada criança forja para si mesma em certo momento, persuadida de que não é filho ou filha desses dois seres enganadores que ali estão, na casa, mas de um príncipe e de uma princesa.[20] Por meio dessas fábulas que nos fazem sorrir ou ranger os dentes, as crianças se protegem das inevitáveis desilusões que lhes infligem seus pais reais. Eles desenvolvem sua autonomia, conquistam uma margem de jogo em relação aos modelos parentais, que se tornam menos constrangedores. Esse devaneio de um novo estado civil se apoia em contos que, na maior parte do tempo, contam que o herói sai de casa para ir ao vasto mundo, por um percurso iniciático que o definirá. O romance familiar, como as histórias que o alimentam, contribuem para o aprendizado da lei humana: o incesto é proibido, você encontrará uma mulher ou um marido fora da casa de seus pais.

É uma função da cultura nos abrir ao Outro e a horizontes longínquos. E deveria ser uma das tarefas dos mediadores do livro fazer descobrir que o *Mahabharata*, ou *O livro de cabeceira*, de Sei Shonagon, concernem a nós tanto quanto a *Ilíada* ou o *Quixote*, introduzir outras paisagens, outras literaturas, outras línguas. Nos anos 1960, Claude Roy queria lançar uma campanha pelo ensino obrigatório do chinês na oitava série, que teria aberto o espírito das crianças "para um outro ar, outra terra, outro continente da aventura de

---

[20] "O romance familiar pode ser definido como um expediente ao qual recorre a imaginação para resolver a crise típica do crescimento humano tal como a determina o 'complexo de Édipo'" (Marthe Robert, *Roman des origines, origines du roman*, Paris, Gallimard, 1972, p. 43).

existir [...]. Que os Martin conheçam a fundo a história dos Martin, a genealogia dos Martin, a tradição familiar dos Martin, as grandes figuras da tribo Martin, tudo bem, mas seria bastante saudável informá-los também que os Wang ou os N'bo encontraram outras soluções para a dificuldade de ser um passageiro da Terra".[21]

Em um momento que tantos processos vão no sentido da divisão, da fragmentação, da guetização, seria bom lembrar-se disso.

Não é somente por causa de sua frequência na época contemporânea e de questões que ele suscita que consagrei um capítulo ao exílio. Ele é também emblemático de muitas "crises" e, em certo sentido, todos nós somos exilados, pois nos é preciso, ao longo de toda a vida, levantar âncoras, deixar portos aos quais estamos apegados para chegar em outros: na primeira infância, devemos nos distanciar do país inicial, do corpo da mãe, com algumas sílabas que furtamos, uma melodia, um objeto; na adolescência, largar as margens da infância, sem no entanto perdê-las totalmente, guardando-as no mais profundo de nós a fim de que elas possam nos tornar criativos, ao longo de toda a vida; e assim por diante. A menos que esteja congelada, enrijecida, destinada a uma repetição perpétua, a vida é movimento, deslocamento — sobretudo na época contemporânea, na qual a aceleração das mudanças colocam diante de nossos olhos um mundo constantemente remodelado, que obriga a redefinir, sem cessar, o lugar que nele ocupamos, os pontos de referência que dão sentido.

Ora, é talvez antes de tudo à parte exilada de cada um que os livros, e mais ainda a literatura, se endereçam. A escrita literária é, em si mesma, em larga medida, uma tentativa de agarrar o que está perdido, faltando, ou inacabado, de

---

[21] "Le chinois en 6ᵉ", *Le Nouvel Observateur*, 3/2/1969.

superar espaços, abolir fronteiras, reunir o que está separado, reconstituir terras desaparecidas, épocas passadas. Há um laço patente entre a perda (sob todas as suas formas, o luto, a falta, a ausência, o exílio, a dor de amor...) e o desejo de moldar bens culturais ou de a eles recorrer — na ocasião da escrita ou da leitura.

"Tive a oportunidade de conhecer uma perda irreparável", dizia Marguerite Duras para dar conta de sua fecundidade literária (fazendo alusão a seu exílio do Vietnã, onde havia passado sua infância e sua adolescência). "Para a espécie humana, a migração e o relato são talvez a mesma coisa",[22] nota Pascal Quignard, e também: "O romance e os contos começam quando o personagem sai de casa".[23]

O povo do livro tinha perdido a sua terra; e sem dúvida a leitura, assim como a escrita, é sempre uma história de exílio, de deslocamento. Ambas nascem frequentemente de um êxodo: como no caso dos soldados que haviam deixado sua cidadezinha durante a Primeira Guerra Mundial e que aprenderam a ler para decifrar as notícias de seus parentes;[24] ou dessa gente nascida no campo que encontrou livros em quartos de pensão, quando saíram pela primeira vez de suas terras; ou desses poetas que tentaram redescobrir uma relação primordial com o mundo, aquém da língua da representação.[25]

O livro é, portanto (ou melhor, poderia ser, pois nem todos têm acesso a ele), a morada "natural" dos exilados, seu

---

[22] "La déprogrammation de la littérature", entrevista citada, p. 79.

[23] P. Quignard, *Vie secrète*, Paris, Gallimard, 1998, p. 392.

[24] Cf. M. Petit, "La lecture, clef des champs", *in* Martine Chaudron e François de Singly (orgs.), *Identité, lecture, écriture*, Paris, BPI/Centre Georges Pompidou, 1993, p. 101.

[25] Cf. Y. Bonnefoy, "Comment adhérer à une poétique des origines quand le langage est un exil", "La passion des origines", France-Culture, 10/3/1994.

consolo. E, além disso, uma oportunidade de transformar o exílio em trunfo, de lhe conferir valor criativo. Pois ele pode ser fecundo, não apenas porque obriga a pessoa a recriar o solo que foi perdido, de uma maneira ou de outra, mas também porque coloca em relação culturas diferentes. Basta pensar em escritores como Vargas Llosa, que reconhecem trabalhar melhor quando estão exilados,[26] ou nesses pintores à procura de uma confrontação com a alteridade por meio de viagens longínquas que tanto fertilizam suas obras. Como diz Le Clézio, os grandes inovadores da humanidade foram nômades, que se alimentavam "da relação e que, a cada vez, transgrediam as regras da territorialidade".[27] O jogo das culturas fecunda cada um de nós quando temos oportunidade de ter acesso a ele. Pelo desvio do Outro, elaboramos partes escondidas de nós mesmos; através do longínquo, encontramos esse devaneio essencial ao pensamento; através do relacionamento entre culturas diferentes, alargamos nosso espaço interior.

Os livros são hospitaleiros e nos permitem suportar os exílios de que cada vida é feita, pensá-los, construir nossos lares interiores, inventar um fio condutor para nossas histórias, reescrevê-las dia após dia. E algumas vezes eles nos fazem atravessar oceanos, dão-nos o desejo e a força de descobrir paisagens, rostos nunca vistos, terras onde outra coisa, outros encontros serão talvez possíveis. Abramos então as janelas, abramos os livros.

---

[26] Cf. Mario Vargas Llosa, "Littérature et exil", in *Contre vents et marées*, Paris, Gallimard, 1986, p. 226 [ed. brasileira: *Contra vento e maré*, Rio de Janeiro, Francisco Alves, 1985].

[27] Entrevista publicada em *Télérama*, 19/5/1999.

8.
A ESCOLA E A BIBLIOTECA
NA LINHA DE FRENTE

> "Quando os excluídos não têm uma cultura-revolta, entendida como consciência crítica dos povos, quando eles têm que se contentar com ideologias retrógradas, com *shows*... que estão longe de satisfazer sua demanda de prazer, eles se tornam baderneiros."
>
> Rémy Puyelo[1]

Por meio dos múltiplos vieses evocados até aqui, os mediadores também trabalham para reconciliar com a escrita e o aprendizado aqueles que eles encontram. Com efeito, nos espaços mais expostos às crises atuais, a relação com a cultura escrita é, com frequência, bastante ambivalente. Uma parte dos que vivem neles busca se apropriar dela: na França, por exemplo, esse era o caso da maioria dos que havíamos encontrado nas bibliotecas de bairros ditos "sensíveis", há doze anos. Eles (elas, mais ainda) tinham vindo realizar suas obrigações, encontrar um contexto estruturante, um profissional pronto para ajudá-los, sociabilidades, e tinham encontrado ali os meios de passar para uma outra relação com o saber, na qual a curiosidade pessoal tinha a sua parte, uma outra relação com a leitura, não sancionada por uma nota e

---

[1] Cf. R. Puyuelo, "Pinocchio 'Qu'est-ce que je fais là?': une poétique du lieu", *in Les Contes et la psychanalyse, op. cit.,* p. 239.

uma classificação, que havia contribuído para um trabalho de construção de si mesmos e reforçado a sua autonomia.

Entretanto, nesses mesmos bairros, outros (na maioria meninos) não frequentavam, ou frequentavam pouco, as bibliotecas, assim como não encontramos neles hábitos de trabalho pessoal, para não ficar perante seus amigos com a fama de "traidores do bairro", que "marcam as suas distâncias". Rechaçam a leitura: a seus olhos, é "coisa de meninas" ou de "bichas", associada à obrigação, à humilhação, ao tédio, ao fracasso; como as instituições escolares e culturais, os livros são, a seu ver, figuras de uma autoridade inimiga, ou mesmo colonizadora, que os exclui. Na escola, o saber formalizado e a cultura escrita passam por muitos deles sem atingi-los, ou formam uma espécie de roupa emprestada. Mais expostos à errância escolar, não podem recorrer aos textos para reduzir suas angústias ou formalizar sua revolta. Pensando nos trabalhos de Serge Boimare, poderíamos nos perguntar se os que mais rejeitam a leitura não são aqueles que teriam a maior necessidade de descobrir mitos e metáforas que permitissem filtrar suas inquietudes, tomar distância. De resto, se eles repelem os livros e, além disso, a escrita, algumas vezes com raiva, uma parte desses meninos pensa que existe nesses objetos um segredo do qual estão privados — e isso resulta em sofrimento, mesmo se eles dão o troco. Como este jovem motorista de táxi, que recorda: "Na escola, malhávamos aqueles que gostavam de ler. Acho que no fundo era inveja: perguntávamo-nos o que podia haver de bom nos livros".

Entre aqueles e aquelas que encontramos nas bibliotecas, a clivagem não é absoluta: se as suas posições são em boa parte determinadas pela situação social e familiar, elas são suscetíveis de oscilar por ocasião de acontecimentos ou encontros. Uma humilhação, uma estigmatização, tudo o que contribui para situar a cultura escrita do lado da ordem estabelecida, da contenção, ou sua instrumentalização por algum poder, reforçam a desconfiança. Como as decepções daqueles que ingressam na universidade por conta da massificação do ensino, mas logo a deixam, cheios de amargura.[2] A xenofobia, de que muitos são objeto, faz o resto, ao fornecer a prova de que a cultura escrita não cumpre as suas promessas.

Inversamente, acontece de um menino retomar os estudos encorajado por uma menina, quando agradá-la lhe dá confiança nele mesmo; ou de um mediador ajudar a reencontrar os caminhos de uma cultura viva graças a sua disponibilidade, seu tato, sua própria vitalidade (o mais distante possível de discursos desoladores quanto ao fato de que "os jovens não leem mais"): vimos isso ao longo de todo este livro.

Desfazer a ambivalência da relação com a escrita na escola?

Algumas vezes, trata-se de um professor. De ambos os lados do Atlântico, professores tentam ultrapassar as contradições que tornam tão difíceis a apropriação singular da escrita, os desvios que ela supõe, no espaço da sala de aula, que é o do aprendizado e das notas, da classificação, do controle. Eles inauguram tempos não sujeitos a uma avaliação, recebem escritores, artistas, se aproximam das bibliotecárias, dos contistas; questionam a sua própria relação com a leitura.

Na Argentina, por exemplo, alguns colocaram em prática experiências audaciosas, como Teresa Pagnotta com o programa La Andariega (A Andarilha), a partir de 1990.[3]

---

[2] Cf. Stéphane Beaud, *80% au niveau bac... et après?: les enfants de la démocratisation scolaire*, Paris, La Découverte-Poche, 2003.

[3] Esse programa foi a princípio parte integrante das cátedras de Metodologia Especial e Observação e de Metodologia e Práticas de Ensino,

Apoiando-se tanto na educação popular e nas contribuições da psicologia cognitiva quanto nas do psicanalista Pichon-Rivière,[4] ela desenvolveu ao mesmo tempo práticas sociais de leitura e práticas escolares distintas, por meio de um "itinerário solidário". Como A Cor da Letra no Brasil, La Andariega formou assim "multiplicadores" entre os adolescentes — porque eles "demonstram uma grande capacidade de se engajar em projetos solidários e de se constituir em agentes da mudança social" — e entre as mulheres, particularmente aquelas que se ocupam de creches.

Julgando essenciais tanto a paixão dos futuros professores quanto seu engajamento, T. Pagnotta se empenhou na possibilidade de eles se formarem em meios onde os livros eram raros ou inexistentes, em "zonas de risco", com uma mochila abastecida de livros "para procurar leitores". Paralelamente, ela os incitou a pensar sua própria relação com a leitura e a escrita (e a questionar sua abordagem "utilitária" dos textos lidos), em especial, mais uma vez, pela exploração compartilhada de suas primeiras lembranças, das cenas fundadoras de seu mundo interno, e por meio de oficinas que conjugam oralidade, leitura, escrita e favorecem a criatividade e uma prática poética da linguagem. Ela os faz traba-

---

no interior do Instituto Superior del Profesorado Joaquin González, em Buenos Aires. Teresa Pagnotta faleceu em 2006. Como diz Silvia Seoane, que foi aluna dessa mulher generosa e inventiva, "a cátedra não forma professores, ela forma — ou fornece instrumentos a quem quiser se apoderar deles — profissionais que possam trabalhar com outros para que acedam à cultura escrita, para que tomem a palavra, dela se apropriem e a transformem em uma arma".

[4] Enrique Pichon-Rivière se esforçou para redefinir a psicanálise como uma psicologia social. Ele concebe o psiquismo como um "grupo interno" em interação e em interdependência com os grupos familiares e socioculturais de que o sujeito faz parte (cf. Alain de Mijolla [org.], *Dictionnaire international de psychanalyse*, Paris, Calmann-Lévy, 2002, tomo 2, pp. 1234-5, artigo redigido por Samuel Arbiser).

lhar sobre a recepção, a relação, o encontro, tanto no interior da sala de aula quanto no exterior da escola, sublinhando a importância do sorriso, do jogo, do olhar, da escuta, da observação contínua, tanto quanto dos conhecimentos teóricos e da escolha dos livros.

Na Argentina e em outros lugares, outras pessoas se dedicam a trabalhar com professores, para que transformem sua própria relação com a leitura e a escrita, e estimulam, ao mesmo tempo, espaços de compartilhamento fora da escola. Como Rigoberto González e seus companheiros da Universidade Pedagógica Nacional de Oaxaca, no México, que se esforçam para engajar os pais no desenvolvimento de práticas de leitura em casa e propõem aos professores participar de seminários itinerantes, nos quais suscitam um olhar introspectivo sobre seus modos de agir, em particular pela exploração de suas lembranças da infância.

Todavia, a escola não pode tudo. Como escreveu Marie Bonnafé, "a tendência atual de abrir a escola às práticas culturais é excelente, mas seria muito nocivo encerrá-las aí. No contexto escolar, a ideia de aprender permanece, apesar de tudo, dominante e é bom que seja assim".[5] Ela também recomenda diversificar os espaços onde seriam oferecidas às crianças e aos que a cercam "as melhores condições de acesso a todas as vias da transmissão cultural". Diatkine se dedicou a criar locais "onde encontros significativos são vividos, favorecendo uma relação individual no interior de um pequeno grupo, e onde, sobretudo, as atividades e o encontro não são necessariamente programados".

Todo o esforço preventivo da ACCES, a associação que eles criaram, e dos grupos que são inspirados por ela é fundado na convicção de que não se pode tomar gosto pelo aprendizado a não ser depois de ter jogado muito com a lín-

---

[5] M. Bonnafé, *Les Livres, c'est bon pour les bébés*, op. cit., p. 109.

gua, assim como não podemos nos interessar pela realidade e desejar modificá-la senão após uma longa passagem pela fantasia, pelo imaginário. Valendo-se de experiências e observações múltiplas, R. Diatkine observou, entretanto, que "o interesse literário dos maus alunos, em vias de se tornarem iletrados, pode ser resgatado. As crianças mais velhas descobrem às vezes tardiamente o prazer de ler, sobretudo se não é restabelecida uma situação de exame...".[6]

É o que reconhece Daniel Goldin, no México, quando, a propósito dos livros ilustrados, sugere "investir o tempo em uma leitura que comporte boa dose de contemplação, divagação amorosa, fantasia gratuita", por temer que eles sejam utilizados para uma "alfabetização visual": "seu grande potencial é o de encorajar a prática inveterada da fantasia, do devaneio e do pensamento selvagem".[7] Ou María Emilia López, na Argentina, que recomenda "muita leitura, muitos contos, muito espaço para a transgressão criativa" a professores desesperados que perguntam "o que fazer para conter seus alunos, como colocar limites, como ensinar".[8] Isso sabem bem, de resto, outros educadores, como Carlos Sánchez Lozano e Uriel Rodríguez, que escrevem, no final de seu estudo sobre as práticas de escrita de adolescentes que vivem nos bairros marginalizados de Bogotá: os jovens "reivindicam espaços significativos de escrita, de natureza extraescolar, nos quais não haja avaliação formal. Oficinas, seminários, encontros de jovens escritores".[9]

---

[6] R. Diatkine, "Lecture et développement psychique", *op. cit.*

[7] D. Goldin, "El álbum...", art. cit.

[8] M. Emilia López, "Niños pequeños, lectores amodales?", conferência na 17ª Feira do Livro para Crianças de Buenos Aires, 24/7/2006.

[9] C. Sánchez Lozano e U. Rodríguez, art. cit.

As bibliotecas,
no cerne da transmissão cultural

Muitos dos mediadores evocados neste livro criaram espaços que apresentam mais ou menos as características que as pessoas que acabei de citar consideram desejáveis. Eles são mantidos por organismos internacionais, ONGs, associações financiadas por patrocinadores privados e, algumas vezes, pelos poderes públicos. Infelizmente, sua perenidade não é assegurada e é por isso que as pessoas que os animam se esforçam tanto para formar quem poderá substituí-las. Uma parceria com bibliotecas públicas de qualidade seria um trunfo decisivo, capaz de garantir uma continuidade. Se existe um lugar propício aos desvios e aos encontros inesperados, é a biblioteca — com a condição de que as obras propostas sejam de acesso livre e de que os usuários se beneficiem, em diversos momentos de seu percurso, do acompanhamento de profissionais, ou ao menos de voluntários formados. Ali, podemos experimentar uma relação com o livro que não se funda somente nas perspectivas utilitaristas da instrução, e nos abandonar a esses tempos de devaneio em que não se deve prestar contas a ninguém, nos quais se forja o sujeito e que, tanto quanto os aprendizados, ajudam a crescer e a viver. A biblioteca é particularmente qualificada para dar lugar às várias facetas da leitura, a seu caráter complexo, múltiplo, facilitando ao mesmo tempo as passagens a outras práticas, quando se trata de uma mediateca. E ela oferece maior possibilidade de escolha e de empréstimo de obras do que o permitido em uma associação.

Ora, é preciso lembrar a importância desse gesto, tão banal para muitos de nós, mas que não é evidente para um grande número de pessoas: guardar fisicamente um livro. Na Argentina, mulheres que percorriam uma região lendo e propondo livros ilustrados para as crianças em zonas marginalizadas me disseram que, no momento de sua partida, depois de três semanas lá, uma garotinha lhes pedira para que deixassem pelo menos um. Com o coração partido, tiveram de explicar que isso não era possível. Um garoto havia decorado um conto antes que ele fosse levado embora, para conservar alguma coisa. Não havia nenhuma biblioteca nos arredores. Isso mostra como a paixão ou a boa vontade não são suficientes e como nada equivale à solidariedade institucionalizada... com a condição, todavia, de que a instituição saiba manter alguma flexibilidade e não seja percebida como o símbolo de um poder arrogante e discriminatório.

Mesmo no interior da escola, a biblioteca deveria ser um espaço cultural, mais do que um complemento didático, para dar lugar a percursos singulares, a achados imprevistos (em particular no caso de quem não pode ter acesso a uma biblioteca familiar). Ela não deveria estar a serviço apenas da pedagogia, mas se afirmar como um "espaço de não obrigação no interior da obrigação", para retomar a fórmula de Ani Siro.[10] Claro, isso não significa não trabalhar mais com os professores, mas, pelo contrário, propiciar que se conheçam e inventar outras abordagens, pois, um pouco por toda parte, a regra é o desconhecimento mútuo: muitos bibliotecários imputam aos professores o pouco gosto que os adolescentes teriam pela leitura, ao passo que muitos professores ignoram aqueles que dão vida às bibliotecas e aos centros de documentação, ou os veem como meros técnicos.

Infelizmente, em muitos países emergentes (para nada dizer dos que são menos avançados), as bibliotecas, escolares e públicas, são as grandes ausentes ou os primos pobres. A sua importância parece em larga medida desconhecida pelos poderes públicos, mesmo quando existem Programas Nacio-

---

[10] Que emprega essa expressão para falar dos círculos de leitores desenvolvidos em certos estabelecimentos escolares, como o Centro de Leitura para Todos, mencionado no capítulo 1.

nais de Leitura. Em sua análise comparada dos programas de leitura implementados na América Latina, Luis Bernardo Peña e Beatriz Helena Isaza destacam que estes levam pouco (ou nada) em consideração a formação de bibliotecários e a melhoria de sua condição.[11]

Há exceções: assim, na Colômbia, como eu disse, existem bibliotecas maravilhosas, a ponto de os profissionais franceses que viajam para lá escreverem: "Meus colegas e eu fomos à Colômbia com a ideia de ajudar, dar conselhos e levar um pouco de nossa experiência profissional. Confessemos: acabamos recebendo mais do que demos".[12] Seus horários de abertura fariam sonhar os usuários dos equipamentos franceses. Em algumas cidades, os esforços realizados estão à altura de uma ambição: de que esses equipamentos mudem radicalmente o espaço onde estão implantados e reduzam a violência, abrindo múltiplas possibilidades de encontros com a cultura escrita, dando suporte a processos de alfabetização, mas também ajudando os frequentadores a ter uma visão política, um olhar crítico sobre seu ambiente. O que não é tão comum, e vale a pena nos deter nisso um pouco mais.

Em Medellín, por exemplo, existiam há muito tempo uma biblioteca pública piloto, criada pela Unesco em 1954,

---

[11] Cf. *Una región de lectores*, Cerlalc, Ilimita, 2005, pp. 148 e 211.

[12] Alain Massuard também escreve: "Como meus colegas, eu pensava ter de explicar as bases do desenvolvimento da leitura pública na França a bibliotecários colombianos desprovidos de tudo. Lá, nossos colegas nos ensinavam de novo, tranquilamente, as bases de nosso ofício, fazendo-nos descobrir espaços pensados com cuidado, serviços inteiros voltados para as necessidades do público, tudo isso gerenciado com uma competência técnica que não deve nada àquela que existe em nossas bibliotecas. Nós sentimos um ponto de vista coletivo que se impõe a todos, porque foi refletido por cada um e aplicado de maneira compartilhada: as bibliotecas são um instrumento para fabricar um futuro de paz e de desenvolvimento" (*Émotion, rire, conviction, op. cit.*, pp. 69-71).

cuja concepção era baseada em experiências anglo-saxãs, e equipamentos de bairro cuja importância durante o conflito armado já sublinhei. Sob o estímulo do prefeito, que tinha prometido "preencher toda a cidade com livros e bibliotecas", seis grandes edifícios de arquitetura audaciosa foram construídos recentemente, vários dos quais em bairros bastante marginalizados. Um nasceu em Santo Domingo Savio, onde estrangeiro nenhum se aventurava, e que desde então encontra-se conectado ao centro por teleféricos.[13] A biblioteca é composta de três grandes blocos, dos quais um abriga oficinas de expressão corporal, de narração, salas de formação, uma ludoteca e uma sala de encontro intitulada Meu Bairro; o bloco central comporta uma sala de exposição, três espaços destinados à leitura (para as crianças, os jovens e os adultos) e três salas de informática; no último bloco, um auditório com 180 lugares abriga sessões de cinema, concertos e conferências. Mil e duzentos visitantes vão lá todos os dias. Antes de sua inauguração, dezenas de reuniões foram feitas com os moradores para que soubessem receber quem vinha de fora.

É muito cedo para avaliar como as pessoas (ou parte delas) se apropriarão desses equipamentos, mas o simples

---

[13] Encontramos plano, fotos e informações em:
http://reddebibliotecas.org.co/sites/ibliotecas/paginas/parquesbiblioteca.aspx;
http://www.skyscrapercity.com/showthread.php?t=455837.
As bibliotecas de Medellín, assim como as de toda a Colômbia, derivam de diferentes financiamentos. Uma parte notável delas depende, não dos poderes públicos, mas de montepios (como, por exemplo, Comfenalco em Medellín, Colsubsidio em Bogotá), instituições privadas de seguridade social às quais as empresas devem repassar uma soma equivalente a 4% dos salários. Esse dinheiro é redistribuído aos trabalhadores que recebem os salários mais baixos, e investido em diferentes tipos de serviços (daí as bibliotecas). Esse estatuto teria contribuído para a aceitação desses equipamentos em certos bairros: "Comfenalco era conhecido no bairro e tinha mais credibilidade que o Estado", observa uma bibliotecária.

fato de romper o isolamento do bairro graças aos transportes públicos, a importância de trocas prévias com a população, assim como o lugar reservado a espaços que permitem uma socialização política, são um bom presságio.

Uma cultura-revolta, e não um *show*

Na França, quando estudamos a contribuição das bibliotecas públicas para a luta contra os processos de exclusão nos bairros populares, ela havia se revelado bastante evidente, para uma parte dos jovens, no domínio dos aprendizados, da construção de si e das sociabilidades; sua colaboração, por outro lado, era bem mais incerta quanto à formação de uma inteligência política, suscetível de sustentar o forte desejo de inclusão cidadã que observamos nas pessoas que havíamos ouvido.[14] Uma parte desses equipamentos quase não permitia uma mistura entre públicos, uma abertura a outros bairros: estava-se ali relegado ao(s) próximo(s), aos semelhantes. Eu havia sublinhado os perigos que haveria em se limitar a um tratamento social e territorial da exclusão: "Os bibliotecários corriam o risco de serem reduzidos a animar guetos, ou a ver, cada vez mais, bibliotecas queimarem [...]".[15]

Cerca de vinte delas queimaram, nestes últimos anos. Nos meses que se seguiram, pesquisadores realizaram entrevistas com alguns deles que haviam participado dos motins e com testemunhas desses eventos.[16] Eles avaliaram a ampli-

---

[14] *De la Bibliothèque au droit de cité*, op. cit.

[15] M. Petit, "De la bibliothèque au droit de cité. Parcours de jeunes usagers des quartiers sensibles", *Bulletin des Bibliothèques de France*, tomo 42, n° 1, 1997. Disponível na internet.

[16] Cf. Vincenzo Cicchelli, Olivier Galland, Jacques de Maillard, Séverine Misset, "Les jeunes émeutiers de novembre 2005: retour sur le terrain", *Le Débat*, 145, mai.-ago. 2007, pp. 165-81.

tude do sentimento de abandono, de enclausuramento, de relegação, largamente compartilhada nesses bairros. Os que eram mais velhos e não haviam tomado parte nas violências expressavam frequentemente a sua compreensão, até mesmo seu apoio aos mais jovens, ainda que discordassem de suas ações. Esses pesquisadores insistiram no papel exercido pelo fracasso escolar, que tinha graves consequências na inserção profissional e social, mas atingia também a autoestima, a capacidade de projeção do futuro e a confiança nas instituições. Eles sublinharam o fato de que os rancores, as frustrações, não possuíam nenhuma tradução, nenhum relevo político. Eles não podiam sequer se organizar em uma revolta.

Em um artigo recente, Denis Merklen e Numa Murard retornam a esses episódios depois de um ano de pesquisa. Eles também lembram a ambivalência da relação com a escrita, "entre adesão e rejeição", no universo popular. O fosso se aprofundaria entre as frações melhor integradas e as outras, "as mais frágeis e também as mais desviantes, quer seja do ponto de vista das características familiares, dos modelos educativos, dos modos de ação coletiva e das práticas da juventude ou das relações sociais de sexo".[17] Para estes últimos, a cultura escrita aparece como um "instrumento da humilhação que sofrem", diferentemente dos primeiros, que estariam mais aptos a se apropriar dela.

D. Merklen e N. Murard nos lembram, se "a velha oposição entre 'erudito' e 'popular' [...] pôde por um tempo ser superada, foi graças a um trabalho político importante", a uma longa ação vinda "das tradições católicas e de esquerda". Hoje, aos militantes sucederam os profissionais (algumas vezes antigos militantes). "A profissionalização muda a

---

[17] Denis Merklen e Nurma Murard, "Pourquoi brûle-t-on des bibliothèques", *La Vie des Idées*, 7/1/2008. Disponível em: http://www.laviedesidees.fr.

política da biblioteca, que procura na escola e nos professores as alianças que encontrava nos partidos políticos e nos militantes." Os dois sociólogos também incitam os partidos a "ir em direção à sociedade civil para participar mais, de corpo presente, na socialização política dos indivíduos e na formação dos grupos sociais. Isso tiraria um peso das costas dos bibliotecários e de outros trabalhadores sociais ou da cultura".

Na América Latina, diversos mediadores lembram, por sua vez, a gravidade e a urgência da questão econômica, como Beatriz H. Robledo na Colômbia: "Estou sempre espantada com a capacidade de recuperação que as pessoas têm, com a sua receptividade ao que é proposto". Ela se diz surpresa, dia após dia, com o valor que dão à escrita, à leitura. Mas "o tema econômico é fundamental, e é preciso trabalhar em todos os níveis a inserção profissional, a saúde, o entorno social, a escuta psicológica, a leitura, a escrita, a educação...".

Sim, é preciso trabalhar em todos os níveis. Assim como seria essencial que as iniciativas desses mediadores tivessem continuidade, que uma vontade política permitisse multiplicá-las, sistematizá-las, para que seja dada a cada um a oportunidade de descobrir outros mundos.

CONCLUSÃO

> "Mais do que a utilidade concreta dos contos, a ajuda que eles podem proporcionar às crianças em relação a este ou àquele problema, o que importa é ter conseguido transmitir, contando-os a elas, o sentimento de que a vida é mais ampla do que acreditam nossas razões e nossas conveniências."
>
> Gustavo Martín Garzo[1]

Alguns se lembrarão que no fim de *O tesouro de Rackam, o terrível*, Tintim e o Capitão Haddock, de novo em casa após mil peripécias pelo mundo, descobrem em uma cripta um globo terrestre. Eles apontam para a ilha tropical para a qual foram e desencadeiam assim, sem querer, o mecanismo de abertura: diamantes, pérolas e esmeraldas estão ali, no fundo do globo, escondidos há séculos. Tintim então diz: "E pensar que tínhamos ido procurar [o tesouro] lá no fim do mundo, quando ele se encontrava aqui, ao alcance da nossa mão".[2] Sem dúvida, há tesouros ou territórios dos

---

[1] G. Martín Garzo, *El hilo azul*, Madri, Aguilar, 2001, p. 180.

[2] Hergé, *Le Trésor de Rackham le Rouge*, Bruxelas, Castermann, 1955, p. 61 [ed. brasileira: São Paulo, Companhia das Letras, 2006]. Hergé reencontrava ali uma velha sabedoria, que Ouaknin formula nestas palavras: "devemos todos ir a Praga para descobrir que existe um tesouro em Cracóvia. Devemos todos fazer o desvio pela fala do outro para ouvir ressoar nossas próprias falas. Não se trata da utilização do outro, mas da força do encontro e do diálogo. A narrativa de outro homem, sua *haggada*, vem me fraturar para me abrir a uma outra dimensão do mundo e de mim mesmo" (*op. cit.*, p. 100).

quais não se pode aproximar, sem que sejam antes realizadas algumas idas e vindas.

Teria eu ido buscar do outro lado do mundo, como o pequeno repórter belga, o que se encontrava aqui perto? Na França, numerosos mediadores (e leitores) se sobressaem nessa arte de ler em contextos de crise e suas práticas inventivas circulam apenas, no melhor dos casos, de boca a boca. As políticas públicas garantem certa continuidade, ao passo que a maioria das experiências relatadas aqui são fragilizadas, muito mais do que na Europa, pela retirada eventual de uma subvenção, uma mudança política, os caprichos de uma autoridade competente.

Entretanto, se possuem infinitamente menos meios materiais ou apoio institucional, os mediadores dos países aonde fui têm, contra a sua vontade, uma grande experiência de múltiplas situações de crise. E as terras longínquas despertam o desejo, elas nos esclarecem sobre o mundo próximo no qual vivemos. Assim como as aventuras dos adolescentes ou dos jovens adultos nas bibliotecas da periferia francesa falaram a um grande número de mediadores e de leitores latino-americanos, remetendo-os a seus próprios modos de agir, talvez essas práticas de outros lugares suscitem questões aos mediadores de livros e histórias do Velho Continente.

Um desvio vital

É, de resto, um elogio do desvio que a atenção dada a tais experiências acarreta. A maior parte das que foram estudadas neste livro é realizada, a intervalos iguais, em espaços de liberdade, sem notas nem controle, sem preocupação com rendimento escolar imediato ou com resultados quantificáveis; mais próximas de um "terreno de aventura", elas se distinguem nitidamente de um quadro educativo ou terapêutico clássico. Aqueles e aquelas que os impulsionam não procuraram atingir um fim único, e algo de indeterminado, ou plural, marca seus objetivos. Poderíamos ver aí uma fraqueza; parece-me, ao contrário, que a eficiência desses programas deve muito ao fato de que as coisas não são fixas demais, de que não se pode reduzi-las a uma função, a um domínio (a educação, a formação cidadã, a saúde ou a transmissão de uma cultura, mesmo que todas elas façam parte dela), de que existe aí um tanto de "jogo", em todos os sentidos da palavra, de fluidez, e de que é contemplada a possibilidade de surgir o inesperado, o imprevisto. É talvez pelo caráter múltiplo, difícil de circunscrever, plástico, flexível (mesmo se, evidentemente, regras precisas asseguram a manutenção de um "quadro"), que elas são particularmente aptas a enriquecer a atividade psíquica dos que dela participam, assim como as suas trocas.

Todavia, outras características contribuem para isso, que encontramos em muitos dispositivos, para além das suas particularidades: trata-se de lugares coletivos, mas cada indivíduo é considerado como um sujeito que testemunha uma escuta, uma disponibilidade singular; o mediador recorre de modo privilegiado à voz que dá vida aos textos, ao olhar que passa por cada um dos que participam; os ritmos, ou as culturas, ou os pertencimentos próprios a uns e outros são respeitados, assim como as falas que eles pronunciam; a escolha das obras propostas é bem pensada, baseada em um gosto pessoal pela literatura e uma experimentação de seus efeitos, assim como em um saber mais teórico, deixando também um lugar à intuição, à associação livre; o mediador, como aqueles que ele forma e que o substituirão, observa de maneira fina o que se passa durante as sessões (estando atento também ao que ele mesmo experimenta) e elabora sua reflexão através da escrita e da confrontação com outros praticantes.

O que se oferece àqueles que tomam parte nesses programas, além de uma atenção calorosa e respeitosa, são bens culturais que abrem de modo radical o tempo e o espaço e permitem, precisamente, um desvio. Desvio vital, que conduz a vias desconhecidas, em ruptura com a situação de cada um, recoloca em movimento o desejo, permite recarregar o coração, reencontrar, sob as palavras, emoções secretas compartilhadas, um pano de fundo de sensações, um laço com a infância; e que torna a movimentar o pensamento. É, então, um esquecimento temporário da dor, do medo ou da humilhação que se torna possível. Quase uma conjuração. Um local de acolhida é igualmente encontrado: os livros lidos são moradas emprestadas onde é possível se sentir protegido e sonhar com outros futuros, elaborar uma distância, mudar de ponto de vista. Para além do caráter envolvente, protetor, habitável, da leitura, uma transformação das emoções e dos sentimentos, uma elaboração simbólica da experiência vivida tornam-se, em certas condições, possíveis.

A contribuição vital da leitura na adversidade, observada há muito tempo, não é portanto o apanágio daqueles que foram introduzidos precocemente nos usos da cultura escrita; tampouco é próprio de uma idade ou de certas gerações. Quando dispositivos do tipo que evoquei existem, as crianças, os adolescentes, os adultos fazem uso de fragmentos de obras lidas para fundar um trabalho de construção ou reconstrução de si mesmos, ainda quando cresceram bem longe dos livros.

A literatura, em particular, sob todas as suas formas (mitos e lendas, contos, poemas, romances, teatro, diários íntimos, histórias em quadrinhos, livros ilustrados, ensaios — desde que sejam "escritos"), fornece um suporte notável para despertar a interioridade, colocar em movimento o pensamento, relançar a atividade de simbolização, de construção de sentido, e incita trocas inéditas. Tivemos exemplos ao longo de todo este livro, como no caso dos meninos e meninas desmobilizados do conflito armado colombiano, que, a partir do desvio de um relato, de uma metáfora poética, passam a se tornar narradores de sua própria história. Muito além de uma ferramenta pedagógica, a literatura é aqui uma reserva da qual se lança mão para criar ou preservar intervalos onde respirar, dar sentido à vida, sonhá-la, pensá-la.

E isso, muito diferentemente do que permitiriam os testemunhos ou as confissões precipitadas e exibicionistas dos *reality shows*. Talvez estas contribuam, algumas vezes, para dar forma compartilhada a certas inquietudes ou sofrimentos, mas não fazem o mesmo eco que uma obra resultante do trabalho lento, solitário, de um escritor ou de um artista. Dizer, transmitir o que experimentamos é uma tarefa complexa: após ter vivido algo que nos afetou, ficamos por muito tempo sem palavras, estupefatos, incapazes de comunicar o que quer que seja. Todas as sociedades recorreram, para isso, a mediadores, a "tradutores" profissionais, contistas, poetas, dramaturgos, artistas, ou — diferentemente — psicanalistas.[3]

Os escritores são criadores de sentido que tomam o tempo necessário para dar significado a um evento, individual ou coletivo, a uma experiência, singular e universal. São profissionais da observação, que, com um pensamento "divagador" próximo do inconsciente e de seus mecanismos (a condensação, o deslocamento...), trabalham a língua, movimentam-na, desempoeiram-na de clichês (os bons escritores, pelo menos). Numerosas obras que escreveram são elas próprias nascidas de uma falta, de uma perda, de uma transfiguração das dores, das quais o autor, por meio dessa ferramenta, se libertou, experimentando até uma alegria por ter levado a bom termo essa transformação. Em ressonância com esse trabalho, psíquico e literário, as palavras lidas e ouvidas acalmam, conferem inteligibilidade e até mesmo alegria. Mais ainda quando é proposto aos leitores não um decalque de sua

---

[3] M. Petit, "Pourquoi inciter des adolescents à lire de la littérature", *Bulletin des Bibliothèques de France*, tomo 48, 3, pp. 29-36.

própria história, mas uma transposição, uma metáfora. Aqui também, um desvio.

Tende-se demais a esquecer, nestes tempos de avaliações por especialistas, de obsessão com um rendimento imediato, de formalização de "necessidades" às quais deveriam corresponder resultados preestabelecidos, que o desvio é uma necessidade antropológica, psíquica, ainda mais em tempos de crise. Bernard Chouvier fala da "necessidade da vida psíquica de encontrar vias indiretas para significar algo que, sem isso, só poderia existir contra a existência mesma do sujeito. Tendo em vista certas propriedades do aparelho psíquico, o que é latente advém somente pelos disfarces e os desvios".[4] O desvio é vital quando se trata de contornar a dor ou o medo, de ser astuto com eles mais do que abordá-los de frente: uma grande quantidade de exemplos o mostram. Parece igualmente essencial ao pensamento e à criatividade — basta lembrar de Montaigne observando que "pensamos sempre em outros lugares", de todos os sábios que leem poemas ou desenham, de Einstein considerando a imaginação mais importante do que o conhecimento. Tomar veredas e caminhos transversais pode, finalmente, constituir um pressuposto indispensável para todo verdadeiro aprendizado.

O direito à literatura

Ninguém deveria ser obrigado a "gostar de ler" (além do que nada dissuade mais a se aproximar de um livro do que tais injunções). Que cada um seja livre, bem entendido, para preferir os trabalhos manuais, os esportes ou o pôquer à leitura e à escrita: estamos aí no campo dos "lazeres", socialmente construído, onde as inclinações pessoais prevale-

---

[4] B. Chouvier, *Les Processus psychiques*..., op. cit., p. 33.

cem. Todavia, cada um deveria poder ter a experiência de que a apropriação da cultura escrita é desejável, e de que ela é possível, por pelo menos três motivos.

O primeiro é que não estamos mais no tempo em que as exigências técnicas, que requeriam numerosas tarefas ou ofícios, eram transmitidas pela imitação gestual, e não por uma explicitação verbal. Ser inábil com a escrita é hoje uma pesada desvantagem em uma grande quantidade de setores, na medida em que, com a aceleração das mudanças, cada um, ao longo de sua vida, será sem dúvida chamado a exercer sucessivamente diversas profissões. A familiaridade com a escrita é um fator decisivo do devir social e, antes disso, do destino escolar, que condiciona em boa parte esse devir, mesmo se muitos outros elementos entram em jogo (e em primeiro lugar, o capital relacional). Stéphane Beaud mostrou como a atitude bloqueada em relação aos livros, a hostilidade diante da leitura, que muitos meninos manifestam, são muito prejudiciais para o seu percurso escolar, e depois universitário: "A relação com a cultura escrita é uma condição essencial do sucesso escolar, é mesmo a chave de tudo",[5] ele escreve; e também: "O bloqueio dos meninos em relação à leitura é uma questão fundamental, que condiciona o seu acesso aos estudos, mas também a sua relação com a política".[6]

Com efeito, é muito mais difícil ter voz ativa no espaço público quando se é inábil no uso da cultura escrita, e essa é a segunda razão pela qual ninguém deveria ser excluído dela. Ter familiaridade com a leitura, assim como com a escrita,

---

[5] Stéphane Beaud, *80%...*, *op. cit.*, p. 325. Ver também a entrevista disponível em: http://ww.ac-versailles.fr/pedagogi/ses/vie-ses/hodebas/beaud1.htm.

[6] Stéphane Beaud, intervenção na Jornada de Formação Contínua no IUFM de Paris, 2/2/2004. Disponível em: http://www.cahiers-pedagogiques.com/article.php3?id_article=256.

não é suficiente e não garante nada; mas quem está distante dela corre todos os riscos de ficar fora do jogo. No momento em que a visibilidade midiática, os signos exteriores de riqueza, a cultura técnica ou o desempenho esportivo parecem ter prevalecido há muito tempo sobre os valores literários, o poder permanece, o que quer que digam, ligado à escrita. Se o atual presidente da república francesa se exibe muito mais em parques de diversões ou com cantores populares do que em livrarias, contrariamente a diversos de seus predecessores, é em uma biblioteca, ante os livros, que ele posa para a fotografia oficial. E, no cotidiano, ele se aconselha com homens de letras.

O terceiro motivo é que o recurso facilitado à cultura escrita permite, não apenas aceder ao campo do saber e da informação, mas ainda lançar mão das imensas reservas da literatura, sob todas as suas formas, cuja riqueza é indubitavelmente sem igual para se construir ou se reconstruir na adversidade. Certamente, não é o único meio. Hanif Kureishi pôde mesmo escrever que "a maioria dos empreendimentos humanos tem uma função mais ou menos terapêutica".[7] Em muitos casos, esse não é um recurso suficiente. Entretanto, somos seres de linguagem e seres de narrativas, e estas possuem um valor reparador.

Todo ser humano sente, de modo vital, necessidade de ter à sua disposição espaços onde encontrar mediações ficcionais e simbólicas. "Venho aqui para existir", dizia Jeanne, em uma biblioteca da periferia parisiense. Zina, uma jovem mulher ouvida por Abdelmalek Sayad, usava quase as mesmas palavras: ela lia "para não existir de maneira vegetativa", "para não se deixar destruir". Tratava-se de um verdadeiro "empreendimento de sobrevivência", em um contexto

---

[7] H. Kureishi, *op. cit.*, pp. 369-70.

de clausura familiar e de grande solidão.[8] Em situações de crise, encontram-se tais atos de resistência de homens e mulheres sob várias formas. Eles não economizam meios, não economizam textos — ou, às vezes, imagens — capazes de abrir o horizonte para resistir ao confinamento, aos constrangimentos e às eventuais tentativas dos poderes — políticos, simbólicos ou domésticos — de entravar, estreitar e controlar seus movimentos.[9] Eles se esforçam para salvaguardar um conhecimento próprio e do mundo, para preservar frente e contra tudo um espaço de pensamento, uma dignidade e uma parte de liberdade, de sonho, de inesperado.

Ouvindo-os, ouvindo aqueles que trabalham junto deles, compreendemos que a literatura, a cultura e a arte não são um suplemento para a alma, uma futilidade ou um monumento pomposo, mas algo de que nos apropriamos, que furtamos e que deveria estar à disposição de todos, desde a mais jovem idade e ao longo de todo o caminho, para que possam servir-se dela quando quiserem, a fim de discernir o que não viam antes, dar sentido a suas vidas, simbolizar as suas experiências. Elaborar um espaço onde encontrar um lugar, viver tempos que sejam um pouco tranquilos, poéticos, criativos, e não apenas ser o objeto de avaliações em um universo produtivista. Conjugar os diferentes universos culturais de que cada um participa. Tomar o seu lugar no devir compartilhado e entrar em relação com outros de modo menos violento, menos desencontrado, pacífico.

Compreende-se a que ponto, nessa perspectiva, os recursos culturais são vitais, tanto quanto a água, ou quase — e penso frequentemente nesse jovem garoto, Fethi, que me dissera: "A biblioteca? É a água", ou nesse homem que explica-

---

[8] A. Sayad, art. cit.

[9] Tentativas que podem também assumir a forma da domesticação e do controle da leitura...

va a Margriet Ruurs, no Azerbaijão, a propósito de um caminhão que levava obras para as crianças de regiões destroçadas pela guerra: "A biblioteca ambulante é tão importante para nós quanto o ar ou a água!". Mitos, contos, lendas, poemas e romances dão a ilusão de que o próprio tempo poderia ser capturado na trama das palavras. No final das contas, é uma conjuração da morte que a literatura autoriza: as histórias transmitidas nos inscrevem em um infinito que reivindicamos.

Três vozes

Um pouco como cada um de nós, este livro é feito de uma multiplicidade de vozes e de histórias, que fui recolhendo ao longo dos encontros, mantidas juntas pela capa que as protege. Como Carlitos com seu poema composto, reuni frases emprestadas de outros e assim assino a minha composição. No final desse percurso, há ainda três vozes que eu gostaria de passar adiante.

A primeira vem da Europa Central e do começo do século passado. É a dessa criança de que fala Freud, que pede à sua tia, de noite, depois que as luzes foram apagadas, que fale. E como a tia lhe pergunta por que, ela responde: "Fica mais claro quando alguém fala". Talvez fique ainda mais claro quando lemos um romance, uma lenda, uma peça de teatro, um poema, que nos unem à parte sonhadora, sensível, criativa de nós mesmos.

A segunda voz vem da Argentina e é a de Graciela Montes dizendo, a respeito da leitura, que ela é "uma atividade maior do que 'ler livros' [...] é se sentir desconcertado ante o mundo, procurar signos e construir sentido. Para ler dessa maneira, com essa intensidade, é fundamental poder estar desocupado, disponível, não temer o vazio. E quando a programação da vida é muito rigorosa, parece que não há fissura ou lugar onde se sentir desconcertado, perplexo, questionador, inquieto por tudo o que nos cerca".[10]

Graciela então incita os pais não apenas a ler com os filhos, mas ainda a ler o mundo com eles. Por exemplo, a olhar o bairro onde moram, as mudanças que aconteceram ao longo do ano. Ela diz ainda: "Perscrutar o céu, o voo dos pássaros, o rosto de uma pessoa, a textura da casca de uma árvore, o curso de um rio, é tudo muito natural. É natural tentar compreender como funciona um motor, uma máquina. A leitura da carta não é nada mais que uma sofisticação dessa outra leitura. O que há para ler, antes de qualquer outra coisa, é o que está ali, o enigma, o mundo".[11]

A terceira voz vem da Espanha, é a de Gustavo Martín Grazo. Segundo ele, nem todos os escritos deveriam dar conta de uma perda, de uma falta. Uma grande parte da melhor literatura para crianças nasceria do desejo de que as palavras estejam à altura desse milagre que é o nascimento de uma criança: "Os adultos sabem o quanto a vida é terrível, e que eles fariam um desserviço aos filhos se escondessem deles essa verdade, mas sabem também que o mundo é um lugar estranho onde acontecem coisas surpreendentes e maravilhosas, como o fato de que eles se encontram ali. E eles querem então que o mundo esteja à altura desse milagre que é o nascimento e a vida de suas crianças".[12]

Também as palavras deveriam restituir esse mundo, permitir ver o que antes se via mal, ou não se via: "[...] quando

---

[10] Citado por Margriet Ruurs *in* "Transporter des livres aux enfants des quatre coins du globe", *Ngoma*, vol. 27, nº 2, Canadá.

[11] Entrevista com Graciela Montes, "Desde chiquito, todo lector es un rebelde, un insatisfecho", publicado em: http://www.edicionesdelsur.com/padres_art_33.htm.

[12] G. Montes, "Lectura, literatura y poder", *in La lectura literaria*, 8ª Publicación del Programa de Promoción de la Lectura Volver a Leer, 2003, pp. 5-13.

falamos de maçãs de ouro ou rios de mel, o que fazemos é apenas reencontrar o espanto que nos produziu o fato de ver pela primeira vez as maçãs nascerem das árvores, ou um rio correndo em um bosque".[13] "'Agora, você deve prestar atenção', é o que a mãe diz a seu filho quando, sentada na cama, começa a lhe contar uma história".[14] É o que escreve também Richard Ford, em um texto no qual o narrador evoca seu pai: "Lendo para mim, ele talvez procurasse me dizer: 'Nós não sabemos tudo. A vida tem mais sentido do que parece. É preciso estar atento'".[15]

É isso, me parece, o que os mediadores de livros e histórias tentam transmitir às crianças de Bahía Blanca, de Medellín ou de outros lugares, a despeito da realidade tão difícil que eles conhecem: a literatura não é uma experiência separada da vida; a literatura, a poesia e a arte estão também na vida; é preciso prestar atenção.

---

[13] G. Martín Garzo, "La literatura como fascinación", *in Actas del 1 Congreso de Literatura Infantil y Juvenil*, Espanha, Grupo Editorial Luis Vives, 2005, p. 21.

[14] *Ibid.*

[15] R. Ford, *Une situation difficile*, Paris, L'Olivier, 1998, p. 10.

BIBLIOGRAFIA SELECIONADA

Aïn, Joyce (org.). *Résiliences: réparation, élaboration ou création?* Paris: Érès, 2007.

Anzieu, Didier. *Le Corps à l'oeuvre.* Paris: Gallimard, 1981.

_____. *Le Moi-peau.* Paris: Dunod, 1995.

Beaud, Stéphane. *80% au niveau bac... et après?: les enfants de la démocratisation scolaire*, Paris: La Découverte-Poche, 2003.

Belmont, Nicole. *Poétique du conte: essai sur le conte de tradition orale.* Paris: Gallimard, 1999.

Ben Soussan, Patrick. *La Culture des bebés.* Ramonville: Érès, 1997.

Bertaux, Daniel. *Les Récits de vie.* Paris: Nathan, 1998.

Bertrand, Michèle (org.). *Psychanalyse et récit: stratégies narratives et processus thérapeutiques.* Presses Universitaires Franc-Comtoises, 1998.

Boimare, Serge. *L'Enfant et la peur d'apprendre.* Paris: Dunod, 1999.

Bonnafé, Marie. *Les Livres, c'est bon pour les bébés.* Paris: Calmann-Lévy, 2001.

_____. "À l'orée du récit oedipien, le conte merveilleux...", *Revue Française de Psychanalyse*, 3, 1998.

_____. "Le récit, un enjeu capital", in *Les Livres, c'est bon pour les bébés*, brochura ACCES, Paris.

Bruner, Jerome. *Pourquoi nous racontons-nous des histoires?* Paris: Retz, 2002.

_____. *Culture et modes de pensée: l'esprit humain dans ses œuvres.* Paris: Retz, 2000.

Brutin, Karine. *L'Alchimie thérapeutique de la lecture.* Paris: L'Harmattan, 2000.

BURGOS, Martine; EVANS, Christophe; BUCH, Esteban. *Sociabilités du livre et communautés de lecteurs*. Paris: BPI/Centre Georges Pompidou, 1996.

CABREJO-PARRA, Evelio. "La lecture avant les textes écrits", *Cahiers d'AC-CES*, 5, 2001.

_____. "Langue, littérature et construction de soi", *in* ZOUGHEBI, Henriette (org.). *La Littérature dès l'alphabet*. Paris: Gallimard, 2002.

CASTAREDE, Marie-France. *La Voix et ses sortilèges*. Paris: Les Belles Lettres, 2000.

CERTEAU, Michel de. "Lire: un braconnage", *in L'Invention du quotidien: 1/Arts de faire*. Paris: 10/18, 1980 [ed. brasileira: *A invenção do cotidiano: 1/Artes de fazer*. Rio de Janeiro: Vozes, 1994].

CHARTIER, Roger (org.). *Practiques de la lecture*. Paris: Payot e Rivages, 1993.

CHASSEGUET-SMIRGEL, Janine. *Pour une psychanalyse de l'art et de la créativité*. Paris: Payot, 1971.

CHAUDRON, Martine; SINGLY, François de. *Identité, lecture, écriture*. Paris: BPI/Centre Georges Pompidou, 1993.

CHIANTARETTO, Jean-François. *Le Témoin interne*. Paris: Aubier, 2005.

CHOUVIER, Bernard (org.). *Les Processus psychiques de la médiation*. Paris: Dunod, 2004.

CHOUVIER, Bernard *et al*. *Symbolisation et processus de création*. Paris: Dunod, 1998.

COBB, Actes de la Journée Santé Mentale e Bibliotèques, Plérin, 16/11/2006 (http://www.britalis.org/ABV/Integration/Pages/framesetPortail.asp).

COLLOVALD, Annie; NEVEU, Erik. *Lire le noir*. Paris: BPI/Centre Georges Pompidou, 2004.

CYRULNIK, Boris; DUVAL, Philippe. *Psychanalyse et résilience*. Paris: Odile Jacob, 2006.

DANON-BOILEAU, Laurent. *La Parole est un jeu d'enfant fragile*. Paris: Odile Jacob, 2007.

DAVOINE, Françoise; GAUDILLIERE, Jean-Max. *Historie et trauma*. Paris: Stock, 2006.

DIATKINE, René; BONNAFÉ, Marie; ROY, Jacqueline; BRANDÃO, Claudia; CAMUS, C. "Les jeunes enfants et les livres", *Psychiatrie de l'Enfant*, vol. XXIX, fev. 1986.

Dubar, Claude. *La crise des identités*. Paris: PUF, 2000.

Evans, Christophe. "Travailler sur soi à la BPI", *in Les Habitués: le microcosme d'une grande bibliothèque*. Paris: BPI/Centre Georges Pompidou, 2000.

Fabiani, Jean-Louis; Soldini, Fabienne. *Lire en prison*. Paris: BPI/Centre Georges Pompidou, 1995.

Fabre, Daniel (org.). *Par écrit*. Paris: Éditions de la MSH, 1997.

Fedida, Pierre. "Le conte et la zone d'endormissement", *Psychanalyse à l'Université*, I, n° 1.

Fernandez, Mirta Gloria. *¿Dónde está el niño que yo fui?* Buenos Aires: Biblos, 2006.

Flahault, François. *La Pensée des contes*. Paris: Anthropos, 2001.

Freud, Sigmund. "Formulations sur les deux principes du cours des événements psychiques", *in Résultats, idées, problèmes*, 1, 1890-1920. Paris: PUF, 1984.

_____. "La création littéraire et le rêve éveillé", *in Essais de psychanalyse appliqué*. Paris: Gallimard, 1976.

Garzo, Gustavo Martín. *El hilo azul*. Madri: Aguilar, 2001.

_____. *El pozo del alma*. Madri: Anaya, 2000.

Golse, Bernard. *L'Être-bebé*. Paris: PUF, 2006.

Golse, Bernard; Missonier, Sylvain (orgs.). *Récit, attachement et psychanalyse*. Paris: Érès, 2005.

Grandguillaume, Gilbert. "Les mille et une nuits. La parole délivrée par les contes", *Psychanalystes*, 33, dez. 1989. Disponível em: http://grandguillaume.free.fr/ar_ar/parole.html.

Green, André. *La Déliason: psychanalyse, anthropologie et littérature*. Paris: Hachette-Pluriel, 1998.

Grignon, Claude; Passeron, Jean-Claude. *Le Savant et le populaire: misérabilisme et populisme en sociologie et en littérature*. Paris: Gallimard/Seuil/EHESS, 1989.

Guillaumin, Jean. *Le Moi sublimé: psychanalyse de la créativité*. Paris: Dunod, 1998.

Gutfreind, Celso. "La psychothérapie de groupe à travers les contes: une expérience clinique avec les enfants placés en foyer", *La Psychiatrie de l'Enfant*, 45, 2002/1 (http:www.cairn.info/revue-la-psychiatrie-de-l-enfant-2202-1-page-207.htm).

Hartley, Jenny. *Reading Groups*. Oxford: Oxford University Press, 2001.

HACHET, Pierre. "Le mensonge mythique, étape indispensable du processus d'introjection", *Imaginaire et Inconscient*, 2002.

HOCHMANN, Jacques. *Pour soigner l'enfant autiste: des contes à rêver debout*. Paris: Odile Jacob, 1997.

L'Homme, 175-176, "Vérités de la fiction", jul.-dez. 2005.

Intersignes, 14/15, "Clinique de l'exil", Actes de Colloque "L'Exil en Héritage".

KAËS, René et al. *Différence cultturelle et souffrances de l'identité*. Paris: Dunod, 1998.

_____ (org.). *Contes et divans*. Paris: Dunod, 1996.

_____ (org.). *Crise, rupture et dépassement*. Paris: Dunod, 1979.

KLEIN, Jean-Pierre. *L'Art-thérapie*. Paris: Dunod, 1979.

KLEIN, Melanie. *Psychanalyse des enfants*. Paris: PUF, 1990.

_____. *Essais de psychanalyse*. Paris: Payot, 1968.

KONICHECKIS, Alberto; FOREST, J.; PUYUELO, Rémy. *Narration et psychanalyse*. Paris: l'Harmattan, 1999.

La Sublimation. Les sentiers de la création. Les grandes découvertes de la psychanalyse. Paris: Tchou, 1979.

L'AUTRE. *Cliniques, cultures et sociétés*, 2000, vol. 1, n° 2, "La vie comme récit".

LAFFORGUE, Pierre. *Petit Poucet deviendra grand: soigner avec le conte*. Paris: Petite Bibliothèque Payot, 2002.

LE BRETON, David. "De l'efficacité symbolique", *in Paroles sans frontières*, 2004. Disponível em: http://www.passereve.com/journal/HTM/efsy.html.

LECHEVALIER, Bianca; POULOUIN, Gérard; SYBERTZ, Hélène (orgs.). *Les Contes et la psychanalyse*. Paris: In Press Éditions, 2001.

LONG, Elisabeth. *Book Clubs: Women and the Uses of Reading in Everyday Life*. Chicago/Londres: University of Chicago Press, 2003.

Les Cahiers d'ACCES, 4, "Hommage a René Diatkine", jul. 1999.

"Les enfants de la guerre: devenir, mémoire et traumatisme", Simpósio internacional organizado pela CIDEF, 6-8/3/1997, Paris.

Littérature et médecine ou les pouvoirs du récit. Paris: BPI/Centre Georges Pompidou, 2001.

MERKLEN, Denis; MURARD, Nurma. "Pourquoi brûle-t-on des bibliothèques", *La Vie des Idées*, 7/1/2008. Disponível em: http://www.laviedesidees.fr.

MERY, Janine. "'Allumez les bougies!': une séquence de lecture plurielle", *Revue de Psychothérapie Psychanalytique de Groupe*, 2003/2.

MONTES, Graciela. *La frontera indómita: en torno a la construcción y defensa del espacio poético*. México: Fondo de Cultura Económica, 1999.

MONZANI, Stefano. "Pratiques du conte: revue de la littérature", *La Psychiatrie de l'Enfant*, 2005/2.

M'UZAN, Michel de. "Aperçus sur le processus de la création littéraire", *in De l'art à la mort*. Paris: Gallimard, 1977.

Nouvelle Revue de Psychanalyse, 37, "La lecture", 1988.

OUAKNIN, Marc-Alain. *Bibliotérapie: lire, c'est guérir*. Paris: Seuil, 1994.

PAVEL, Thomas. *Comment écouter la littérature*. Paris: Collège de France/Fayard, 2006.

PEDRAM, Latif. "La littérature, source de résistance identitaire et culturelle en Afghanistan", *in Afghanistan, la mémoire assassinée*. Paris: Mille et Une Nuit, 2001.

PERONI, Michel. *Histoires de lire, lecture et parcours biographique*. Paris: BPI, 1988.

PETIT, Michèle. *Éloge de la lecture: la construction de soi*. Paris: Belin, 2002.

_____. "Le corps oublié de la lecture", *Argos*, 34, 2004.

_____. "Pourquoi inciter des adolescents à lire de la littérature", *Bulletin des Bibliothèques de France*, tomo 48, 3, 2003. Disponível em: http://bbf.enssib.fr/sdx/BBF/frontoffice/2003/03/document.xsp?id=bbf-2003-03-0029-004/2003/03/famdossier/dossieretnDoc=1et tatutMaitre=nonetstatutFils=nonettri

_____. "Le droit à la métaphore", *Lecture Jeune*, Paris, n° 95, nov. 2000.

PETIT, Michèle; BALLEY, Chantal; LADEFROUX, Raymonde, com a colaboração de Isabelle Rossignol. *De la Bibliotèque au droit de cité*. Paris: BPI/Centre Georges Pompidou, 1997.

PICARD, Michel. *La Lecture comme jeu*. Paris: Minuit, 1986.

POULAIN, Martine (org.). *Lire en France aujourd'hui*. Paris: Éditions du Cercle de la Librairie, 1993.

Pourquoi faut-il raconter des histoires. Paris: Autrement/Mondoral, tomos 1 e 2, 2005 e 2006.

PRIVAT, Jean-Marie; REUTER, Yves (orgs.). *Lectures et médiations culturelles*. Lyon: Presses Universitaires de Lyon, 1991.

PUYUELO, Rémy. *Héros de l'enfance, figures de la survie*. Paris: Éditions ESF, 1998.

QUIGNARD, Pascal (entrevista com). "La déprogrammation de la littérature", *Le Débat*, n° 54, mar.-abr. 1989, pp. 77-88.

Revue Française de Psychanalyse. 1998/3, "Le narratif"; 1998/4, "La sublimation"; 2005/5, "La sublimation".

RHEA, Joyce Rubin. *Using Bibliotherapy: A Guide to Theory and Practice*. Londres: Mansell, 1978.

_____ (org.). *Bibliotherapy Sourcebook*. Londres: Mansell/Phoenix/Oryx Press, 1978.

RICOEUR, Paul. "Le temps raconté", *in Temps et récit*, t. 3. Paris: Seuil, 1985, pp. 228-63.

ROBLEDO, Beatriz Helena. "El lugar de la literatura en tiempos difíciles", *Lectura Viva* (http://www.lecturaviva.cl/articulos/lugar_de_la_lectura.html).

_____ "Bibliotecas públicas en poblaciones marginadas. Y eso, ¿para qué sirve?", *in Formación de lectores: escuela, biblioteca pública y biblioteca escolar*. Bogotá: Fundalectura, 2002.

ROJAS-URREGO, Alejandro. "L'adolescent dans une société violente", *L'Autre*, vol. 4, n° 3, 2003.

ROUSSEAU, Cécile. "Le défi des écoles acueillant les enfants de la guerre". Colóquio Intégration et Scolarisation des Élèves Immigrants: "Dessine-Moi une École". Montreal, 23/5/2003 (http://www.mels.gouv.qc.ca/dscc/Colloque/conferences/atelierB-14.pdf).

SAYAD, Abdelmalek. "La lecture en situation d'urgence", *in* SEIBEL, Bernadette (org.). *Lire et faire lire*. Paris: Le Monde Éditions, 1995, pp. 65-99.

SCHAEFFER, Jean-Marie. *Pourquoi la fiction?* Paris: Seuil, 1999.

SCHLEMENSON, Silvia (org.). *El placer de criar, la riqueza de pensar*. Buenos Aires: Novedades Educativas, 2005.

_____ (org.). *Leer y escribir en contextos sociales complejos*. Buenos Aires: Paidós, 1999.

SEOANE, Silvia. "Tomar la palabra: apuntes sobre oralidad y lectura". Conferência no Curso de Pós-Graduação em Literatura Infantil e Juvenil, CePA, Buenos Aires, 18/9/2004 (http://misioneslee.blogia.com/2007/022301-tomar-la-palabra-apunte-sobre-oralidad-y-lectura.php).

STERN, Daniel. *Journal d'un bébé*. Paris: Odile Jacob, 2004.

TABET, Claudie. *La Bibliothèque "hors les murs"*. Paris: Cercle de la Librairie, 1996.

Tisseron, Serge. *Comment Hitchcock m'a guéri*. Paris: Éditions Albin Michel, 2003.

_____. *Les Bienfaits des images*. Paris: Odile Jacob, 2002.

_____. *Psychanalyse de la bande dessinée*. Paris: Flammarion, 2000.

_____. *Psychanalyse de l'image*. Dunod: Paris, 1997.

Villa Gillet. "Récits d'espaces", 5, nov. 1996.

Wada, Márcia Miyoko. *Juventude e leitura*. São Paulo: Editora Annablume, 2004.

Winnicott, Donald W. *Jeu et réalité*. Paris: Gallimard, 1975.

SOBRE A AUTORA

Michèle Petit é antropóloga, pesquisadora do Laboratório de Dinâmicas Sociais e Recomposição dos Espaços, do Centre National de la Recherche Scientifique, na França, no qual ingressou em 1972. Inicialmente trabalhou ao lado de geógrafos em projetos que diziam respeito a países em desenvolvimento; mais tarde sua formação intelectual, que inclui o estudo das línguas orientais vivas e o Doutoramento em Letras e Ciências Humanas, foi profundamente marcada pelo encontro com a psicanálise.

A partir de 1992, o interesse crescente pela dimensão simbólica orienta suas pesquisas para a análise da relação entre sujeito e livro, privilegiando a experiência singular do leitor. Coordena, então, um estudo sobre a leitura na zona rural francesa e, logo depois, uma pesquisa sobre o papel das bibliotecas públicas na luta contra os processos de exclusão e segregação, tendo por base entrevistas com jovens de bairros marginalizados.

Nos anos seguintes, aprofunda suas reflexões sobre a contribuição da leitura na construção e reconstrução do sujeito, e desenvolve um estudo sobre as diversas resistências que a difusão da leitura desencadeia. Desde 2004 coordena um programa internacional sobre "a leitura em espaços de crise", compreendendo tanto situações de guerra ou migrações forçadas como contextos de rápida deterioração econômica e grande violência social.

Com obras traduzidas em vários países da Europa e da América Latina, Michèle Petit é autora dos livros *Nuevos acercamientos a los jóvenes y la lectura* e *Del espacio íntimo al espacio público* (ambos publicados em espanhol, no México, em 1999 e 2001, respectivamente); *Éloge de la lecture: la construction de soi* (2002) e *Une enfance au pays des livres* (2007), entre outros. No Brasil, a Editora 34 publicou *Os jovens e a leitura*, em 2008 (que recebeu o selo "Altamente Recomendável" da FNLIJ), *A arte de ler ou como resistir à adversidade*, em 2009, *Leituras: do espaço íntimo ao espaço público*, em 2013, e *Ler o mundo: experiências de transmissão cultural nos dias de hoje*, em 2019.

Este livro foi composto em Sabon, pela Bracher & Malta, com CTP da New Print e impressão da Graphium em papel Pólen Soft 80 g/m² da Cia. Suzano de Papel e Celulose para a Editora 34, em julho de 2021.